名师名校名校长

凝聚名师共识
回应名师关怀
打造名师品牌
培育名师群体

初中
班主任
家校沟通智慧

李莹　编著

江苏大学出版社
JIANGSU UNIVERSITY PRESS

镇江

图书在版编目（CIP）数据

初中班主任家校沟通智慧 / 李莹编著. -- 镇江：
江苏大学出版社，2024.7. -- ISBN 978-7-5684-2242-0

Ⅰ. G459

中国国家版本馆CIP数据核字第2024N37B94号

初中班主任家校沟通智慧

Chuzhong Banzhuren Jiaxiao Goutong Zhihui

编　　著/李　莹
责任编辑/张　平
出版发行/江苏大学出版社
地　　址/江苏省镇江市学府路301号（邮编：212013）
电　　话/0511-84446464（传真）
网　　址/http://press.ujs.edu.cn
印　　刷/北京政采印刷服务有限公司
开　　本/710 mm×1 000 mm　1/16
印　　张/16.5
字　　数/286千字
版　　次/2024年7月第1版
印　　次/2024年7月第1次印刷
书　　号/ISBN 978-7-5684-2242-0
定　　价/58.00元

如有印装质量问题请与本社营销部联系（电话：0511-84440882）

序言

　　教师是教育的第一资源，持续加强教师队伍建设，促进教师专业发展，是世界各国教育政策制定的重要逻辑基点。在中国特色教师教育体系建设范畴中，班主任是一种独特而又重要的存在，他们不仅承担着学科教学的任务，还践行着立德树人的教育根本任务，对学生进行思想政治教育和道德引领，是为学生身心健康和全面发展护航的重要力量。班主任工作的内涵、价值、要求，随时代发展和教育变革动态演进。在新时代班主任的专业素养体系中，有效的家校沟通被视作一种基础构成和核心构成。从这个角度出发，关注新时代班主任队伍建设，必须关注班主任家校沟通能力的培养。李莹老师编著的《初中班主任家校沟通智慧》，正是在新时代加强家校协同育人和促进班主任队伍专业发展的整体背景下，探索初中阶段班主任有效参与和促进家校沟通的方法，推动家校协同育人体系建构的佳作。

　　本书的作者李莹老师，是两期"上海市中小学班主任带头人"李莹工作室的负责人，是上海市"十佳"班主任、上海市教育年度新闻人物提名奖获得者，也是虹口区教育系统"种子计划"领衔人和区德育学科带头人。近年来，李莹老师及其团队围绕新时代青少年学生的成长特点及德育规律，以及有效的家校协同育人模式，对班主任队伍专业发展等问题开展了持续性、专业性的思考和探索，不仅为区域班主任队伍建设提供了很多有价值的行动方法，也逐渐形成了具有其本人辨识度的班主任工作和家校沟通理论体系。如今李莹老师在前期深入的理论思考和丰富的实践探究的基础上，将相关成果编辑整理并由江苏大学出版社出版，这既是李莹老师及其团队多年研究、思考的智慧结晶，也是该领域研究与实践探索的创新和推动。读罢此书，有三个体会：

　　其一，本书的写作具有鲜明的时代性。尽管班主任工作和家校沟通都不是教育领域的新命题，但是在新时代教育体系中，班主任工作和家校协同育人工作都面临新的任务、命题和规律，需要进行与时俱进的探索和思考。特别是随着义务教育"双减"政策的落实，如何在充分发挥学校教育立德树人主体价值的同时，更好地改进和优化家庭教育理念与方式，发挥家庭教育的独特价值，建构家校协同育人的完整体系，在相当程度上考验着班主任的专业素养。由此出发，本书将研究的焦点放在班主任有效的家校沟通上，既能帮助班主任建构适应时代发展的素养体系，也能通过班主任有效的工作开展推动新时代高质量家校协同育人体系建构，进而更好地推进新时代立德树人工作，这也显示了本书鲜明的时代价值。

其二，本书的写作具有高度的针对性。在本书的写作过程中，作者能够始终坚持研究的思维，从实际出发，在理论审思和实践建构的双重互动中提升研究的针对性与有效性。这种针对性，一方面体现在对当代中学生生存状态与成长规律的深刻把握之上，作者通过大样本的实证调查真切了解处于人生特殊成长阶段的中学生在成长发展中面临的现实问题和成长需要，确保班主任的工作介入和家校沟通能够遵循学生成长规律，真正彰显"以学生为本"的教育研究立场；另一方面，在建构家校沟通策略的过程中，作者首先对现代教育体系中家庭教育及学校教育的内涵、价值、相互作用进行了理论分析，从价值目标、影响因素、理论支撑、基本原则及内容等维度对家校沟通进行了整体性的理论建构。这种基于理论分析的实践路径开发能够让班主任参与家校沟通时更具有针对性和有效性，也让本书的主题始终鲜明、具体。

其三，本书的写作具有广泛的应用性。近年来，随着斯滕豪斯的"教师成为研究者"理念的广泛传播，一线教育工作者参与教育研究活动越来越普遍，但是，一线教育工作者开展教育研究的核心价值并不指向新的理论体系的建构，其更多的价值应该体现在对实践问题的改进上。本书坚持以实践应用为导向，在对家校沟通现实问题的调查分析基础之上，设计了丰富的家校沟通维度和多样化的家校沟通策略，针对不同的策略开发设计了相应的实践案例，能够为班主任有效提升家校沟通的实践成效提供直接的应用与借鉴价值。本书整体上很好地体现了实践属性和行动属性，是一项契合一线教育工作者教育科研范式的有价值的研究成果。

我与李莹老师相识多年，在工作中也有很多交流，平时也经常耳闻目睹其在专业领域的思考和建树，也时常感动于她的精神、智慧和追求。读了本书，对其敬佩之情又多几分。李莹老师常说，"教育的本质是用心陪伴"，在学生遇到困难、挫折，感到失望、沮丧和自我否定的时候，用最有质量的陪伴给予他们尊重理解，在恰当的时机加以引导，让他们在陪伴中获取力量，调整好自身状态。这是李莹老师的教育信条，也是她贯穿在本书写作中的具有重要价值的思想。我相信这样一项有思考、有策略、有价值的研究成果一定能够对新时代班主任队伍建设和家校协同的高质量育人体系建构发挥积极有效的作用。

2023年9月9日，习近平总书记在致全国优秀教师代表的信中，明确提出并阐释了"教育家精神"，从理想信念、道德情操、育人智慧、躬耕态度、仁爱之心、弘道追求6个方面完整阐述了中国特有的教育家精神的核心要义，用富有中国特色的话语方式呈现了新时代"教育家"的精神和风采。本书是对习近平总书记关于新时代教师队伍建设思想的深入贯彻与实践，也构成了持续加强教师队伍建设的重要遵循。作为教师队伍中的独特组成部分，班主任也必然应该以"教育家精神"为引领，以成为"教育家型班主任"为追求，涵养"躬耕教坛，强国有我"的使命担当，以身作则承担立德树人根本任务。在这一过程中，结合实践对制约教育改革发展的问题进行系统性研究思考是一个有效的方法，是成长为"教育家型班主任"的必然要求。真心期待有更多的教师走向研究型发展之路，也期待在新时代教育强国的伟大征程中呈现更多来自一线、具有实践价值的研究成果。

再次向李莹老师及其团队表示祝贺，期待团队更多、更优质的研究成果。

汤国红

2023年岁末

汤国红

上海市虹口区教育学院党总支书记（特级教师、特级书记、正高级教师）

目 录

第五章 家校沟通的案例

第一章

家庭、学校和社会的审视

第一节　家庭、家长与孩子

家庭，《汉语大辞典》中的解释是："以婚姻和血缘关系为基础的社会单位，成员包括父母、子女和其他共同生活的亲属。家庭在我们生活的社会中是最基本的群体，是人类社会最重要的组成部分，具有养育、生产、教育、赡养等基本功能。"

随着时代的变迁，社会也从单一发展转向多元发展，家庭的规模、结构、居住方式也随之发生了变化。家庭规模缩小，家庭关系更为简单，家庭成员数量的减少也使得家庭结构更为脆弱单一，家庭成员之间的关系是相对密切联系而不是完全独立的，这种紧密联系便促使一个完整的家庭得以形成。养育和教育作为家庭的首要功能，担负着促进人类繁衍、进步与发展的使命。

家庭作为孩子最初接触的环境，也是对孩子影响最直接的环境，因此家庭成员的言行举止会给孩子带来耳濡目染的影响。家庭成员主要包括家长和孩子。家长，旧称一家之主，一般指父母或其他监护人。

狭义的家庭教育是指在家庭生活中，由家长，即由家庭里的长者（主要是父母）对其子女及年幼者实施的教育和影响。广义的家庭教育，应当是家庭成员之间相互实施的一种教育……在家庭里，一切有目的、有意识地施加的影响，都是家庭教育。因此在家庭中，家长和孩子共同生活、互相交流，家长的行为、思想、价值观等理念对孩子的身心发展及成长都有着重要的意义。

一、中国人的家庭观念

在中国人的传统观念中，家庭是每个人生命中极其重要的一部分，《礼记·大学》中讲"修身齐家治国平天下"，家庭始终占据着重要的地位。目前，中国人的家庭结构主要以父母及其孩子组成的核心家庭，以及由三代人，即祖父母、父母和子女组成的主干家庭为主，这是最普遍也是最基本的中国家庭单位。中国传统中讲究"孝道"，讲究"传宗接代"，也讲究"养儿防老""家和万事兴"，这在某种程度上也体现出中国人的家庭观念特别强。

随着时代的变迁，经济社会急剧转型，世界也进入了大发展、大变革、大调整时期。在这样的时代背景下，社会意识，包括人们的思想观念、思维方式、价值取向和道德标准也发生了相应的变化，中国人的家庭观念随之而变，主要体现在婚恋观、生育观和育儿观的变化上。

（一）中国古代的家庭观念

1. 古代的婚恋观

中国古代用源自父系家长制的宗法制度来维护封建社会的延续，这种制度对古代婚恋观的形成有着重要的影响。婚姻作为一种让宗族得以延续的方式，要求家庭成员为了家族的延续、家庭的稳定而牺牲个人利益。在宗氏家族利益面前，婚姻已经不是青年男女个人的事了，而是可以为家族而割舍个人感情的神圣使命。

在讲究"三纲五常""男尊女卑"的古代，男女能否成婚一切遵从"父母之命，媒妁之言"，没有经过"父母之命，媒妁之言"的婚姻被认为是伤风败俗的，为当时的社会所批判。在这种婚恋观的引导下，婚姻嫁娶可以无视当事人的意愿和感情，择偶的标准是"门当户对"，"包办婚姻""买卖婚姻"成为当时缔结婚姻的主要形式。

在当时，女性基本没有独立的人格和追求个人幸福的权利，更没有自由选择婚姻的权利，只是作为男性的附属品，必须遵从"嫁鸡随鸡，嫁狗随狗"的思想，"以夫为天"。男性可以纳妾续弦，女性则需"从一而终"。在家庭婚姻里，主动权全部掌握在男性手里，女性嫁人后也没有名字，被冠以夫姓，在婚姻关系存续期间必须遵从丈夫的意愿、操持家务、孝顺公婆、传宗接代。女子一旦被认定为不遵守妇德，则会落得被休弃的下场。女子的权利在家庭婚姻生活里得不到保障，没有家庭地位，也没有对事务处理的发言权，男女之间地位极其不平等。

2. 古代的生育观

在中国封建社会，"男性偏好"和"多子多福"等传统生育观念作为社会主流思想被一代代传承下来。古人认为生育有利于家族繁衍，可以让家族人丁兴旺，因此很重视生育，"传宗接代""养儿防老""母以子荣""不孝有三，无后为大"的思想体现了当时生育的目的和意义。

男尊女卑的观念由来已久，古代社会对女性的关注着重体现在生育上，女性的生育能力决定其婚后的地位，不能生育的女性在家庭中没有地位。古代社会对生育的重视导致女性的命运被这种思想主宰，女性似乎只能通过生育来提升自我价值、改善自己的生活。生儿育女成为女性在婚姻中获得幸福的唯一依据，如果生育没有满足夫家愿望，女性的境遇将会很悲惨。这种生育至上、男尊女卑的思想也导致古代生育观中重男轻女的思想长期占据主导地位。生儿被称为"弄璋"，生女则被称为"弄瓦"，生儿、生女的不同待遇从"喜弄璋厌弄瓦"的社会风气中可见一斑，而"产男相贺，产女杀之"更反映了古代人对生儿生女的不同态度。古代女性对此无从选择，没有家庭及经济地位可言，而是沦为传宗接代的生育工具。

3. 古代的育儿观

延续血脉与光宗耀祖是中国古代最直接的育儿目标，"不孝有三，无后为大"的传统观念根深蒂固，因此中国自古就很重视生育，家庭对子女的养育也同样被重视。从古代起就有胎教之说，主要方式是在孕妇孕育胎儿期间规范约束孕妇的言行举止。但是受经济、社会、文化及宗法的影响，中国古代形成男尊女卑、男女有别的社会现实，对男孩和女孩的要求和教育有很大差异性，这体现在男孩和女孩成长过程中父母对其的态度和其不同的学习内容等方面。古代男性地位崇高，对男孩的养育就很重视，《礼记·内则》里就有"男鞶革，女鞶丝"的描述。

同时，对父母在养育方面的作用，古代早有"养不教，父之过"之说。在封建社会，父权至上，孝字为先，父亲就是规矩，孩子对父亲的态度多为尊重，教育孩子以父亲为主，母亲多是在生活上照顾孩子。父母"望子成龙"，教育孩子也是为了"养儿防老""光宗耀祖"，把孩子看成自己的私有物，这就导致在家庭里，孩子不需要有独立的人格意识，要听父母长辈的话，如有反抗，就是不孝，父亲等长辈可以用暴力手段压制孩子，因此常有"严父慈母""棍棒底下出孝子"之类的说法。

（二）中国近代的家庭观念

1. 近代的婚恋观

进入近代，随着中国政治、经济、文化的不断发展和进步，传统的自给自足的经济模式被打破，家庭生产方式及消费方式发生了改变，封建大家长"一言堂"式的专制思想也逐渐弱化，使得女性在家庭中的地位及作用有所提高。

随着社会的转型和妇女解放运动的高涨，戊戌变法运动、辛亥革命、新文化运动和五四运动等一系列政治变革和新思潮也开始对传统的封建宗法伦理进行深刻的揭露和批判。尤其在与西方接触的机会增多后，西方婚恋观对青年人的影响不断增强。这些都对传统的封建婚恋观产生了强烈的冲击，尤其在经济文化相对发达的城市中，人们的婚恋观相较古代有了明显的变化。

相较于农村青年，生长在城市等经济发达地区的青年知识分子受西方文化和新文化运动思潮的影响，不希望被"包办婚姻"束缚，择偶时更注重追求爱情及对方的才学品德，开始追求恋爱自由、婚姻自由。青年人期待婚姻自主的意愿越来越强烈，他们不愿意婚姻完全由父母做主，追求独立人格，会通过抗争不断争取自身对婚姻的发言权。他们认为婚姻的目的也不仅仅是传宗接代、侍奉父母，开始追求志同道合、两情相悦。男女平等及保护女性这个弱势群体的观念开始深入人心，青年人开始形成追求平等、自由的新婚恋观。

2. 近代的生育观

新文化运动对封建思想和传统的生育观进行抨击驳斥，掀起了妇女解放运动的思潮，平等、自由、人权观念开始对人们产生一定影响，同时人们也开始提倡婚姻自由、女性解放。但由于当时社会矛盾仍未得到根本解决，所以在中国近代时期，尤其是在缺乏新思想教育、仍以小农经济为主的农村，出于对劳动力和传宗接代的需求，人们仍旧受"多生多育""重男轻女"等传统生育观的影响，女性仍未摆脱生育方面的困境。对中国近代大多数女性而言，婚后能否生育，尤其是能否生男孩，仍旧是决定其命运的重要事情。

随着中国近代社会人口过剩问题的出现、新文化运动对早婚早育的批判，以及美国节育运动创始人玛格丽特·桑格（Margaret Sanger）来华传播节育思想，女性是否拥有自行决定生育的权利、结婚是为了生育还是因为双方有感情、"传宗接代"是不是女性在婚姻中最主要的作用，这些新旧思想的碰撞对传统的生育观产生了冲击，虽说无法完全改变女性的社会地位，但对于解放妇女、促进男女平等起到了推动作用。

3. 近代的育儿观

近代时期，新文化运动的开展和西方思想的传播对封建思想产生了冲击，但传承了上千年的中国传统育儿观念仍未有太大改变。中国近代家庭对于育儿也抱有功利化的目的。由于社会保障不到位及社会动荡不稳定，养儿防老成了最主要的育儿目的，加上重男轻女的思想长期存在，所以多子多福、儿子的价值高于女儿的想法依旧占据主流。不只是男子这么认为，大多数母亲更是重视儿子而轻视女儿。民间普通百姓对于优生优育的概念还很淡漠，家长对孩子有一切决定权，孩子作为父母的私有物只能处于被支配的弱势地位。处于权威地位的父亲主要负责教育孩子，但对孩子较为严厉，且以成人化的视角来要求孩子，孩子的天性被压抑。女性地位较低，学习的机会也很少，导致和孩子很亲近的母亲不知道怎么去爱、怎么去教育孩子，过度溺爱更导致"慈母多败儿"的情况出现。

（三）中国现代的家庭观念

1. 现代的婚恋观

随着改革开放及社会主义市场经济的发展，国家经济、科技、文化的发展越来越快，社会多元化趋势也在逐渐加强，当代青年成长在不同的家庭背景下，受教育程度也有所不同，多元化的价值观对当代婚恋观产生了重要的影响。

随着社会开放程度和自由化程度不断提高，当代青年对婚恋的观念更加开放，对婚姻的思考更趋于理性，这也导致其对家庭的责任感有所降低、婚姻的长久性和稳定性不够。在择偶方面，当代青年大多经济独立、个性突出，较少受父母及社会经济地位高低等因素的影响，更注重遵从自己的心意喜好，期待另一半与自己性格爱好相似、价值观人生观相符。同时，当代青年也越来越注重个人的主体地位，将个人的发展与自我价值在婚姻关系中的实现放在重要位置，追求婚恋选择和家庭生活中地位的平等。这也体现在许多当代青年不愿为了家庭而牺牲自己或放弃个人追求，当现实与理想之间存在矛盾时，他们更容易为了强调个人幸福和自己的利益而放弃婚姻，"闪婚""闪离"等大多是注重个人感受、不顾家庭稳定而轻易做出选择的表现，婚恋双方都追求家庭地位的平等，想要保持自身的独立性。

2. 现代的生育观

随着中国社会文明程度的提高、经济的发展、女性地位的提高及国家生育政策的实施，社会营造的生育文化氛围渐渐发生了改变，在中国延续上千年的"重男轻女""多子多福"等传统生育观被新的生育观取代。

当代青年生育的目的从"养老送终、传宗接代"转变为"追求家庭幸福、营造家庭氛围、获得感情慰藉"，生育偏向于"晚婚晚育"，而且"重男轻女"的现象在城市已经很少出现，生育的数量取决于夫妻双方的意愿及家庭的经济水平。尤其在城市，由于社会竞争的加剧及生存压力的增大，生育对当代青年来说不只是"多双筷子"的问题，更多的是一种责任。当代女性不愿意只在家相夫教子，夫妻双方大都不愿意因为家庭和孩子丢弃自己的个性追求和降低生活质量，也大都不愿意为了孩子放弃工作和实现自我价值的机会。因此，生男还是生女对城市的青年夫妻来说已经不重要了，他们会在选择生还是不生时更多地关注自己的感受及生活质量，虽然生育政策有所调整，但当代青年生育的意愿不强，而且对生育的质量越来越重视，同时无子女的丁克家庭的数量也在逐渐增多。

3. 现代的育儿观

现代育儿观相较于传统育儿观最大的变化体现为：对生育不重数量重质量；重男轻女的思想被弱化；从"天下无不是之父母"到家庭氛围趋向民主；父母双方大都能意识到教育孩子是共同的责任，更加注重对孩子的教养与陪伴。

当代中国社会，很多家庭都是一个孩子，对孩子教育的财力和精力投入越来越多，对育儿的品质要求越来越高，家庭最大的投入是孩子的教育投入，也希望从孩子身上获得较大的回报。孩子的教养方式渐渐从家长权威式转变为民主式，甚至放纵式，家长的情感性教育行为明显增多。

二、家庭对孩子成长的影响

中国自古以来就十分重视家庭对一个人品行养成的重要作用，在学校出现之前，家庭是人们接受教育的主要途径，家长不仅生育下一代，还要向他们传授生产知识、生活知识及做人的道理等。发展至今，家庭教育的部分内容被学校教育和社会教育代替，但是家庭在生活教育、文化教育、道德教育方面的重要性却不容取代，而且家庭教育具有其他教育形式难以替代的作用。不同的家庭结构对孩子的成长会产生不同的影响。

（一）核心家庭

核心家庭指仅由夫妻及其未成年子女构成的家庭。核心家庭的规模比较小，家庭成员结构简单，多为3~4口人。在当前的社会形势下，核心家庭是主要的家庭结构形式，孩子往往在家庭中处于中心地位，受到重视的程度高，成员之间的关系很紧密。原先在传统大家庭中占主导的父权被弱化，父母和孩子可以直接接触，彼此之间的互动和交往也增多，这使得核心家庭成员内部亲子关系变得更亲密。

这样的家庭结构有利于培养孩子的独立性和自信心，父母之间相亲相爱、关系和谐有利于给孩子足够的安全感和归属感，孩子大多比较活泼阳光，情绪比较稳定，且父母与子女之间彼此依赖，有利于形成平等的家庭关系。但是由于核心家庭的人际关系过于简单，父母缺乏照顾孩子的经验，也会使得孩子无法体会复杂的人际关系，常会有以自我为中心、不善交际的问题。因此，子女在未成年阶段，需要父母的关心和照顾，包括父母在生活成长、教育发展、人际交往等方面的投入。

（二）主干家庭

独生子女政策下的家庭结构多为"2+2+1"模式的主干家庭，即由祖父母或外祖父母、父母和孩子三代人构成的家庭，人际关系相对复杂。祖辈帮忙养育孩子，可减轻年轻父母的生活压力，长辈的丰富经验对年轻父母也具有一定借鉴意义。这样的家庭，会注重让孩子从小就懂得尊老爱老的传统美德，孩子对环境的适应能力及人际交往能力都比较强。

但是由于家庭人口多，孩子的教育不仅由父母负责，祖父母（外祖父母）也会参与，家庭成员之间年龄、知识水平、生活阅历及育儿观念的不同会导致家庭各成员在孩子的教育问题上出现分歧，甚至出现祖辈过于宠溺孩子，以及祖辈过度干涉的情况，这些都不利于父母教育孩子。这种家庭结构中，子女对父母的依赖性相对较低，且长辈对孩子的过度保护和关注往往会让孩子以自我为中心、缺乏独立性。

（三）残缺家庭

残缺家庭大多指的是单亲家庭，即由分居、丧偶、离异造成父亲或母亲单方面抚养孩子的家庭。随着离婚率的升高，离异家庭越来越多，单亲或重组家庭的孩子因为特殊的家庭因素只能和父母其中一方生活，这样的孩子或许在物质上能得到满足，在心理和情感上却容易被忽视，往往找不到情感宣泄的出口，情感无处充分沟通，缺乏安全感。父爱或母爱的缺失会让孩子的内心充满不安和矛盾，孩子容易出现自卑、胆小、孤僻、抑郁、焦虑、易怒、多疑等心理问题，不善于与人交往，不容易相信他人，易受情绪困扰。

单亲家庭结构中的父母，对子女的教育容易产生两极分化：一种是出于愧疚和补偿心理对孩子十分溺爱；一种则因为受婚姻失败的影响或者迫于单方面抚养的生活压力，对孩子缺乏关心或者管教过度严厉。这些极端的做法都会影响孩子的个性发展。

除了家庭结构因素外，家庭环境氛围等因素也会对孩子的成长产生影响。

家庭经济水平越高，给孩子提供的教育资源就越优质，且一个氛围宽松、民主的家庭更有利于培养出独立自主、活泼阳光的孩子，一个知识氛围浓厚的家庭更有利于培养出爱学习、积极上进的孩子，一个温暖、充满爱的家庭更有利于培养出懂得感恩、善于关心他人的孩子，因此不能忽视家庭各方面因素对孩子成长的影响。

三、家长在家庭中的作用

家长作为家庭中的重要角色，不仅是孩子的首任老师，也是家庭教育的主要执行者。家长具有抚养与教育子女的责任和义务，在家庭里起着至关重要的作用。教育始于家庭，家长的教育角色随着亲子关系的形成自然产生，可见，父母的教育力量对子女有着直接影响。新出台的《中华人民共和国家庭教育促进法》从法律层面确立了父母在家庭教育中的职业角色和地位，明确了家长的素质及其教养方式和教育理念对孩子的成长有着重要的影响。

（一）家长发挥示范作用

《中华人民共和国家庭教育促进法》第十四条规定："用正确思想、方法和行为教育未成年人养成良好思想、品行和习惯。"孩子一般会崇拜、依赖父母，所以在日常生活中会不自觉地受家长言行习惯的影响，正如陈鹤琴先生所说："做父母的不得不事事谨慎，务使己身堪有作则之价值。"家长的素养决定了孩子的素质，因此家长要不断提高自身素养、规范言行，基于良好的品行、优秀的思想，在家庭中发挥潜移默化、言传身教、润物无声的榜样作用，助力孩子健康成长。

家长的言行举止、对工作和学习的态度、对长辈和他人的态度、自身的生活习惯，以及价值观、金钱观等各方面都会对孩子产生影响。家长自身文明素养高、爱学习、求上进，孩子也会耳濡目染，对学习有兴趣；家长以身作则尊老爱幼、遵规守矩，孩子也会受到孝亲爱老的熏陶，养成良好品行。

（二）家长决定教养方式

教养方式是指家庭生活中家长在抚养、教育孩子的过程中所表现出来的教育观念、态度及情感互动的行为倾向，主要体现在父母对孩子的表达、管教、沟通和期待4个方面。家长不同的教养方式对孩子的成长会产生不同的影响。

1. 权威型

权威型家长在孩子面前有权威性，对孩子重视、关怀、体贴并注重沟通引导，在教养孩子的过程中既坚持一定的原则，又能给予孩子足够的关爱和理解，属于"恩威并施"。这种权威不是靠严厉呵斥形成的，而是源于对孩子的严格要求及规则意识的建立。权威型家长会清楚地设定、执行规则来引导孩子，用支持而非惩罚的方式来管教，期望孩子能自主且自制；同时也因为对孩子的爱和尊重，会根据孩子身心发展和性格变化调整教养方式。权威型家长不会害怕与孩子发生冲突，因为他们相信孩子的判断能力，也相信真理愈辩愈明。在这样的教养方式下，亲子双方都是独立思考的个体。在这种理性且民主平等的教养方式下长大的孩子会懂规则，有正确的三观，思维更活跃，性格更阳光，创造力强。

2. 专制型

专制型家长对孩子高要求、高期待，试图通过一系列高压手段控制孩子的思想和行为，倾向于让孩子按自己的想法做事，对孩子的身心发展及性格养成关注较少。这类家长对孩子缺乏耐心，强调孩子应顺从家长，希望孩子能服从自己且不容置疑；为了掌控孩子的一举一动，多命令和批评责骂孩子，常忽略与孩子的互动与双向沟通；对孩子干涉较多，亲子沟通较少，如果孩子未能达到自己的期望，往往会呵斥责骂，不注意顾及孩子的感受。这种压迫方式教养出来的孩子安全感和自信心不足，对家长会有反感、对立情绪，但在不敢违背且无力反抗的情况下只能默默忍受，这对孩子的性格养成有不利影响，久而久之孩子难以在心灵上与家长亲近。

3. 溺爱型

溺爱型家长会更多地从情感上给予孩子关心，关注孩子的需求，也注重孩子的发展，但很少对孩子提出要求，容易无原则地同意或支持孩子的要求或行为，较缺乏应有的期望，常帮孩子做其可以自己做的事，对孩子的要求百依百顺，给孩子满满的爱，但缺乏管教和约束，对孩子的思想和行为比较放任。溺爱型家长反传统且温和，不对孩子的行为提出要求，给予孩子相当大的自我管理空间，避免亲子间的对抗。当孩子犯错时也会过度包容，不忍责备。这种方式教养出来的孩子会以自我为中心，缺乏规则意识，依赖性强，自制力差。

4. 忽视型

忽视型家长更多的是关心自身的需求，对孩子既不监管也不支持，并且可能会拒绝或忽视养育子女的责任，不会对孩子有什么要求，也很少会在情感上给予孩子鼓励和关爱，亲子互动不够。这类家长由于本身以自我为中心，因此对孩子持冷淡疏远的态度，缺乏引导和理解、关心。他们很少关心孩子的生活及情感需求，对孩子往往漠不关心、冷淡甚至撒手不管。这种方式教养出来的孩子缺乏支持关爱和规则约束，缺乏安全感和归属感，情绪波动大。

教养方式会影响孩子的思想、性格和行为。家长选择合适的教养方式有利于促进孩子健康成长。

（三）家长营造家庭氛围

家庭氛围是在关系的建构中形成的，夫妻关系和亲子关系决定着家庭的整体环境氛围。环境因素具有广泛性、经常性、自然性、偶然性的特点，会从各个方面影响孩子。家庭教育以无意识的方式影响着孩子的生活习惯、行为规范、思想情感和道德情操等的养成，其中家庭环境会影响孩子的成长，"近朱者赤，近墨者黑"，这在一定意义上也说明了环境对人的影响，因此家长应着力营造良好的家庭氛围。

家庭环境良好优美、温馨和谐能够营造的家庭氛围则积极、健康、向上，和睦的家庭环境是孩子健康成长的重要条件，家长要重视家庭环境的影响与熏陶作用。其中，和谐的夫妻关系和良好的亲子关系是家庭氛围良好的基础。夫妻之间需要互相关心、互相包容，父母的一言一行都会潜移默化地影响孩子的成长，家庭成员之间和睦相处，孩子往往自信乐观、开朗独立；家庭不和睦、父母感情不和、经常吵架，甚至有家暴现象，往往会使孩子形成自卑、脾气暴躁等不良性格。

家长要注重家庭环境的美化，让孩子感受家庭的温暖与舒适，从而共同享受生活；同时家长更要对自己高标准、严要求，以身作则，要不断陶冶自己的情操，提升文化修养，在潜移默化中引导孩子文明礼貌，使之健康成长。

四、当前中国的家庭模式及亲子关系——以上海市为例

家在不同文化中有着不一样的意义。传统华人家庭重视家庭主义，强调以父为尊、家庭大于个人、孝顺父母、子女顺从。西方社会则重视个人主义，在家庭中倾向于个体主义、民主开放。在中国传统文化的观念里，父母是影响亲子关系的主导因素。俗话说，父母好了，关系就好了，关系一好，孩子就好了。对于父母而言，养育孩子是一项充满挑战的艰巨任务。在儒家看来，父母对子女的"养"或有终结之时，父母对子女的"教"却不是到其成年就结束的。家庭成员之间互相依赖、互相支撑，也相互牺牲。因此，平衡的家庭结构

模式可以保证孩子健康成长，有利于孩子健康和独立人格的形成。

社会学习理论认为，儿童成长时期的行为控制，由外塑而自律，其发展与亲子关系息息相关，亲子之间随着子女发展阶段的不同而有不同的互动模式，父母提供学习的榜样与行为的典范，儿童在家庭的小社会系统中向父母学习，逐渐塑造自己的人生观、价值观。因此，父母应依据子女的不同成长阶段，调整与改变互动模式，从言行的权威典范，到如朋友般的互信和彼此之间的信息沟通，如此才能建立良好的亲子关系，塑造子女的健全人格，为以后他们踏入社会展开独立人生奠定扎实的基础。

目前，上海市的家庭结构主要是以夫妇核心家庭、三代直系家庭为主；三代直系家庭维持稳定，因为上海人普遍晚婚晚育且上海的生育率低，这使得家庭结构窄化，家庭规模也随之缩小。同时，由于上海中心城区居民家庭人均可支配收入不断增长，以及父母的受教育水平普遍较高，所以父母对孩子的期望也较高，家庭教育的投入也随之增长。随着经济和社会的发展及人们受教育水平的提高，家庭教育受到重视的程度越来越高。大部分上海家长能意识到家庭教育对孩子的成长起着举足轻重的作用。有相当一部分父母有着良好的教育认知、民主的教育理念、科学的教育方法和实用的交流技巧，了解孩子身体生长和心理成长的规律，能为孩子提供良好的家庭环境。他们会重视子女的教育投资，重视经济上的投入，重视智力因素的开发，对精力和情感上的投入也越来越重视。但由于大部分家长忙于工作，所以对子女的成长状况和自身教育行为进行理性思考的时间和空间相对不够。

有学者认为，父母是家庭发展的"希望"。越是"高希望感"的父母，越具备感知和预测结果的能力，从而能够与孩子保持一种积极乐观的关系，也能平衡多种社会角色，更擅长营造正面的教养环境，在达成目标的过程中给予孩子更多的指导与鼓励。此外，父母亦需要了解孩子发展过程中的身心特点，尤其是青春期的心理发展情况，从而更好地增进亲子关系，减少亲子冲突。父母也需要不断习得新的育儿知识，建立教育新观念，并且将这些新知识和观念在日常生活中进行实操与反思。

家长要和孩子建立良好的亲子关系，要多采用宽容、温暖、理性、民主、尊重子女自主性的方式，切忌采用冲突、控制的方式。作为父母，首先要学会尊重孩子，不要过分操控、包办或者代办。父母需要有自己的生活，不要把全部精力放在孩子身上，让自己喘不过气来，这样也会把过多的压力转嫁到孩子身上，使孩子成为自己的附属品。同时，父母要学会接纳孩子的缺点，学会放弃执念，要相信孩子在任何时候都有成长的空间和改变的可能。原生家庭教育的本质，是父母的自我修行。最好的教育就是父母与孩子共同成长。

据统计，1982年我国有22.81%的人口属于文盲或半文盲，到2010年这个比例下降至4.08%，可以看出这不到30年的时间里中国社会现代化文明以惊人的速度在发展。在这个大环境下，上海的家庭模式发生了相应的变化。20世纪80年代至2016年我国实行独生子女政策。与以往的多子女家庭相比，独生子女家庭中的亲子互动更为直接、更为集中，所产生的教育效果也更明显。中国城市独生子女人格发展状况与教育调查的研究结果显示，超过半数的受访者认为应该在物质上满足孩子的需求。在独生子女家庭中，孩子是家庭的中心角色，这在某种程度上影响了独生子女对自身角色的正确认知，他们有时难以接受来自父母的正面管教，这会影响正常的亲子关系。同理，由于独占了所有资源和父母的全部注意力，独生子女的物质与精神条件也是以往的非独家庭难以相提并论的。父母把所有希望都寄托在一个孩子身上，久而久之往往就会导致家长出现"五过"的教养方式：爱的过分聚焦；行为的过分干涉；生活的过分照顾；饮食营养的过分强调；成就的过高期望。

上海的许多孩子实际上是由爸爸妈妈、爷爷奶奶、外公外婆共同抚育长大的。虽然长辈们的帮忙在相当程度上缓解了父母疲于工作和家庭时间分配上的压力，但随之而来的是与长辈的代沟和隔阂，这会间接影响家庭教育，甚至影响亲子关系。此外，随着社会快速变迁，西方观念被大量引入中国，传统的家庭观和教养观也随之改变，但家庭中的不同世代对于孩子依然有着不同的期待。祖辈们总是会一边给孩子红包一边叮咛"要乖，要听爸妈的话"，父母经常会说服孩子放弃和朋友一起的活动，而孩子们总是心里暗暗叫板："爸妈又不见得每次都对，为什么一定要听他们的话？"诸如此类的小摩擦日积月累，等到质变的时候可能就一发不可收，父母和孩子都会受到不同程度的伤害。上海开放大学曾经做过一项调查，发现近一半的被访问者表示自己有不同程度的子女教育、亲子关系等方面问题的困扰。由此可见，家庭教育特别是亲子关系的处理是不少家长的主要"焦虑点"。家长很难与孩子之间搭建良好沟通的桥梁，往往与孩子之间有着非常多的误解与矛盾。目前，亲子关系的状态往往是家长不停抱怨孩子不听话，不愿意好好和自己沟通，不理解自己辛苦为他们安排生活的苦衷；孩子也抱怨父母不理解自己，存在代沟，给自己施加过多学习压力。双方各执己见，各有各的道理。

亲子关系出现问题的主要原因之一就是代沟。父母与孩子之间缺乏有效沟通，彼此不了解对方的想法是问题所在。父母对于子女的期望与子女的意愿往往存在不小的落差，此外，受中国传统文化影响，家长会把子女与其他人（同学、朋友、亲人）的孩子做对比，甚至以此批评子女，如此种种做法都令子女不快，有损亲子关系。

上海的家长中，权威型、专制型、溺爱型、忽视型的教养方式都存在，受教育程度越高的家长对专制型教养方式的认同度越低，更多的父母越来越重视教养方式对孩子的影响。这对父母来说也是一种学习，没有绝对的对与错：观察和判断孩子的行为和心理是为人父母最重要的功课，能够灵活运用观察和判断方法的父母最可能发展出一套最适合自己孩子的教养方式。专家建议，混合型教养方式或许是一种可行的方式，但必须注意逻辑一致，否则孩子在树立价值观时可能会出现混乱。例如，采取权威型教养方式的父母，会在孩子生病时改用宽容型教养方式，放松一些规定，如允许孩子在喉咙不舒服的时候吃冰激凌等。

家庭中亲子关系的好坏也取决于"父母控制"。国外学者提出，有两种不同类型的父母控制。一类是心理控制，指父母通过控制子女的活动来负面地影响子女的心理世界，从而决定子女的心理发展状态。类似的心理控制包括强迫性的口头表达、无价值感、人身攻击、负疚感、爱的撤退及古怪的情感行为等。另一类是行为控制，指父母为子女定下的规则、制度及约束等。研究表明，相较于父亲，母亲更易心理控制，比如对子女说"不把功课做完就不许吃晚饭"。这种话语的本质其实是恐吓，令孩子非常悲观，母亲讲完可能转眼就忘记，孩子却铭记于心，甚至部分天性敏感的孩子会产生童年创伤，严重的可能会影响其对于自己下一代的教育观。

研究发现，随着家庭结构的改变，父亲承担了越来越多的教养、陪伴等父职角色，因此孩子与父亲在情感交流过程中展现出越来越多的亲近感。而母亲作为主要的生活照料者及情绪照顾者，子女在与母亲亲密的同时也常常伴有各种矛盾纠结感。

此外，也有研究发现，大部分专家对于父母对孩子的行为控制更关注，对心理控制方面的研究甚少涉及。但实际情况是，随着父母知识水平的日益提高，尤其在上海这样的国际化大都市中，父母对孩子进行行为控制的情况相比以往有所减少，但父母与孩子之间的相互信任感并没有提高，从而导致亲子关系质量不高。上海是一个十分强调成就的城市，很多父母往往只强调子女的学业成就而忽略管教子女的行为。由于传统的道德规范日趋淡化，父母对子女行为上的要求有所降低，这也是父母对于孩子采取心理控制的情况越来越普遍的原因之一。

郑伟曾对上海本地123位大学生及其家长做过一项调查，发现无论受访大学生是否认同母亲的价值观和意见，他们都表示平日十分依赖母亲；同时，他们也表示只有当他们喜欢或赞同父亲的做事方式时，才会倾向于依赖父亲。由此可见，母亲在上海家庭的亲子关系中仍扮演着非常重要的角色，父亲在家庭教育中参与不足的问题仍旧存在，孩子教育方面的责任转移或交给母亲的情况仍较普遍。上海家庭中，父亲存在主观上重视不够，尚未充分认识到父亲参与家庭教育的重要性，将责任交由母亲和祖辈承担，或者由于过度的职场竞争和职业压力，以及过长的工作时间挤占了参与家庭教育的时间的问题。但是受访大学生也表示，父亲是他们获取零花钱的主要来源，虽然通常是由母亲给出这笔费用。这也从侧面印证了中国的一句老话："男主外，女主内。"父亲忙于赚钱养家，与孩子平等交流的时间有限，导致孩子很难与父亲进行开诚布公的交流，大部分受访大学生表示宁愿找朋友倾诉自己的秘密。不过，研究也发现，随着孩子年龄的增长，他们会越来越倾向于向父亲直接表达情感，而且，他们喜欢父亲的程度越深，就越有可能选择以解决问题为最终目标去处理学业乃至生活中的矛盾。研究者还发现一个有趣的现象，当父亲或者母亲任何一方与孩子产生冲突时，父母会自觉组成"统一战线"，"枪口一致朝外"地处理与孩子的矛盾冲突，虽然孩子知道父亲与母亲平日的教育观念可能是完全不一致的。

这是一个非常值得探讨和有启发性的研究结论，也间接说明上海在家长教育这方面下的功夫已经初具成效。家长渐渐明白家庭教育最重要的是管教孩子的行为，但不能控制其思想，尤其是孩子踏入中学阶段后更要以身教影响他们。

父母的教养方式决定亲子关系的品质。亲子关系的元素包括情感交流、沟通、依赖、信任、对待方式等，焦点在于亲子之间的互动。建立亲密的亲子关系有赖于父母对子女有适切的教养态度、亲子间有充分的情爱交流与良好的亲子沟通。

综上所述，如何构建积极良好的互动方式和家庭环境是每一位家长都需要学习的课程。陈春秀指出，亲子关系应该包含相互信任、情感交流、友谊性交往和独立这4个层面，亲子关系是双向互动的过程，必须从亲子双方的立场去看待。所有家庭成员共同努力，以一颗宽容、坦诚的心对待彼此，朝着共同的目标付诸行动，才会取得家庭环境和谐的预期效果。宽容的环境才有创新和突破的可能。上海交通大学附属中学闵行分校的一位家长曾分享说："孩子不是一台不眠不休的学习机器，而是一个并不完美、需要张弛有度的人。作为家长，也需要去理解孩子很多看似不自律的行为，比如拖延，或者'浪费'了两个小时唱歌，等等。只要我们引导他们理解学习是自己的事情，而不是为了父母在学习，今后的人生路要靠自己来走，未来如何在相当程度上取决于自己今天是否努力，其余的家长能做的就是倾听与共情了。"家长应该学会准确体察孩子的喜怒哀乐，接住孩子的各种情绪，运用适当的方法及时化解孩子的不良情绪，然后认真回应，让孩子在父母面前可以放松地做回真实的自己，畅谈自己的想法。责怪只会制造仇恨，谅解可以让彼此亲近，并让亲子关系朝更好的方向迈进。

除了耐心倾听，家长也要学会放下身段，与孩子建立共同话题，因为孩子没有足够的阅历了解父母的世界，父母只有放下身段，孩子才愿意与父母敞开心扉沟通。父母不应只是孩子的朋友，父母的职责是要告诉孩子是非对错和道德观，为人父母必须言行合一、以身作则。同时，家长也要给予孩子机会展现自我能力，发展他们的兴趣，并给予适当的把控和指导，遵循"培养自我效能感—增强家庭归属感—传递乐观态度"的路径。家长可以尝试每天下班回家后，全家一起吃完晚餐，抽10分钟的"特别"时间陪伴孩子，细心聆听他们当天在学校或家庭生活中的经历分享，不做任何批评，采取多鼓励的方式。如果有什么事需要家长介入并给出建议，可以记录下来再找时间重点探讨，以免影响孩子愿意分享的积极性。

当然，每个孩子都是不完美的，在成长过程中都会有让家长抓狂的时候，家长都明白打骂责怪于事无补，那应该如何控制自己的情绪、帮助孩子一起解决问题呢？香港教育大学联合浸信会爱群社会服务处提议家长尝试采用"4A法"，即觉察（Aware）、接纳（Accept）、分析（Analyze）和调整（Adjust），去察觉自己的情绪，更深入了解自己的想法和情绪的由来，这样才能准备好自己的状态去回应孩子的问题。

五、家庭教育的重要性

从教育学视角来说，家庭教育专家赵忠心认为，广义的家庭教育是家庭成员之间相互实施的一种教育；狭义的家庭教育是指在家庭生活中，由家长，即由家庭里的长者（主要指父母）对其子女及其他年幼者实施的教育和影响。家庭是人生的第一个课堂，父母是孩子的第一任老师，重视家庭教育是中华民族的优良传统，以儒家思想为代表的中华优秀传统文化历来强调"齐家治国平天下"，特别重视以亲子血缘关系来界定家庭教育的责任。2015年2月，习近平总书记在春节团拜会上讲话指出："家庭是社会的基本细胞，是人生的第一所学校。不论时代发生多大变化，不论生活格局发生多大变化，我们都要重视家庭建设，注重家庭、注重家教、注重家风……"习近平总书记从治国理政的高度阐明了家庭教育的重要性，以及家庭教育对国家发展、民族进步和社会和谐的重要意义。2021年10月，《中华人民共和国家庭教育促进法》审议通过，并于2022年1月1日起施行。这部法律的出台将进一步保障未成年人身心全面健康发展，国家对家庭教育的重视可见一斑。

尽管家庭教育与学校教育有交叉重叠部分，但是，家庭教育不能被学校教育替代，家庭教育在孩子道德情感的培养上具有学校教育和社会教育所没有的优势。在孩子性格形成、长大成人的关键时期，家庭教育的引导尤为重要。家庭教育作为一切教育的基础、教育的重要组成部分，在孩子成长、发展过程中承担着独特的、终身的教化功能。

在学校教育、家庭教育和社会教育这三种基本的教育形式中，家庭教育是教育孩子的起点和基础，是开展时间最早、范围最广、方法最灵活的教育，它是以亲子关系为中心、伴随生活而进行的教育。相比面向大多数学生的学校教育而言，家庭教育是针对个别孩子的关注和指导的个别化教育，必须由家长来完成，学校无法替代。家庭教育具有感染性，父母和孩子的亲密关系使得父母的言行举止对孩子具有强烈的影响，大多数时间里孩子是与父母生活在一起的，家庭环境对一个孩子成长的影响比学校要大得多。家庭教育更偏重于孩子的生活教育、人格教育和行为养成教育，对孩子的性格形成、智力发展和品德修养等方面有着巨大的影响，这也是父母作为孩子的监护人应尽的责任。因此，家庭教育是终身性、示范性的教育，是学校教育的必要补充，也是推动社会文明进步的重要力量。

因此，要宣传正确的家庭教育理念和方法，帮助家长树立正确的家庭教育观；着眼于孩子的身心健康和全面发展，提高家庭教育的针对性；针对家长的多元化需求，提高家庭教育的实效性。

第二节 我国师生关系的演变

师生关系是指教师和学生在教育教学过程中，通过相互影响和作用而形成与建立起来的一种特殊的人际关系。它不仅仅是教育的手段，更是教育活动本身，具有基础性、渗透性、生成性等特点。师生关系的教育功能和意蕴，可以构建发展学生健全个性的理想氛围，是优化课堂教学的保证，并具有增强德育实效性的功能。

纵观我国几千年历史，师生关系随着历史进程和社会的发展产生了巨大的变化，以称谓系统、态度系统及规范系统三大表象系统呈现出来，即由师生之间特定的称呼语词所表达的称谓系统、由师生之间的相互态度所构成的态度系统，以及由师生之间的交往规则所组成的规范系统呈现出来。本节基于师生间称谓系统、态度系统及规范系统的表象，分析我国古今师生关系的演变过程。

一、我国古代的师生关系

在我国，"教育"一词最早出现于《孟子·尽心上》："得天下英才而教育之。"《孟子·滕文公上》中说"夏曰校，殷曰序，周曰庠"，随着学校制度的确立，教师的职业岗位也随之稳固。

（一）古代教师的称谓系统

在中国古代，教师的称谓系统经历了长期的变化，对教师的称呼有师、师父、师保、傅父、外傅、大司成、训人、教学、保氏、师长、师氏、师儒、先生、女师、姆、母、傅母、内傅、子、夫子、塾师、书师、西席、西宾、门馆、门馆先生、俗师、博士、经生、助教、直讲、教官、学官、校官、学长、学正、训导、经师、宗师、文学、教授、学师、师训、山长、院长、洞主、掌教、堂长等。

上述教师的称谓是在历史发展过程中形成的，有的出自典故，有的在历史名篇中有专门的解释或引用，有的沿用至今。此处撷取若干古代教师称谓作为示例。

师父：《吕氏春秋·劝学》："事师之犹事父也。"即把老师当作父亲来对待。

傅父：《孔子家语·曲礼子夏问》："非礼也。古者男子外有傅父，内有慈母，君命所使教子者也，何服之有。"傅父指古代教导贵族子女的老年男子。同义性转有"傅母"，即教导贵族子女的老年女子。

师长：《周礼·地官·师氏》："三曰顺行，以事师长。"《韩非子·五蠹》："今有不才之子，父母怒之弗为改，乡人谯之弗为动，师长教之弗为变。"此处师长即老师。

西席：清人梁章钜《称谓录》："汉明帝尊桓荣以师礼，上幸太常府，令荣坐，东面，设几。故师曰西席。"古人席地而坐，坐西面东为上座。

先生：《礼记·曲礼》："先生与之言则对，不与之言则趋而退。"先生是古代对年事已高、德高望重的教师的尊称。

至圣先师：特指孔子。《礼记·文王世子》："凡始立学者，必释奠于至圣先师。"

万世师表：特指孔子。《三国志·卷二·魏书二·文帝纪》："诏曰：昔仲尼资大圣之才，怀帝王之器，当衰周之末，无受命之运，在鲁、卫之朝，教化乎洙、泗之上，凄凄焉，遑遑焉，欲屈己以存道，贬身以救世……可谓命世之大圣，亿载之师表者也。"

（二）古代师生关系的态度系统

中国古代师生关系的态度系统集中体现在尊师的问题上，尊师重道是中华民族的优良传统。受中国传统文化中谦逊美德的影响，在师道尊严的基础上，同时存在民主平等的态度萌芽。

1. 尊师重道的传统态度

从教师的称谓系统中可以看出，教师被称为师父、傅父、傅母、姆、母等，以称谓的父母伦理凸显"一日为师终身为父"的态度系统。《太公家教》中也指出："弟子事师，敬同于父。"学生要像尊敬父亲一样尊敬老师，在"敬同于父"的基础上，才能"习其道也，学其言语"。同理，《礼记·学记》中的"亲其师则信其道"也表明，只有亲近、尊敬自己的老师，才会相信、学习老师所传授的知识和道理。

《吕氏春秋·劝学》提出："圣人之所在，则天下理焉。在右则右重，在左则左重，是故古之圣王未有不尊师者也。尊师则不论其贵贱贫富矣""疾学在于尊师，师尊则言信矣，道论矣"，强调尊师重道是学习的基本态度。

2. 民主平等的态度萌芽

中国古代师生关系的态度系统也体现了平等独立、教学相长的民主平等的态度的萌芽。

第一，平等独立。荀子《劝学》中的"青，取之于蓝，而青于蓝；冰，水为之，而寒于水"，韩愈的《师说》中的"弟子不必不如师，师不必贤于弟子"，都强调师生间平等的关系。不要迷信弟子不如师，学生也可以超越老师，同时要做到"无贵无贱，无长无少，道之所存，师之所存也"，学生是独立的个体，要不断追求真理之所在，这才是师道之所在。

第二，教学相长。《礼记·学记》："学然后知不足，教然后知困。知不足，然后能自反也；知困，然后能自强也。故曰教学相长也。"对于学生而言，通过学习才能知道自己的不足之处；对于教师而言，通过教学才能知道自己的困惑。对于学生，知道自己的不足之处后可以自我反省；对于教师，知道自己的困惑之后可以钻研提升。所以，通过教育，教师和学生双方都能获得提升。

（三）古代师生关系的规范系统

师生关系中最为显著的表象系统就是规范系统，它对教师和学生在交往中的地位限定比称谓系统和态度系统更为具体和直接。中国古代师生关系的规范系统具有严格的范式，基于礼法观念、经济基础和制度习俗形成的规范系统，维持师道尊严的稳定，并明确教师的地位和身份。

1. 基于礼法观念的规范系统

尊师重道的传统观念系统引申出了基于礼法观念的中国古代师生关系的规范系统。一方面，教师是礼的教授者和传播者。《荀子·修身》："礼者，所以正身也；师者，所以正礼也。无礼何以正身？无师，吾安知礼之为是也？"老师是用来端正礼法的，礼法是来端正身心的。有礼法才能规范行为，有教师才能懂礼。另一方面，礼法成为维护教师地位和身份的规范系统。《礼记·曲礼上》中规定"宦学事师，非礼不亲"，强调学习为官奉事老师，不懂礼仪就不能亲近；"君臣、上下、父子、兄弟，非礼不定"，君臣、父子礼法观念在师生关系上也被演绎成"一日为师终身为父"。

2. 基于经济基础的规范系统

在中国古代，虽然教师整体的经济地位并不高，但随着官学的兴盛，教师的经济地位得以提升和稳固，并形成了基于经济基础的规范系统。例如：汉代的太学博士享有较高的经济、政治待遇。开始时博士俸禄为四百石，宣帝时增加到六百石，俸月为五十斛。太学建有"博士舍"供博士们居住，朝廷还为他们制作衣冠。与官学享受国家待遇不同，私学不能享受国家补助和俸禄，所以只能依靠私学创办人来筹措资金，因此经济状况因人而异。

3. 基于制度习俗的规范系统

尊师重道是中国的传统美德，制度保障和习俗传承为美德的延续提供了根基。例如：明神宗曾下令，"每里俱立社学……仍免为师之人徭役"，教师可以免除徭役，具有一定的社会地位，享受一定的社会福利。

古代学生入学需行拜师礼。例如束脩之礼。其礼来源于孔子，子曰："自行束脩以上，吾未尝无诲焉。"只要十条肉干，就能拜师。后来束脩演化成古时学生与老师初次见面时为表达敬意而奉赠给老师的礼物。又如释采之礼，也称为释菜之礼。《风俗通义》中记录，孔子困于陈蔡间，七日不得食而弹琴于室，颜回释菜于其户外，以示对老师的敬重和不离不弃，秦以后此礼则成为拜师制度。

西席和西宾的称谓也源自古人对教师的尊重，教师坐西面东，位于上座。《礼记·曲礼上》对学生在老师面前的言行举止提出要求，形成行为规范："从于先生，不越路而与人言。遭先生于道，趋而进，正立拱手。先生与之言则对，不与之言则趋而退""先生书策琴瑟在前，坐而迁之，戒勿越。虚坐尽后，食坐尽前""侍坐于先生，先生问焉，终则对。请业则起，请益则起"。

（四）古代师生关系的特征

基于对古代师生关系的称谓系统、态度系统及规范系统三大表象系统的罗列和分析，可以看出古代师生关系的特征如下。

1. 重视教师在教育中的作用

古人对教师以"父""长""先生"等称之，并以"敬同于父"的态度系统浸润，加之君臣父子礼法观念的强化，以及制度习俗尊师行为的规范，形成了尊重教师就意味着尊重知识和尊重人才，就意味着国家兴旺发达的观念。中国灿烂的文明和历史也印证了这一观点。荀子认为"国将兴，必贵师而重傅……国将衰，必贱师而轻傅"，以师道尊严为礼教的尊师情结，也成为古代君王治国理天下的重要手段，渗透到国家和社会经济、制度、习俗等方方面面。

2. 凸显教师对学生的权威

从将孔子称为至圣先师、万世师表，到倡导"一日为师终身为父"，再到"从于先生，不越路而与人言"，称谓系统、态度系统及规范系统给予了古代教师极高的道德尊荣，并逐渐形成教师权威和专制，在封建社会和制度的背景下，逐渐形成"天、地、君、亲、师"的地位格局。而教师的权威和专制性，也逐渐削弱了学生的主体性，并最终演化成学生对教师的完全服从，并服务于统治阶级的治理。在程朱理学封建教条的浸润下，礼教对师生关系的异化，也为五四运动以来对权威型和专制型师生关系的批判埋下了伏笔。

3. 认可学生终将超越教师

在古代权威型和专制型师生关系的背景下，不同朝代也零星萌发了民主平等的师生关系的理念。荀子《劝学》中"青之于蓝而胜于蓝"的思想鼓励学生要超越老师，韩愈的《师说》与其有异曲同工之效，进一步表述了极其洒脱又孕育着生长可能性的师生关系，具备教师自我省思的精神和豁达涵容的气度。《学记》的"教学相长"开辟了教师专业技能发展的新思路，将教师和学生的地位放到相对平等的位置上，打破了教师的权威性，也为现代师生互相学习、共同进步的教育理念和思想奠定了基础。以上思想虽然只是零星的萌芽，但在中国古代社会制度和环境背景下难能可贵，并为近现代师生关系的进一步发展和民主平等的师生关系理念的进一步萌发提供了思想基础，具有亘古不灭的生命力和传承力。

二、我国近代的师生关系

随着西方列强的入侵，我国沦为半殖民地半封建社会。在此背景下，西学东渐及近代新式学堂的建立为师生关系的发展打开了新的局面。五四运动以来，在爱国救亡、民主科学、实用主义和文化启蒙新思想的冲击下，虽然师生关系呈现混乱、失序的状态，但民主平等的师生关系理念获得了长足发展。

（一）近代师生关系的称谓系统

鸦片战争以后，西方列强以坚船利炮打开中国国门，中国在"师夷长技以自强"的思想下，开展洋务运动，兴办新式学堂。在此过程中，教师的称谓经历了"教习—教员—教师"的变化；在日常口语中，对老师的称谓中西并行，既有西方学历中的"博士"，又有沿袭中国传统称谓的"先生"。

教习："教习"一词始于明代以前，随着近代中国封建制度的没落，官学制度的逐渐消亡，该词也随之消散。随着洋务运动的兴起，洋务派以"自强"为旗号，贯彻"中学为体，西学为用"的思想，采用西方先进技术，创办中国新式学堂，着力培养翻译、外交、科技和军事人才。在此背景下，"教习"一词被赋予了新的意义，指称新式学堂中的教师，以区别于传统教师。随着书院改学堂进程的推进，以及新建学堂的增多，"教习"作为教师的称谓被广泛采用，并成为教师的普遍称谓。

教员：在中华民国之前，教习和教员都被用于指称教师，例如张百熙、荣庆、张之洞等奏拟的《奏定学堂章程》总纲《学务纲要》中规定"学堂必须有师。此时大学堂、高等学堂、省城之普通学堂，犹可聘东西各国教员为师"。中华民国成立后，政府命令改学堂为学校，改教习为教员。由此，教员取代教习成为教育者通称。

教师：中华人民共和国成立后，在独立自强为主旋律的社会背景下，"教师"一词取代"教员"，这既是中国传统理念在现代的再现，又体现了以教育传播维护意识形态的政治意义，强调教师培养学生政治思想和道德觉悟的功能。

博士：随着新式学堂的兴起，以京师大学堂（后改称北京大学）为例，其中聚集了一批近代学者，包括蔡元培、陈独秀、辜鸿铭、胡适等。这些学者也是学校的教师。学者间和师生间常以本人的学历相称，例如，留洋归来拥有博士学位的胡适被称为"胡博士"。

先生：新式学堂中也保留了以"先生"称呼教师的习俗，在"先生"前通常会加上先生的字，以示区别。例如，蔡元培被称为"孑民先生"，陈独秀被称为"仲甫先生"。

（二）近代师生关系的态度系统

近代中国的国门被迫打开，伴随西方学潮和思想的涌入，旧思想和新思想进行着激烈的斗争。随着五四运动的兴起，新旧思想完成交替，近代师生关系的态度系统也随之受到强烈的冲击。

1. 批判专制型的师道尊严

废除科举制度之后，随着对自由、平等、科学、民主思潮的追求，激进知识分子提出"打倒孔家店"的口号，在反帝反封建、自救自强的社会背景下，吹响了以批孔为形式的批判专制型师道尊严的号角。第一，批判教师威严不可侵犯；第二，批判学生应当服从教师。在教师的绝对权威下，学生没有独立思考、自主选择的机会。激进的学生认为儒家伦理道德与民主政治势不两立，儒家倡导的三纲五常、尊卑之礼自然要被淘汰，这强烈冲击并动摇了传统的师生关系的态度系统。

2. 从师本位向生本位转变

随着近代西方教育思想的传入，以杜威为首的西方学者来华访学，加之中国学者如陶行知、陈鹤琴、蔡元培、胡适等对西方教育思想的传播，有关新旧教育的讨论也日渐激烈。在批判专制型师道尊严风潮的助推下，旧式教育过程中的教师本位思想、教师独断专行的态度被破除，社会日渐推崇以学生为中心，关注学生的发展，发展学生的兴趣，提倡教育应服务于学生，应培育具有生本位观念的教师。关于师生中谁为中心的态度的转变，既是对传统教学的巨大革新，也大力改变了师生之间地位悬殊的局面。

（三）近代师生关系的规范系统

与中国古代师生关系对学生提出观念、行为、习俗等多项规范系统相反的是，在近代新思潮和西方教育思想的冲击下，教师与学生关系的规范系统有了质的改变。

1. 基于批判观念的规范系统

五四运动以来，教育方面出现了反对旧思潮、推崇西方思想的运动，学生罢课、示威、反对学校与教职员的事件频出，教师信用"破产"，师生关系失睦，校长和教师甚至成为封建专制的代表。一些激进的学生开始建立自治组织，反对教师、蔑视规章，有时甚至成了左右校长去留与教员聘任的主要力量。在尊西崇新的潮流之下，代表"进步"的学生成为时代的榜样，教职员反而"反主为客"。基于批判的观念，反对教师也在某种意义上成为时代和社会革命的象征。

2. 基于师生交往的规范系统

随着西方教育思想的引入，师生间全面人格沟通成为师生关系规范系统的重要变化：一方面，主张教师应热爱学生、和蔼可亲、向学生学习、尊重学生个性，并发挥学生的自主性；另一方面，强调学生对教师提出较高期望时，也应做到尊师重道。在批判专制型师道尊严的思潮的冲击下，对于师生交往，既肯定我国传统的紧密的师生关系，也主张双方应建立亲密的情感关系，进行全面的人格间的沟通。

3. 基于教法革新的规范系统

师生交往规范还体现在教育行为的细节之间。在西风东渐的社会背景下，西方教学法也随之传入中国。在近代教学实践过程中，教学法先被称为"教授法"，后改称为"教学法"。一字之差，由授到学，体现的是从师本位到生本位的教学规范的改变，表达了教学活动中重心的转移和"儿童中心"的逐渐确立。教学法的规范系统的确立，是教师依据具体的教育教学条件，结合具体学科、学段的教学目的、教学材料和教学对象的特殊性而进行的运用实践。

（四）近代师生关系的特征

基于对近代师生关系的称谓系统、态度系统及规范系统三大表象系统的罗列和分析，可以看出近代师生关系的特征如下。

1. 师生平等的民主思想基本确立

从近代教师称谓系统的变迁可以看出，在西学东渐的社会背景下，中西方文化交融、更替，教师在学生心中不再是高高在上的形象，学生对教师的尊重源自其对于教师学识和知识的认可。在五四运动后新思潮的冲击下，民主平等的师生关系理念得以基本确立，师生在人格上完全平等，打破了教师凌驾于学生之上的封建传统师生关系范式，并以"师生双方建立亲密的情感关系，进行全面的人格与人格的交流"为基础形成近代师生关系的规范系统。

2. 以生为本的理念指导教师的教学实践

西方教学法的引入对近代教学实践产生了巨大的影响。从师本位到生本位的师生关系态度系统的转变，以及教学实践探索中从教授法到教学法的师生关系规范系统的转变，进一步凸显师生关系中以学生为中心的理念的兴起和发展。以启发式教学法、发现式教学法、问题式教学法等为例的教学法实践在中国近代教学史上产生了重要的影响，它们既是集教学法的翻译者、实验者和推广者于一体的近代学者的教育实践，又是近代学者融合"儿童心理和兴趣发展"为核心目标的生本位教学模式的探索成果，凸显以学生为本位的近代新型师生关系的萌芽和发展。

3. 失序混乱的师生关系时有出现

在经历反对封建思想的启蒙运动——新文化运动及彻底反帝反封建的五四运动后，尊重、自由、平等、个性的思想深入青年心中，激进的青年学生群体中萌发了反对专制型师道尊严的思想观念和态度系统，并形成了批判孔子的儒家思想、反对教师、蔑视规章的规范系统。然而，过犹不及，在近代中国社会急剧转型的背景下，批判专制型师道尊严对传统的和睦尊师的师生关系产生了强烈冲击，致使师生关系时而呈现出混乱、失序的状态。

三、我国现代的师生关系

中国教育在经历了改革开放和教育改革的洗礼后，在新时代背景下，面对互联网时代的冲击，现代师生关系也面临着一系列的发展机遇和挑战，其中既有以建立和谐师生关系为目的的教育实践探索，也有对于师生关系潜在矛盾及恶化原因的反思和改善，更有互联网时代师生关系变化对教师提出的新挑战。

（一）现代师生关系的称谓系统

伴随着改革开放的步伐和民主平等思想的深化，以及师德师风建设的完善，对于教师职责的要求和职能的期待也体现在现代师生关系的称谓系统中，同时，教师的称谓在互联网冲击下被赋予了时代的色彩。

1. 聚焦教育职能的教师称谓

人类灵魂的工程师：强调教师不仅仅要"传道受业解惑"，更要对学生的品德、人格、情操、道德等进行全面培养。教书育人和为人师表是教师的崇高义务和责任，"人类灵魂的工程师"是对教师职责的深刻理解和高度评价。

园丁：将学生比作园圃中的幼苗和花朵，将教师比作培育幼苗和花朵的园丁。教师用爱心、智慧和汗水辛勤灌溉和培养，使幼苗和花朵茁壮成长。

春雨：源自"随风潜入夜，润物细无声"，表明教师要以高尚的品格、丰富的学识、科学的方法，在无声浸润、潜移默化间滋养学生的心田，熏陶学生的心灵。

2. 凸显奉献精神的教师称谓

春蚕、蜡烛、红烛：源自"春蚕到死丝方尽，蜡炬成灰泪始干"，以春蚕的生命不息、吐丝不止，以及红烛的燃烧自己照亮别人，比喻教师无私奉献的高尚品格。

孺子牛：源自"俯首甘为孺子牛"，将教师比喻为孺子牛，体现教师勤恳劳作、默默奉献、埋头苦干、任劳任怨，将孺子（学生）培养成才。

人梯：上面的人踩在下面的人的肩膀上向上攀登是为人梯。教师甘为人梯的精神体现其为了学生的成长和成才无私奉献、甘于牺牲的高尚品格。

3. 体现时尚亲昵的教师称谓

爸、妈、哥、姐：源自互联网时代对与自己有亲密关系的人以"家人"称呼的习惯。学生按老师年龄和性别，以"爸、妈、哥、姐"称呼老师，例如控江中学管乐团的指挥王莹老师被学生们称为"王妈"。以家庭成员称谓称呼老师，一方面可见老师与学生如同家人般朝夕相处的情分，另一方面体现了老师对学生成长、人格发展的全面影响。

网络昵称：随着网络的普及和上网便利性的提升，学生会在QQ、微信、微博等平台添加老师为好友，从而得知老师的网络昵称。微信朋友圈、QQ空间和微博空间等都为学生了解老师生活化的一面提供了途径，拉近了师生间的距离。学生在日常生活中以老师的网络昵称称呼老师，一方面是网络情境在生活情境中的延伸，另一方面也是学生拉近与老师心理距离的体现。以网络昵称称呼老师多见于日常聊天、班级博客、个人日志等非正式场合。

（二）现代师生关系的态度系统

现代教育制度的完善，有《中华人民共和国教师法》《中小学教师职业道德规范》和《中小学生守则》《小学生日常行为规范》《中学生日常行为规范》等政策法规对师生间的态度系统进行规范和约束。

1. 基于课堂仪式的态度系统

课堂仪式指发生在一个经过特别选择的环境内，通过教师教、学生学共同达到教学目的的一系列礼仪性仪式活动，主要包括上下课仪式、讲解仪式、师生间的提问仪式，以及眼神、身体表达的非语言形式等。课堂仪式具有师生情感态度交流的功能，是学生集体性尊师情感的体现，既为教育工作做好了铺垫，又为师生间情感交流打下了基础。

2. 基于节庆典礼的态度系统

随着社会尊师重道理念的确立和推行，教师节、十岁/十四岁/十八岁生日、毕业典礼都是学生对教师表达谢意的重要场合。节庆典礼上的献花仪式、节目表演、视频回顾或微信短信的信息问候等，都体现出学生对教师辛勤付出、无私奉献的感恩。特定的节庆典礼情境能够进一步渲染氛围，构成学生个体和团体的无意识态度系统，从而引发特有的教育效应。

3. 基于师生矛盾的态度系统

根据调查，目前当师生间产生矛盾时，存在以下态度系统方面的问题：

第一，学生话语权弱。由师生地位不平等引发，学生即便对教师不服或不满，一般也不敢提出意见。

第二，缺乏化解机制。学校中师生关系表面平静，背后却潜藏不少矛盾，一旦双方发生冲突，大都以学生忍气吞声收场，真正化解师生矛盾的机制相对缺乏，学生对教师往往敢怒不敢言。

第三，教育方式单一。教师教育手段相对简单。教师会抱怨学生不守规矩，学生会指责教师独断专行，但学生往往感到无助。

若师生间矛盾日积月累、难以化解，长此以往学生就会对教师忍气吞声，甚至产生愤懑无助的情绪，这便为教育效果不佳埋下隐患，在教育监督日常化、普遍化的背景下，极易引发投诉事件和社会舆情。

（三）现代师生关系的规范系统

改革开放以来，伴随着国外教育思想和哲学思潮的影响，我国提出并实行了"五育"并举、全面发展、培育核心素养、落实"双减"、规范师德师风建设、践行立德树人理念等教育政策。在此过程中，政策法规、和谐关系和监督机制的规范系统，对教师和学生双方的交往行为进行了规范和约束。

1. 基于政策法规的规范系统

《中华人民共和国教师法》从权利和义务、资格和任用、培养和培训、考核、待遇和奖励，以及法律责任等多个维度，以法律的形式对教师职责和行为进行规定和保障。《中小学教师职业道德规范》详细规定了教师的职业道德规范，其中爱岗敬业、关爱学生、教书育人和为人师表更以具体要求丰富了师生关系的规范系统。

《中小学生守则》要求学生"孝亲尊师善待人"；《小学生日常行为规范（修订）》《中学生日常行为规范（修订）》规定学生"尊重教职工，见面行礼或主动问好，回答师长问话要起立，给老师提意见态度要诚恳"，以及"遵规守纪，勤奋学习"，以日常行为规范的形式引导学生个人和集体形成师生关系的规范系统。

2. 基于和谐关系的规范系统

中国近代以来，在民主、平等的思潮浸润下，构建和谐的师生关系的思想深入人心。因此，教师的教育教学行为也具有维护和谐关系规范系统的指向性。例如，重视以生为本，提倡生命教育，推进素质教育和主体性教育，重视学生心理健康和人格发展，建立和谐班集体，增强家校沟通形成共育合力，等等，都包含教师对于和谐师生关系的教育实践和努力。

3. 基于监督机制的规范系统

虽然《中华人民共和国教师法》《中小学教师职业道德规范》等法律法规

的出台在相当程度上规范了教师的教育教学行为，但依旧时有违反师德师风的事件发生。因此，在师德师风监督机制的规范系统中，一方面，应增强他律，建立媒体监督、舆情监督、学校监督、同行监督、学生监督五位一体的监督体系，通过网络和电话举报、问卷调查、现场访谈及学生评教等多种方式，鼓励教师自我审查、严格自律，以期逐步达到"慎独"的崇高境界；另一方面，通过监督机制，评选各级各类师德标兵，增强榜样引领作用。监督机制的双管齐下能够有效提升师德建设的成效，对师生关系的规范系统具有促进作用。

（四）现代师生关系的特征

基于对现代师生关系称谓系统、态度系统及规范系统三大表象系统的罗列和分析，可以看出现代师生关系的特征如下。

1. 遵纪守法与道德规范相统一

教师专业性发展的途径之一，即以职业道德规范教师教育教学行为。从教师称谓系统可以看出，人们将教师称为人类灵魂的工程师、园丁和春雨，将教师比喻为春蚕、红烛、人梯和孺子牛，说明人们对于教师的教育职责和道德品质具有极大的期待。在师生关系中，人们希望教师具备任劳任怨、无私奉献的品格，以润物细无声的方法育天下英才；基于课堂仪式和节庆典礼的态度系统，也是学生、家长和社会对教师献身教育行为的反馈和感恩；各类教育法律法规及学生行为规范守则以制度的形式保障教师育人有道和学生尊师重道的师生关系的存续。

2. 师道尊严与人格平等相统一

在互联网时代思潮的冲击下，师生间的心理距离不断拉近。从学生对教师的称谓系统可以看出，教师可以是学生的偶像和家人，通过网络平台，学生有机会接触和了解教师日常生活中的状态，对教师高高在上的传统形象是一种"祛魅"。在此背景下，当教师真正走下"神坛"，与学生处于平等的地位时，学生对于教师的尊敬不再基于对师道尊严的畏惧，而是更多来源于对教师品格、学识、教育方式、教学方法和个人魅力等方面的信服。因此，以积极的非正式评价、审美型师生关系的构建、师生共同体建设等模式为例，教师尝试和谐师生关系的育人实践，形成基于和谐关系的规范系统，并在此基础上总结实践经验，进一步开展和谐师生关系的理论研究。

3. 尊师爱生与教学相长相统一

和谐是现代师生关系的基本特征，但依旧存在师生关系功能化、师生关系功利化的现象，其本质是在教育过程中教师对学生精神情感的忽视及对学生学业结果的过度关注，进而产生师生矛盾。这一矛盾经过媒体和舆情的放大，极易造成学生和家长对教师产生怨恨情绪，从而导致师生冲突和家校冲突。所以，在教育实践中，越来越多的教师开始建立正确的师生关系的态度系统，提升自身对师生矛盾的敏感度，力求增进与学生之间的相互理解，做到关爱学生，全面重视学生的身心发展。同时，基于监督机制的规范系统，教师在处理师生关系时常会进行自我审查、严格自律、不断反思，做到勤于改进、教学相长。当然，在此过程中，教师并非毫无底线地纵容学生、取悦家长，"跪着的老师，教不出站着的学生"，《中小学教育惩戒规则（试行）》的出台，也从政策层面为教师合理的教书育人行为提供了规范和保障。

第三节　对家校沟通的规定和要求

　　班主任是中小学日常思想道德教育和学生管理工作的主要实施者，是中小学生健康成长的引领者，班主任要努力成为中小学生的人生导师。本节主要梳理《中学教师专业标准（试行）》《中小学德育工作指南》《中小学班主任工作规定》《中小学教师培训课程指导标准（班级管理）》等德育政策中，对教师进行家校沟通的规定和要求。

　　2009年教育部印发的《中小学班主任工作规定》第十二条明确，班主任要经常与任课教师和其他教职员工沟通，主动与学生家长、学生所在社区联系，努力形成教育合力。

　　2012年教育部印发《中学教师专业标准（试行）》（以下简称《专业标准》）。《专业标准》是国家对合格中学教师的基本专业要求，是中学教师实施教育教学行为的基本规范，是引领中学教师专业发展的基本准则，是中学教师培养、准入、培训、考核等工作的重要依据。在"沟通与合作"内容中，《专业标准》规定，教师需与家长进行有效沟通合作，共同促进中学生发展。

　　2017年教育部印发的《中小学德育工作指南》要求，中小学要加强家庭教育指导，要建立健全家庭教育工作机制，搭建家长委员会、家长学校、家长会、家访、家长开放日、家长接待日等各种家校沟通渠道，丰富学校指导服务内容，及时了解、沟通和反馈学生思想状况和行为表现，认真听取家长对学校的意见和建议，促使家长了解学校办学理念、教育教学改进措施，帮助家长提高家教水平。

　　2020年教育部印发的《中小学教师培训课程指导标准（班级管理）》将家校沟通与合作划分为4个水平，以作为班主任家校沟通能力的判断。

　　水平一：上传下达，严格督促

　　按照学校的要求定期开展家长会、教学开放课等活动。平时通过电话、短信、家校沟通平台或微信群、QQ群等向家长传达通知。当学生在学习上或其他方面出现问题时，及时与家长取得联系，向家长反馈具体情况，如果效果不明显，可约谈家长，与家长交流时注意方式和态度。

水平二：畅通渠道，主动沟通

建立稳定有效的家校沟通途径，真诚平等地与家长交流，反馈学生在学校的表现时，不用命令式或一味责怪的口气，既肯定学生的进步，也婉转地指出不足，使家长乐于接受。有准备、有目的地进行家访，在了解学生家庭状况和生活环境的同时，了解学生父母的职业、文化程度、家庭结构等。经常与家长就怎样共同教育好孩子、怎样更好地沟通等问题进行探讨，听取家长的想法和建议。

水平三：真诚平等，积极合作

了解当前家庭教育的主要特点和问题，向家长介绍有效的家庭教育方法。建立家校沟通机制，增进家校联系，通过网上家校平台、QQ、微信、电话、短信、电子邮件等多种媒介，及时将学生在学校的表现和班级的教育教学活动情况反馈给家长。细致深入地了解班级学生的情况，客观评价每一位学生的优点和不足。让家长能够感受到教师对学生的关爱和对自己的尊重，愿意主动与教师沟通，并积极配合教师的工作。

水平四：民主和谐，形成合力

向家长介绍国家的教育政策和学校的办学理念，引导家长树立正确的教育观念，掌握科学的家庭教育方法。充分发挥家长委员会的作用，使家校沟通渠道畅通有效，有意识地为家长搭建互相学习的平台，适时召开家教经验交流会，请家长介绍有效的家教经验。运用各种信息媒介，及时、客观、全面地向家长反映学生在学校的表现，既关注学生的学习情况，也关注学生的健康成长。与家长沟通时，真诚平等，善解人意，善于预判和处理各种家校矛盾，设身处地地为家长和学生着想，得到家长的信赖和尊重。

在判断班主任家校沟通能力的基础上，《中小学教师培训课程指导标准（班级管理）》明确家校沟通与合作的培训目标为：

1. 提高对家庭教育作用的认识，重视对家长的指导及家校合作。

2. 能根据家长类型、问题类型、情境需求选择恰当的沟通方式；借助家长会、家访、个别面谈、书信、电话、互联网等多种途径，建立常态化、通畅、快捷、有效的沟通渠道。

3. 掌握家校常见矛盾的类型、原因和应对方法，化解矛盾，妥善解决问题。

第二章

家校沟通的认知

第一节　家校沟通的目的

沟通指彼此相通。从字义上理解，家校沟通，就是家长和学校彼此相通。讲得通俗一点，家校沟通就是以学生为中心，学校教育和家庭教育的双向合作。

近几年，家校沟通屡屡被提及，其重要性日益凸显。2021年十三届全国人民代表大会第四次会议通过的《中华人民共和国国民经济和社会发展第十四个五年规划和2035年远景目标纲要》明确指出："健全学校家庭社会协同育人机制。"教育部在2021年教育工作要点中也将"强化家校社协同育人"列入日程，并明确其目标任务。本节从家长、教师、学生、学校4个层面，对家校沟通的目的进行分析。

一、基于家长层面的家校沟通目的

家长是孩子的第一任老师，只有科学的家庭教育才能保证孩子健康成长。但是，经调查发现，很多家长在子女的教育上存在误区或"盲点"。而且，随着"三孩"生育政策的实行，很多家庭不止一个子女，这更会让家庭教育"雪上加霜"。进行有效的家校沟通，可以转变家长的教育观念，加深其对儿童观、人本观、亲子观、教子观的认识。与此同时，习得有效的教育方法，可以使家长增长教育的智慧，并通过不断的实践获得教育子女的成就感，从而增强教育信心，实现家庭教育的正向循环。

（一）转变教育观念

现在还有很多家长存在着错误的观念，比如"一言堂"式的教育，或母亲溺爱、父亲缺失型的教育，再或者"唯分数论"的教育，等等，这些错误观念都是家长进行家庭教育时的绊脚石。通过家校沟通，了解了儿童的成长规律，明白父爱在家庭教育中的重要性，认识"五育"并举的重要性……能够帮助家长认识到自身教育观念的不足，使家长转变原有的教育观念。教育观念随着时代的脚步前进，家长如果在原来的观念中停滞不前，就不能收到好的教育效果。所以，家校沟通对家长通过学校了解最新的教育理念具有重要作用。

（二）增长教育智慧

随着孩子年龄的增长，亲子冲突呈现上升趋势。"为什么孩子就是不听家长的话？""为什么孩子总是辜负家长的一片苦心？""为什么孩子都不喜欢和家长聊天？"……我们经常能听到很多家长有这样的疑问。其实，不是家长没有进行教育，而是缺乏教育的智慧，教育效果打了折扣。世界上没有两片完全相同的树叶，更没有两个完全相同的孩子，即便是双胞胎也往往有着不同的个性特征。那么，是不是这就代表我们的家庭教育没有共性可寻了呢？答案是否定的。无数专家学者进行了理论和实践的研究，得出了科学的教育方法。通过家校沟通，家长可以掌握科学的教育方法。这些方法可以让家长更加有效地和孩子沟通，避免不必要的亲子冲突；可以让家长读懂孩子潜在的需求，认识孩子，也更好地认识自我，增长教育智慧。

（三）增强教育信心

中国有多少家长对自己的家庭教育有信心？就笔者所遇到的学生家长和周边朋友来看，有教育信心的家长是极少的。信心是做事最大的动力，信心来源于成功。一个因循守旧的家长，抱着一成不变的教育观念，在不理解自己、不了解孩子、没有正确科学的教育方法的前提下，对孩子进行出于本能的家庭教育，这样的教育当然偶尔也有成功的时候，但是，失败的次数居多。而且，对教育没有耐心、缺乏等待、想一下子解决子女的教育问题，这样的家长往往会很焦虑，也常会有挫败感，可能会很茫然，甚至可能放弃教育。反之，在一次次家校沟通中，转变已有教育观念、学习新的教育理念和教育方法，家长自身就有了一定的教育自信。再通过一次次的实践获得教育的成就感，增强教育信心，这样就形成了一个良性循环，从而极大地提高家长的教育积极性，增强其教育信心。

二、基于教师层面的家校沟通目的

教师是家校沟通中最关键的一个角色。首先，教师是学校和家庭之间的沟通桥梁，在学校和家长之间进行信息的传递。其次，教师本身也是沟通的主体方。多数情况下，家校沟通是教师和家长的沟通。教师在此过程中，一方面学习新的教育理念、科学的沟通方式和更有效的育人方式；另一方面对家长进行指导，并且能够从家长那里得到进一步的学习。所以，于教师而言，一次家校沟通就是一次学习和成长的过程。

（一）深化教育理念

"师者，所以传道授业解惑也。"虽然家校沟通是学校和家长进行沟通和交流，但是对家庭教育进行指导是家校沟通中重要的一部分，所以传道解惑这部分内容也是必备的。要给别人一杯水，自己就要有一桶水，有效的沟通和指导是建立在教师不断学习的基础之上的。基于此，为了开展有效的家校沟通，教师就要不断学习，甚至终身学习。随着学习的深入和家校沟通的深入，有些教师，尤其是新入职的教师，可能就会对已有的教育观念产生新的认识。入职时间较长、有一定家校沟通经验的教师，也会不断改进和深化原有的教育理念。

（二）优化育人方式

曾看到过这样一句话："中国教师最擅长的教育形式是什么？讲道理。"虽然这话有点以偏概全的意味，但是对于部分教师而言，似乎也是实情。尤其是教师对学生进行个别教育的时候，往往喜欢用讲道理的形式。但实际上这种教育方式的效果并不理想。从这个角度来看，相当一部分教师的育人方式较为单一且效果不明显，优化育人方式也是大部分教师所亟需的，进行家校沟通实践是一条有效路径，因为沟通的理念和方法是相通的，掌握了和家长沟通的正确方式，也可优化教师和学生之间的沟通方式。在家校沟通过程中，教师要引导家长通过各种活动去观察孩子、认识孩子，与孩子共话成长，从而建立更好的亲子关系和实行有效的家庭教育。而在此过程中，教师也能够习得讲道理之外的育人方式，比如情境的感受、体验式活动、订立契约等，这些都能够优化教师的育人方式。

（三）引领行动研究

一线教师有着大量的行动实践却缺乏相关的研究，进行家校沟通可以引领教师进行行动研究。柯瑞（S. M. Corey）在1953年出版的《改进学校实践的行动研究》一书中，第一次系统地将行动研究定义到教育中来，简言之就是进行教育的人员运用创造性思维，指出应该改变的措施并勇敢地加以实验。教师在家校沟通过程中，会经历"遇到问题—研究思考—提出设想—操作实践"这样一个循环过程，这其实就是一个行动研究的过程。如果教师注重积累和思考，其行动研究能力就会大幅提升。

三、基于学生层面的家校沟通目的

从目前调查的结果来看，中学生的思想主流是积极、健康、向上的，但也存在需要改进之处，比如关注小我、贪图享受。现在大多数家长和学校日益关注分数，且学生的智育水平较高，但是过于追求高分容易忽视基础的夯实。调查显示，学生的肥胖率和近视率呈现上升趋势，发现美和创造美的能力有所缺乏，劳动技能水平也与应该具备的技能水平有差距。由此来看，仍需进一步落实德、智、体、美、劳"五育"并举，协同培养。良好的家校沟通能够实现教育在学校和家庭时空上的衔接和拓展，助力学生健康成长。

（一）提高德育质量

立德树人，有德才有人，德育是"五育"中最关键最重要的教育。德育无法一蹴而就，德育素养是在不断的熏陶下慢慢提升的。随着时代的发展，国家、社会对青年一代的德育要求也越来越高，现在的青年一代要有更大的世界格局，要有大我的观念，同时也要建立文化自信，承担文化传承的重任。因此，要不断提高德育质量。进行家校沟通，能够使家长树立开展养成教育的观念，给予德育慢慢发酵的土壤。在此过程中，家长和教师也要用更高的标准要求自己，提高自己的道德水平并言传身教影响学生（孩子），逐步让学生（孩子）获得心灵的崇高感。

（二）丰富智育方法

中国学生在各类国际竞赛中屡获奖项，中国学生的智育发展水平位于世界前列，但是，如何让学生拥有更好的学习方法，主动学习、高效学习，在实践中学习，这是需要教师和家长共同解决的问题。通过家校沟通，家长能够明确提升孩子学习效果的要素，能够在家庭中营造良好的学习氛围和积极的文化氛围；教师则能够对学生有更深层次的了解，能够形成良好的师生关系，"亲其师，信其道"，良好的师生关系是学生学习成功的前提之一。同时，通过沟通，家长和教师不断更新对学习的理解，从原来的单一书本学习深化为多元化学习，重视在研究、探索、实践中学习，能够让不同基础、不同兴趣的学生（孩子）都能有所发展，掌握更多的学习方法。

（三）强化身体素质

冬季晨跑的操场上，可以看到掉队的"小胖子"越来越多；安排座位时，班级中的"小眼镜"越来越多；早读课堂上，打瞌睡的孩子越来越多；体育测试中，不达标的孩子越来越多。这些都在告诉我们，现在相当一部分学生的身体素质在下降。究其原因，一是因为随着社会经济的发展，现在家庭的生活条件越来越好；二是家长和学校重视文化课程，孩子缺少自由奔跑的时间，取而代之的是课外辅导的课程。有效的家校沟通可以让家长和教师认识到身体素质的重要性，转变唯分数论的观念。家长越来越关注孩子的睡眠情况、书写姿势，有些还以身作则，带领孩子进行打篮球、游泳等亲子体育锻炼。教师也看到了学生的运动需求，以班级或者导师团为单位开展丰富多彩的体育活动，给孩子一个奔跑、跳跃、挥洒汗水的活动空间。长此以往，学生的身体素质必然能够得到明显的提升。

（四）培养审美情操

家校沟通还有助于培养学生高尚的审美情操。家校沟通有助于家长和教师审美意识的萌发，从而引导学生（孩子）去发现美、欣赏美和创造美。家长应尊重孩子个性和兴趣的发展，减少孩子周末的辅导课，多给孩子一些时间发展自己的兴趣爱好。教师和家长要尊重学生（孩子）的兴趣发展，用各种方式让学生（孩子）展现美、创造美，比如班级的布置、艺术节活动等；给予学生（孩子）充分发展的时间和空间，学生（孩子）在兴趣培养的同时，对艺术美感、生活美好的追求也会应运而生。

（五）提高劳动技能

"你只要好好读书就行，家里的活你什么都不用干。"这是我们在家庭中经常听到的话语，"两手不问家务事，一心只读圣贤书"是大部分学生在家庭劳动中的现状。大多数学生获得的劳动机会往往就是学校的值日。"自己动手，丰衣足食"，劳动教育和其他教育一样，都是学生必须接受的。但是，现在大部分学生劳动技能的掌握程度与实际要求相距甚远。家校沟通能够让家长意识到劳动教育的重要性和必要性，从而在家庭中真正让学生进行家务劳动。同时，家长在这方面是孩子最合适的老师，身教的优势可以体现出来，家长除了可以教导孩子掌握正确的劳动方法，还可以培养他们吃苦耐劳的劳动精神。同样，家长、教师和社区可以联动起来，给学生（孩子）提供更多的劳动岗位，使他们在真正的劳动中提高劳动技能。

四、基于学校层面的家校沟通目的

社会的不断发展也对学校提出了新的要求，学校要培养出高素质的综合型人才，就要广泛汲取社会各界的力量，所以，构建良好的家校关系就成为学校教育发展的必然要求。家校沟通，就是达成这一要求的重要方法。

（一）形成教育合力

良好的家校沟通能够让家庭和学校形成教育合力。学生教育的两个主要阵地——家庭和学校，理应团结合作，形成合力，促进孩子成长。但是，目前这种合力并没有很好地形成，因为家庭和学校之间相对缺少沟通。学校通常会以年级大会或者家长会的形式与家长进行沟通，但是沟通的频率、深入性和持续性不够，往往没有收到明显的效果。家校沟通是以学生更好地成长为前提的一种相互交流学习的形式，让家长了解教师对孩子的关注，让教师了解家长对孩子的期待，共情共育，共商共计，真正使家长和学校为了学生成长拧成一股绳。

（二）丰富教育资源

家长也是学校教育资源的来源，通过家校沟通建立良好的家校关系，能够使家长全方位支持学校的工作，从而丰富学校的教育资源。现在很多学校开设了"家长课堂"，家长利用自身的专业知识给学生"上课"，为学校教育提供了更广阔的视野。大部分学校都有家长委员会，这些家长也参与到学校的管理工作中，这不仅增强了家长的主人翁意识，也提高了他们对学校发展的关注度。家长还有着丰富的社会资源，可以为学生的社会实践提供更多的机会，实现真正的家校社共同育人。

（三）提升办学品质

通过持续有效的家校沟通，让更多家长参与到学校的工作中来，既给学校带来了压力，同时也带来了动力。有了家长的监督和持续关注，学校将不敢懈怠，必须始终保持积极进取的姿态。同时，家长的支持也会给学校带来更多的发展机遇和发展动力。在压力和动力之下，学校能够增强可持续发展的能力，提升办学品质。

第二节　家校沟通的基本原则

只有将理论付诸实践才能实现理论自身的价值，理论也只有通过实践才能够进一步完善。除了以上讨论的多种沟通理论，在实际校园生活中，家校沟通的基本原则还包括哪些要素呢？

一、教师和家长彼此尊重、彼此聆听

戴尔·卡耐基（Dale Carnegie）说："每个人都想成为备受尊重的人。"尊重是教师与家长沟通的前提。尽管在教师与家长的关系中，教师通常起主导作用，但彼此在人格上是完全平等的，不存在尊卑、高低之分。沟通不能简单地理解为教师向家长汇报学生在校的学习情况，也不是一场向家长状告学生问题的"批斗会"。家校沟通的真正意义是双方站在同一阵线针对学生学习或生活有待改进的方面，进行平等、尊重、有效的沟通。因此，双方都必须对学生的优缺点、目前存在的问题、近阶段的表现等情况了如指掌。在沟通的过程中，教师一定要站在学生成长的角度思考，不戴有色眼镜看待学生和家长。年轻教师由于自身年纪较小可能会受到部分家长的怠慢，这时必须坚定地表达自己的立场，互相尊重永远是家校沟通的第一准则。

二、态度真诚，思想积极正面

教师可适时从为人父、为人母的角度，用真挚的言语拉近与家长的距离。有孩子的教师可以举一些自己教育孩子的事例，与家长产生共情，让家长真切地感受到教师的负责与爱心，从而使沟通更为顺畅。教师应少说几个"我认为"，多说几个"您觉得呢"，从而获得家长的理解，使其可以积极配合教育工作。

三、善用身体语言，留意对方的身体语言及面部表情

教师与家长接触时要彬彬有礼，不卑不亢，用眼睛注视对方，并且要平视对方，称谓合适，礼貌招呼。如果一位教师给人的第一印象就是凶神恶煞、咄咄逼人，那么家长潜意识中就会站在孩子这边，抵触与教师沟通。相反，如果教师热情友好、亲切温和，语气温和、不强硬，恩威并重，给家长留下"好相处"的印象，就能够为今后的沟通奠定扎实的感情基础。

四、尽量使用双方共同理解的语言

与家长沟通前，教师应做好充分的准备工作，提前组织好语言，使沟通更有说服力。另外，教师还需要提前收集好多方信息，公平公正地阐述事件，用通俗易懂的表达方式传递信息。在沟通过程中，如有必要，教师也应该向家长解释某些专业术语，例如ADHD（Attention Deficit and Hyperactive Disorder，儿童多动症）、读写障碍等。家长在理解了专业术语后才能正视孩子的问题，从而配合教师的工作。

五、学会倾听，避免争执

俗话说："会讲多听众，会听多朋友。"教师与家长交流要做到倾听有耐心、倾听有点头、倾听有专心。切忌抢话头，打断家长的话。应随机应变，按照家长所说的，灵活地修正或补充事先准备给家长提出的需求。面对性格刚直、直言不讳的家长，教师要懂得避免正面冲突，为事情的处理留有空间。面对性格腼腆、不善言辞的家长，要多鼓励他们发表自己的想法，给家长多些不同方式的沟通机会，不拘泥于面对面的沟通方式。

六、给对方留面子，不做过强的反应

当家长的要求或理念与教师的做法相悖时，教师切记不要轻易反对，也不要刻意抹杀、当面拒绝家长的要求。教师可以通过进一步的交流，潜移默化地引导家长，通过讲道理、摆事实、举事例等各种方式，让家长在倾听中慢慢感悟，在事实面前感化，从而和教师在思想上达成一致。此外，随着家长文化水平的日益提高，高学历家长越来越多，有时他们比教师更容易看到教育过程中的问题，能够挖掘问题的本质，这时教师应该虚心听取他们的意见和想法，

借鉴并运用到自己的实际教育工作中。此外，与表现不好、学习有困难的学生的家长沟通时，教师也要注意维护家长的面子，既要委婉地指出孩子存在的问题，提出一些改正孩子缺点的可操作性建议，又要特别指出孩子的闪光点，不能直接埋怨、训斥家长，把所有问题归结为家长教育的失败。

七、不要打断对方的话，不过早做出预判

在与他人讲话时，不随意插话或打断别人是最基本的沟通原则。人与人之间交谈的基本策略包括轮流和合理插话。如果实在需要打断家长的话，教师可以用肢体语言比如举手示意，并礼貌地说："很抱歉，我能不能打断一下。"

八、寻找安静的谈话环境，使用令人放松的语气

舒适的交谈环境有利于双方放松戒备，平和交谈。有些家长也和孩子一样，一踏入学校环境就浑身紧张，仿佛是上战场一般，尤其是到教师的办公区域，有其他教师在场就更觉尴尬。家长这样的状态是非常不利于教师之后顺利开展沟通工作的。教师可以根据实际情况灵活安排见面地点。如果不需要面对面交谈，也可以事先和家长约定时间进行语音通话。如果实在需要面对面交谈，也可借用学校的会议室单独和家长面谈，缓解家长的紧张情绪。

九、及时沟通，多称赞

"赞美的语言是交际的秘密武器。"在沟通过程中，教师对于孩子的一句称赞，会让家长卸下防备之心，也可让家长紧张的情绪瞬间放松，从而更容易进入有效沟通的状态；同时，也有利于家长接受教师的下一步建议，直接影响家长教育孩子时的态度和执行力。家长在一种愉悦的沟通氛围下也更易接受孩子的缺点，从而愿意积极配合、与教师共同执行商讨后的计划。例如，面对对孩子失去信心、唉声叹气的家长，教师可以从正面称赞入手，为家长加油打气。

新时代的教师，在与不同类型的家长沟通时要遵守一定的准则，要以自身的师德、师智、师才、师能、师情、师气等赢得家长的好感和信任，力争做到家校沟通顺畅。

第三节　家校沟通的要素演变

随着时代的变迁、科技的发展、社会的进步，家校沟通的要素也发生了相应的演变，学校和家庭在家校沟通方面都面临着新的挑战，只有了解了哪些要素发生了变化，我们才能在家校沟通工作中做出相应的调整，跟上时代的步伐，让家校沟通更加顺畅有效。

一、沟通主体间关系的演变

（一）家长受教育程度的变化

随着时代的进步，学生家长的受教育程度、综合素质逐渐提高，家长的教育理念日益进步且多元化，掌握的教育相关知识也相对丰富，对待孩子教育问题的重视程度也相应提高。这无疑对家校沟通在各方面提出了更多、更高的要求。

（二）学生成长环境的变化

由于家庭背景、成长环境越来越优越，接触新鲜事物的机会越来越多，新时代背景下长大的孩子，越来越见多识广、视野开阔。如何教育引导这些孩子？这对家校沟通中教师与孩子的交流提出了更大的挑战。

（三）教师新职业精神的变化

相对于传统的家校沟通，新时代背景下的教师再也不能搞"一言堂"，更不能故步自封，必须转变教育理念，紧跟时代步伐，与时俱进，不断学习新知识，成为学习型教师，具备新的职业精神。

新时代背景下，家长、学生、教师的身份都发生了一定的变化，这就要求教育者能够根据三者之间关系的演变，转换角色，用新的教育理念和教育手段让家校沟通更加顺畅、更加有效。

二、家校沟通形式的演变

（一）沟通平台由单一转向多元化

1. 传统沟通方式：家访、家长会、电话沟通

家访是最传统的一种面对面的沟通方式，通过家访，教师可以快速了解学生的家庭情况、生活环境、家长素养等，沟通比较直观有效。家访在很长一段时间内都有着无可替代的地位。但由于现代生活节奏的加快，受时间、地理位置及其他因素的限制，家访有时确实具有一定的局限性。

家长会是比较大型的面对面的交流沟通方式，优点是规模相对较大，教师准备充分，内容丰富。但家长会毕竟是面向全体学生家长的，未必能反映出个体的情况，且同样受到很多因素的限制，每个学期召开的次数有限，教师也未必能及时、即时地与家长沟通。

相较于家访和家长会，电话沟通比较灵活及时，但缺少面对面的直观感受。

2. 新型沟通方式：短信、邮件、QQ、微信（文字、语音、视频）、微博等

新型的沟通方式和平台具有灵活、及时、即时等特点，且能保留痕迹。最关键的是孩子和家长都比较喜欢这些新型的沟通形式。对于教师来说，采用这些沟通方式也比较省时省力。例如，当教师在使用微信与家长或学生进行交流时，有时一个表情符号就能传达出教师想要表达的意思和情感，且不让对方感觉尴尬。

总之，传统和新型的沟通平台和方式各有各的优势，并非有了新型的沟通方式，我们就要将传统的沟通方式彻底抛弃，而是应该根据具体需要将各种沟通方式巧妙地结合使用，从而达到最有效的沟通效果。

（二）沟通技巧的演变

1. 选用恰当的沟通方式

如今有那么多可以采用的沟通平台和方式，教师不应该停留在原地，只采用以往传统、单一的沟通方式与家长和学生交流，而是应根据事件的对象、发生的具体情况选用恰当的沟通方式和平台，达到因时、因势、因材施教的教育效果。

2. 注意语言措辞

教师要意识到在家校沟通的过程中，应根据沟通对象、当时的情境和具体情况，用规范、合适的语言措辞表达自己的观点和想法，而不是一味居高临下，让自己变成孤立的一方。家校沟通的根本原则是尊重、信任家长和学生，获得他们的支持，从而达到家校合力教育的目的。

3. 善用、巧用各种沟通平台：文字、表情符号、语音、视频

不断更新的沟通平台深受家长，尤其是学生的欢迎，用这些平台与家长和学生沟通，可以缩短彼此之间的距离。新时代的教师应该紧紧地握时代的脉搏，边做边学，边学边做，让教育焕发新的生机。

4. 把握合适的沟通时机

每件事情都有其最佳的处理时机，作为教师，一定要把握住与家长和学生沟通的最佳时机。有的事情需要马上沟通处理，那就不能拖延；有的事情需要冷静一下，暂缓解决，教师就不应过于激动和急躁，必须冷静对待，以免激化矛盾。

5. 充分发挥家委会的功能

纵观从前的家长和现在的家长，从前的家长更倾向于执行教师的要求，而现如今的家长参与学校教育工作的意识非常强，部分家长确实具备教育理论知识，且具有一定的社会资源，能够为孩子们的成长提供良好的学习实践机会，搭建更好的教育平台。如果能够将这些家长纳入家委会，学校就可以通过这些家长听取到大部分家长的意见和心声，家委会成员既能为学校的教育工作出谋划策，又能在学校和其他多数家长之间搭起沟通的桥梁。

总之，时代在不断进步，教育者和教育对象也在不断成长，这就使得家校沟通的要素不会一成不变。随着家校沟通要素的不断演变，其对家校沟通的各个方面也会产生一定的影响。这就要求教育工作者必须根据时代特征，不断更新教育理念，掌握更多更新的家校沟通理论知识和实践技能，多学多看，活学活用，注重积累和整理，做到资源共享，以达到为更加有效的家校沟通而服务的最终目的。

第四节　家校沟通中班主任的角色定位

社会角色指与人们的特定社会地位和身份相一致的行为模式。教师角色是教师在学校教育中，为实现与其身份、地位相对应的权利和义务时，所表现出来的符合社会期望的态度和行为模式的总和。长期以来，班主任多以班级的管理者和领导者的角色出现，履行班级管理的基本职责。

家庭教育指导政策的落地和家校共育教育理念的深化，进一步拓宽了班主任工作的职责。《中华人民共和国家庭教育促进法》规定："家庭教育、学校教育、社会教育要紧密结合、协调一致。"《中共中央 国务院关于进一步加强和改进未成年人思想道德建设的若干意见》强调："各级妇联组织、教育行政部门和中小学校要……普及家庭教育知识，推广家庭教育的成功经验，帮助和引导家长树立正确的家庭教育观念，掌握科学的家庭教育方法，提高科学教育子女的能力。"由此可见，班主任在管理班级的同时，还需承担家庭教育指导和家校共育的职责。

在此背景下，家校沟通的重要性与日俱增，家校沟通成为家庭教育指导和家校共育的重要保障。在家校沟通的实践中，班主任的角色获得了极大的丰富。具体而言，在家校沟通中，班主任角色可以细化为：教育理念的传播者、实践者和反思者，学生成长的观察者、反馈者和引导者，家庭教育的关注者、协调者和指导者，研训共育的设计者、实施者和迭代者。

一、教育理念的传播者、实践者和反思者

新时期对班主任工作及素质提出了从一般性业务水平向专业素质发展的新要求。通过开展专项培训和研究活动，班主任形成了与时俱进的教育理念，掌握了丰硕厚实的专业知识，以及理实结合的专业技能，提升了工作的专业性。家校沟通是班主任工作的重要组成部分。在家校沟通的过程中，经过专业培训

的班主任是先进教育理念的传播者、实践者和反思者。

（一）教育理念的传播者

根据本书中关于"家校沟通教师问卷"的调查结果，超过半数的教师表示"与家长观念不同，家校沟通比较困难"。在此困境下，更应加强家校沟通机制建设，有效纠正家校间教育理念的偏差。在家校沟通过程中，班主任是教育理念的传播者，通过向家长说明、解释和列举教育政策法规、学校办学理念、带班育人观念等，指导家长构建教育理念、更新教育观念、拓宽教育思路，进而指导教育行为，让亲师间的教育理念从参差到统一，从知情到共情。理念指导行为，通过家校沟通统一教育理念，亲师之间才能互相理解，家校之间才能形成教育合力，为家校共育和家庭教育指导奠定坚实的基础。

（二）教育理念的实践者

班主任通过专业化培训和班级管理实践，形成了客观且自洽的教育理念。在家校沟通的过程中，班主任是教育理念的实践者，因为每一次家校沟通都是一次亲师理念的碰撞，更是班主任对于自身秉持的教育理念的一次实践探索。此外，理论和实践相结合，以及不断地实践和探索，是提升班主任专业能力和专业素养的有效途径，也是成为具有较强专业能力和较高专业素养的优秀班主任的必经之路。

（三）教育理念的反思者

在家校沟通过程中，班主任既是教育理念的实践者，也是教育理念的反思者。在此过程中，班主任以清晰、合理的理论指导实践，并通过反思从实践中生成新理论。具体而言，班主任要梳理沟通的成效和不足，总结成功的经验和做法，思考改进的方向和方法，形成理论和实践相结合的系统研究。重视理论学习的必要性，探索高质量的交流互动与实践，形成"策划—践行—反思—重建"的行为方式，是班主任专业发展的有效途径。家校沟通也为班主任成为教育理念的反思者提供了有益的平台，使班主任在工作实践中学会学习，主动反思，自觉成长，将教育理念内化为个体性的教育观念，并创生出具有班主任个性特点的工作理论。

二、学生成长的观察者、反馈者和引导者

家校沟通的主要内容包括人际交往、心理健康、亲子关系、网络素养、生涯规划、学习指导和学校生活，以学生成长为核心，指向学生发展需求。描述

学生在校情况、提出学生成长问题、分析学生发展区间、给出学生成长建议等都是基于家校沟通主要内容的细化实践。让家校沟通的内容言之有理、言之有物，班主任要扮演好学生成长的观察者、反馈者和引导者的角色。

（一）学生成长的观察者

班主任是全面关心学生发展的人生导师。班主任作为学生成长的观察者，既要关心学生的思想发展、知识学习、社会成长和心理发育，还要关心学生的终身发展，为他们将来走向社会奠定基础。在掌握基础心理学、变态心理学和社会心理学等心理学知识的基础上，通过观察表格、自我报告、团体辅导、个别访谈、家庭作业、课堂作品等途径，班主任能够掌握学生成长的真实情况，这些都是家校沟通内容的一手资料。只有在全面了解学生发展情况的前提下，班主任才能客观评价和反馈学生的成长状态，并进一步与家长深入交流学生的成长需求，提出建设性的共育手段，使家校沟通成为学生成长的助推手段。

（二）学生成长的反馈者

在家校沟通中，班主任是学生成长的反馈者，帮助父母走进学生的世界。在全面关心学生发展的教育理念指导下，班主任掌握了学生的成长状态，作为学生成长的反馈者，班主任既要以描述性语言呈现学生在校情况，又要客观评价学生的现状，还要把握好问题呈现的时机，心平气和地用商量、征询的语气与家长进行沟通。当然，在家校沟通中，班主任的反馈不仅要以"显微镜"凸显学生的问题，也要以"放大镜"激活学生的亮点，扬弃家校沟通中"告状者"的形象（本书"家校沟通学生问卷"中14.9%的学生认为"教师和家长沟通的目的是告状"），促进学生的健康成长。

（三）学生成长的引导者

在家校沟通中，班主任也是学生成长的引导者，把握家校共育的目标和方向，全面贯彻党的教育方针，促进学生德、智、体、美、劳全面发展。具体而言，学生全面发展在家校场域中可以通过提升德育质量、夯实智育基础、强化体育锻炼、改进美育浸润、加强劳动实效达到。作为学生成长的引导者，在家校沟通中，班主任要强化教育方针的贯彻和落实，统一家校教育目标，尽力杜绝"5+2=0"的现象。特别需要强调的是，班主任和家长都是学生成长的"掌舵者"，班主任作为专业人士，当家庭教育目标出现偏颇时，班主任有职责、有义务进行引导和矫正，以助力学生成长。

三、家庭教育的关注者、协调者和指导者

《中共中央 国务院关于进一步加强和改进未成年人思想道德建设的若干意见》中指出，中小学校要切实承担起指导和推进家庭教育的责任。新时期家庭教育是以家庭成员共同的全面综合成长为宗旨，以家庭成员之间双向互动为路径，理论研究与实践活动高度统一的一种显性的教育影响和活动形态。班主任进行家庭教育指导时，需要通过家校沟通，对亲子互动的实践进行深入思考和研究，做家庭教育的关注者、协调者和指导者，促进亲子共同成长，形成和谐家庭氛围。

（一）家庭教育的关注者

长期以来，家庭教育被视为"家事"范畴，具有日常性、生活性和经验性的特点。与学校教育的专业性、系统性和计划性相比，家庭教育的功能常被窄化为生物性抚养，并被认为是不专业、不规范的。教育领域对家庭生活中的教育现象关注不够、本质属性把握不清也加剧了家庭教育的失能。因此，在家校沟通的实践中，班主任要做家庭教育的关注者，加强对家庭教育现象的观察和思考，结合自身专业知识和素养，如积极心理学中家庭治疗模式的理论，研究家庭教育对学生成长的影响因素，厘清家庭教育现象的本质。只有抓住家庭教育中核心问题的关键点，才能从根源上解决学生成长过程中出现的问题，发挥家庭教育指导的有效性，促进家校共育的实效性。

（二）家庭教育的协调者

根据调查研究，在亲子关系和家庭关系方面，相处愉快、互相关心的占70%左右，相处和平但关心不够的约占15%，相处一般的约占10%，相处冷漠、互不关心的约占3%，矛盾很多、经常争吵的约占2%。在家校沟通的实践中，部分家长和学生反馈亲子间沟通不畅、隔阂甚深，父不知子，子不知父，双方甚至有抵触情绪，亲子关系冷漠乃至恶化。究其原因，既有对身心状态和需求的忽视，也有沟通方式和技巧的缺失。所以在家校沟通中，班主任还需扮演家庭教育协调者的角色，作为亲子沟通的纽带，协调家庭教育的矛盾：一方面，引导家长正确认识孩子，了解孩子的成长规律；另一方面，用家长心声拨动孩子心弦，引导孩子透过家长行为剖析家长心声，促进亲子间沟通，增强亲子间的共情理解，提升家庭教育的实效。

（三）家庭教育的指导者

家庭教育指导的实质就是对家长的有效指导。在家校沟通过程中，班主任既是家庭教育知识的传播者，也是家长具体问题的咨询者。应依托家访、家长会、家长学校、家长沙龙和家委会等形式，发挥家校共育功效，提供家庭教育个性化咨询与服务，开设家长教育特色课程，促使家长意识到家庭教育的重要性、明确家庭教育的目的、确立家庭教育的原则、介绍家庭教育的方法。特别是在"双减"背景下，提倡让家庭教育回归生活，以家庭为责任主体对孩子开展习惯养成教育和"三生"（生命、生存、生活）教育，班主任更需发挥专业素养，做家庭教育的指导者，引导家长及时更新教育理念，以科学方法应对教育焦虑和内卷，使家庭教育从"育分"到"育人"，保持家庭教育和学校教育的一致性。

四、研训共育的设计者、实施者和迭代者

在家校沟通的实践中，班主任还担任研训共育的设计者、实施者和迭代者的角色。研训共育指班主任专业发展研训课程，以及家校共育课程和活动。在家校沟通过程中，班主任锚定共育活动的立足点，反思班主任工作的得失处，让家校沟通实践成为研训共育课程设计和实施的基础。此外，在家校沟通的过程中，班主任还能感知现行家校共育活动的现状和问题、班主任工作实务的经验和困境，进而对研训共育课程进行改进和迭代，进一步提升班主任工作的专业性及基于家校沟通的家校共育的实效性。

（一）研训共育的设计者

以家校沟通班主任工作实务为例，根据本书中"家校沟通教师问卷"，82.4%的教师依靠实践摸索家校沟通的方法，80%的教师通过与同事交流，掌握家校沟通的知识和方法，可见班主任对于相关主题专业化研训的需求迫切。家校沟通也会暴露班主任建班育人过程中遇到的其他问题和困惑。在家校沟通的过程中，班主任构建起研训课程的体系和蓝图，优秀的班主任通过行动研究总结经验和方法、设计研训课程、开展研讨和辐射，这是班主任在"行然后知不足"的状态下寻求专业发展的重要途径。

家校共育是家庭和学校以沟通为基础，相互配合、合力育人的一种教育形式，所以，家校沟通是家校共育的基础。在家校沟通的过程中，班主任是共育活动和课程的设计者。具体而言，在家校沟通中，班主任面向沟通实践、坚持

问题导向，通过沟通能够发现学生教育现存问题、家校教育理念偏差、教育实践不足之处，进而激发学校和自身整合教育资源、设计共育课程、明确家校职责、开展家庭教育、提升育人实效。所以，家校沟通为班主任成为家校共育活动和课程的开发者提供了行动依据，为达到"让学校教育和家庭教育保持一致性"这一最完备的教育模式奠定了基础。

（二）研训共育的实施者

在家校沟通的过程中，班主任是研训共育的实施者。

一方面，在总结经验反思需改进之处的基础上，班主任依托各平台进行交流研讨，成为研训课程的实施者，通过课程指导，解答以家校沟通和家校共育为例的实践困惑，提升自身的研究能力和实践能力，为改进方法并将其再次运用到家校沟通的实践中打好基础。

另一方面，在家校沟通中，班主任也是家校共育的实施者。在此过程中，班主任既需要明确家校共育目标，设计家校共育活动，还需要对家长进行家庭教育指导，跟踪反馈家校共育成效，为进一步实践和研究家校沟通做好铺垫，进而提升育人实效。

（三）研训共育的迭代者

在家校沟通中，班主任也是研训共育的迭代者。通过家校沟通，班主任设计并实施研训共育课程，同时需做好课程效果的反馈，对课程提升班主任专业能力、提高家校共育水平的效果进行追踪，并提出进一步优化的方案，以适应班主任工作实践的变化性、家长学生的发展性及家校共育生态的多样性，增强以家校沟通为例的班主任工作及家校共育的实效性。

第五节　家校沟通面临的问题

——来自现状调查的信息

家庭教育和学校教育在学生成长的过程中各自扮演着重要的角色，需要互相合作、互相补充，两者之间的有效配合可以更好地助力学生的健康成长与发展。而有效配合、互相合作的前提就是彼此有效沟通。本节对家长、学生和教师三方开展问卷调查和个体访谈，调研家校沟通的现状，分析家校沟通的问题，为提出改善建议做好铺垫。

一、调查目的

家校沟通是促进家长有效参与学生教育的主要方式，指家庭和学校或者家长与教师为了更好地提高育人效果所进行的沟通与合作的行为。家校沟通的层次分为信息交流、意义沟通和价值劝说。信息交流指家校双方互通信息，保持交流畅通；意义沟通指家校双方在信息交流的基础上互相尊重、互相理解；价值劝说指在家校双方相互尊重和理解的基础上，学校进行家庭教育指导，促进学生健康成长。

随着家庭教育指导、家校共育理念的形成和深入，班主任在家校沟通的实践中，既有与家长的信息交流，也有意义沟通和价值劝说。但家校交流也面临着有效性不足、个体实践差异性大、个案方法失当等问题。因此，笔者及工作室成员以问卷调查和访谈调查的手段，从家长、学生和教师三方面出发，全面了解家校沟通的现状、总结家校沟通的现存问题、分析家校沟通问题成因，为进一步有针对性地实践指导指明方向。

二、方案设计

为了了解家校沟通面临的问题，笔者及班主任工作室成员采取问卷调查和个别访谈的方法进行调查研究，以了解家校沟通的现状。

问卷调查法是以书面提出问题的方法收集资料的一种研究方法。运用问卷调查法可以获得调查对象对调查问题的态度、观点和建议。匿名调查问卷能够得到调查对象比较真实的想法，呈现比较客观的结果。

为了了解初中学段家校沟通现状、分析家校沟通存在的问题、提出科学性的建议和策略，从而提升家校沟通的有效性，本研究设计了"家校沟通现状调查（学生问卷）""家校沟通现状调查（家长问卷）""家校沟通现状调查（教师问卷）"3套自编问卷，并在测试后对问卷进行了修订，问卷信度良好。

在问卷设计过程中，笔者及班主任工作室成员查阅了大量文献，在对成员所在的10所上海初中充分调研的基础上，基于专家和笔者的指导，工作室成员反复讨论、斟酌，力保3套问卷具有科学性，以期客观反映初中学段家校沟通的现状。

每套问卷均分为导语、调查对象信息和问卷主体3个部分。第一部分问卷导语介绍调查的目的，并明确告知本调查采取不记名方式，完全保密，打消调查对象的顾虑，以求获得最真实的调查数据；第二部分采集调查对象的基本信息，包括区县、年龄/年级，教师问卷中还包括班龄、是否担任班主任等问题；第三部分是问卷的主体部分，主要调查家长、教师和学生对于家校沟通的认识与态度、家校沟通的频率与方式，以及家校沟通的内容与效果。3套问卷在问题设计细节方面略有不同，各有侧重，以期通过三方主体真实反映家校沟通的现状和问题。

在完成问卷调查数据分析以后，为弥补问卷数据的不足，我们运用访谈法对家长、学生和教师进行了非正式个别访谈，以进一步了解家校沟通中的现存问题及深层原因，坚持问题导向，强化现象挖掘，准确定位核心，具化问题成因，深化研究成果。

访谈对象采用目的取样的方式精心选择，主要考虑两个因素：一是选择在日常交流中对家校沟通效果评价不同的家长、教师和学生；二是选择性格较为外向、愿意介绍自己家校沟通情况、平时沟通比较顺畅的家长、教师和学生。这样可以针对研究所关注的问题，获取尽可能丰富的信息。当发现访谈获得的信息基本饱和，即继续访谈获得的信息与前面收集的信息出现了内容上的重复或没有新的信息出现时，结束访谈。

三、调查实施

问卷调查实施的时间为2021年9月至2021年11月，样本分布在工作室成员所在的10所初中，调查对象为这些学校的教师、家长和学生。3套问卷通过问卷星平台，以及微信群、QQ群、钉钉等发放和回收。其中，共回收家长问卷1611份，教师问卷125份，学生问卷1714份。

访谈采用非标准化访谈法。工作室成员在梳理问卷调查结果的基础上，针对问卷数据的不足进行了教师访谈、家长访谈和学生访谈，访谈问题尽量避免与问卷问题重复。访谈以闲聊开场，过程中巧用追问，积极倾听，以获得家长、教师和学生的深层次想法。

为获得受访者真实的想法，避免给受访者带来压力，访谈以面对面看似随意交流的形式进行，访谈者在访谈过程中不录音。对于面谈有困难的家长，访谈以微信视频电话的方式进行。

四、结果分析

进一步整理上述问卷调查和三方访谈的结果，发现家校沟通中存在以下问题。

（一）家长认知不足，未形成统一的教育理念

65.6%的家长认为家校沟通过程中家长和学校（教师）是合作伙伴，超过三分之一的家长尚不具备家校共育的理念。在实际沟通过程中，56.8%的教师认为家长对于家校沟通的重要性认识不够。教师认为家长在家校沟通中的不当行为是不配合，表现为以下几种类型（多选）：耳旁风型（72.0%）、自说自话型（66.4%）、简单粗暴型（61.6%）、不予理睬型（55.2%）。家校沟通过程中家长的不当行为不仅会降低沟通实效，而且较难达成通过沟通寻求解决问题的方法的目的。深入探究家长不当行为的成因，发现家校双方在认知上差异较大，53.6%的教师认为"与家长观念不同，沟通起来比较困难"，36.8%的教师表示有家长曾向其表示"学校只要管好学习，不需要进行家校沟通"。以上调查结果说明家长对家校沟通的必要性和重要性认知不足，家长对家校共育理念的认同感和行动力方面有待提升。

（二）主动性需提升，未制定高效的沟通模式

56.7%的家长"当孩子学习、身心健康出现异常"时会主动和教师取得联系；24%的家长偶尔或不定期与教师进行沟通；仅11.1%的家长与教师保持定期沟通。在教师问卷"教师每学期与每位家长平均沟通的次数"一题中，35.2%的教师选择 0~3次，32%的教师选择4~7次，16.8%的教师选择 8~12次，选择13次及以上的为16%。其中，52.8%的教师表示"时间和精力有限，只能在课外开展一些零散的沟通活动"，这是当前家校沟通中存在的问题之一。由此可见，家校沟通通常产生在问题发生后，具有问题指向性和突发性强的特点，缺少计划性、连贯性和预防性，并伴随"头痛医头，脚痛医脚"的特征。通过教师访谈我们了解到，班级学生数量多、教育教学任务重、生活家庭压力大等原因，使教师不得不利用休息时间和家长进行家校沟通。部分教师在访谈中表示，家校沟通主体的主动性较低，无法形成良好的沟通习惯，很难达到较好的沟通效果；没有科学的沟通模式，较难寻求学生问题的根源，很难圆满解决学生的现存问题。所以，建立高效的沟通体系、科学确立家校沟通的内容和频次、减轻教师在沟通过程中的压力和困难、提升沟通主体的积极性和主动性是提升家校沟通实效性的保障。

（三）家校沟通内容偏颇，未关注学生的全面发展

问卷数据显示，教师和家长沟通内容的占比情况如下：学习成绩（88.5%）、纪律（64.0%）、情绪体验（47.7%）、同伴交往（37.0%）、兴趣爱好（33.8%）。85%的家长想从教师那里了解孩子的课堂表现和进步情况，83%的家长想了解孩子的课业及学习成绩，80%的家长想了解孩子的身心健康情况。结合教师和家长访谈了解到，初中低年级家校沟通中家长主要关注学生的学习状况和纪律，随着年级上升，家长和教师还会关注学生的心理状态，但家校沟通涉及最主要的内容依旧是学生的学习情况。

（四）方式相对单一，未发挥家庭教育的有效性

学校开展家校沟通的形式有：家长会（100%）、班主任家访（93.6%）、定期对家长开展家校沟通知识培训（39.2%）、设立家长学校（36.8%）、开展亲子活动进行亲子沟通的培训（23.2%）。由此可见，大部分学校家校沟通方式相对单一，主要依托家长会和家访的方式，此类沟通形式虽然有常规性、即时性、简易性的优点，但和家长学校、知识培训和亲子活动等形式相比，无法有效地向家长传达和孩子相关的身心发展规律、心理健康知识、亲子沟通方

式、家校沟通技巧和家校共育理念，无法高效地协助家长更新教育理念、掌握教育方法、提升育儿能力、协调家校关系、改善亲子沟通效果，也无法为有特殊需要的家庭提供特殊帮助。相对单一的沟通方式，缺少家庭教育针对性的指导，无法发挥家校共育的合力，甚至会导致家长对学生教育问题产生失控感。在访谈中有家长表示，"孩子不听我的，油盐不进，我对他无计可施"；同时也有超过半数（53.6%）的教师认为，家长对于家庭教育重视度不够，将孩子教育的全部问题推给学校，提出在家校沟通中学校应建立家长学校（60%）以提升家长共育素养（68%），并对经历重大变故的家庭提供特殊照顾和重点关注（57.6%）。

（五）教师专业性弱，未获得充分的技能培训

53.6%的教师认为，在家校沟通过程中自己不够专业，没有专门学习家校沟通的相关知识。为了获取相关知识，82.4%的教师在实践中自己摸索，80%的教师与同事密切交流，64.8%的教师通过书籍和网络等渠道进行学习，得到学校定期和区域开展的相关专业培训的教师分别为56%和43.2%。约三分之一（33.6%）的教师对自己家校沟通的有效性打分低于6分（满分10分），仅6.4%的教师打了满分。由此可见，缺乏学校和区域内专业的培训、仅靠教师自我摸索或在实践中积累和交流经验，家校沟通只能事倍功半。大部分教师认识到家校沟通过程中革新沟通观念、掌握专业知识、选择沟通策略、运用沟通方法的重要性和必要性，所以提出加强班主任家校沟通能力培训（70.4%）及加强专业人才培养（60.8%）的诉求。

（六）家校沟通主体缺失，未挖掘学生的自我价值感

问卷结果显示，21.5%的学生认为家校沟通没有对自己的成长起到积极作用，31.8%的学生认为家校沟通"让家长生气，引发家庭矛盾"，24.8%的学生认为"我有问题，但家校沟通不解决我的问题"，8.0%的学生认为"我没有错，是老师针对我"。学生的感受不可忽视，这些学生的感受反映出家校沟通的有效性有待提升。此外，61.0%的学生认为家校沟通中忽略学生本人意愿和感受是导致沟通效果不够理想的重要因素之一。家校沟通的起因和目标均指向学生的健康成长，但在现行家校沟通实践中，大部分教师和家长将学生排除在沟通主体之外，没有挖掘学生的自我价值感，未引导学生发现自己的独特性和积极主动的一面，未使其坚信自己有解决问题的能力，从而削弱和剥夺了学生对于自身成长的自主感、能力感和归属感，甚至导致师生、亲师和亲子之间出现

各种问题，降低了家校沟通的实效性。

（七）后续措施缺位，未达到有效沟通的目的

家校沟通的目的是解决教育过程中学生存在的问题，引导学生健康成长。问卷调查发现，在家校沟通后，86.9%的家长"积极跟进反思，家校沟通效果显著"，11.4%的家长"偶尔跟进反思，沟通效果较好"。但在教师问卷中，三分之一的教师对家校沟通有效性的打分低于6分（满分10分）。在学生问卷中，21.5%的学生认为家校沟通没有对自己的成长起到积极作用。由此可见，三方主体对家校沟通实效性的感受差异巨大。通过对教师和家长的个别访谈我们发现，"一般教师和家长交流好学生的问题后，家校沟通就结束了"，虽然大部分教师会围绕学生存在的问题提出具有针对性的建议，但很少有家长会长期执行并定期向教师反馈执行效果，久而久之，当教师发现"通过家校沟通无法解决学生问题时，便不再联系家长了"。对于家长而言，他们认为："教师比较有经验，相信教师的建议更加专业，即使家长觉得教师的建议可能并不符合学生和家庭的实际情况，也很少会提出反对意见。"由此可见，家校沟通没有解决家庭系统中存在的问题，没有发挥家庭系统的积极作用，导致后续措施缺位，其结果是学生存在的问题常有反复、难以根治，家校沟通的有效性降低。

第三章

家校沟通的内容

第一节　人际交往

情境再现

在学校的体育课上，一向开朗的小龙看起来郁郁寡欢，连擅长的篮球比赛也没有参加，我在篮球场的观众区找到他询问了原因。原来他在篮球赛报名的时候和同学们起了争执，他认为应该挑选进攻能力强的队员参加比赛，其他同学则认为应该攻守平衡，可是小龙觉得在校级3VS3的比赛中快速得分才是最关键的。一场不欢而散的讨论让小龙十分有挫败感，同时也放弃了原本入选的名额。面对小龙的困惑，我发现其实并不是运动能力欠缺的问题，而是他交际能力不足，难以表达自己的想法，遇到挫折也无法消化。人际交往能力的培养是初中学生的必修课，也是需要家校合作共同进行的。

人际交往指人与人之间传递消息、沟通思想和交流情感等方面的联系过程。埃里克森的人格发展阶段理论认为，12~18岁青少年的主要任务是发展自我同一性。中学生处在身心快速发展阶段，在这一阶段，中学生不仅要注重自身生理心理的变化，还要注重人际交往。

进入中学，孩子与同伴的相处时间更多，交流的内容更丰富，交往形式更多样化，这也是孩子社会化的过程。孔子说："友直，友谅，友多闻，益矣。"与正直、诚信和见识广的人交朋友，是有益的。

如何有效地引导孩子与同伴交往，是值得家长关注的话题。但是随着社会的发展，新的变化带来新的问题，家长不能再用原有的经验来引导这个时代的孩子，要了解孩子真正的需求，根据不同的情况进行有效指导。

一、现状分析

人际交往是人的基本社会需求，人际关系能够帮助人们了解自我，检查人的社会心理是否健康。初中阶段是学生生理和心理发生重大变化的时期，人际交往关系变得越来越复杂，初中生开始把同龄人作为交往的第一选择。

初中阶段的学生把交往重心从父母老师的身上转移到了同伴身上，并逐渐从团体交友中独立出来，开始有了自己的秘密，与朋友交流自己的想法。这个阶段的学生非常强调朋友间的质量和情谊，认为好朋友会有一致的行动方针，而忠诚是衡量友谊的一个非常重要的标准。

问卷调查显示，有58.29%的家长表示了解孩子在校的同伴交往情况，有36.99%的家长与教师沟通较多的内容是同伴交往，但有53.6%的教师认为家长缺乏专业知识，因此，家校携手培养孩子人际交往的能力尤为关键。

家庭是初中学生人际交往能力培养的重要场所，尤其是在温馨的家庭情感氛围中，人际交往能力能得到充分发展。在初中学生这个群体中，是否爱别人、被别人爱，是否尊重别人、被别人尊重，都受到在家庭中与人共处的能力和行为的直接影响。因此，在家庭中学习人际交往的方式，在学校中运用人际交往的能力，可以形成有效的家校共育的教育方式。

良好的人际交往关系容易使人得到心理上的满足感，生活也会更加幸福。如果人际交往关系处理不恰当，则会使人产生无助、被抛弃等感觉。人不是孤立的，人正是通过和别人的交往满足自身的需要，实现自己的价值。令人担忧的是，初中生与家长和教师之间的人际关系存在一定程度的不和谐，甚至障碍。

二、重要意义

（一）良好的人际关系是获取新知的桥梁

中学生的主要任务是学习，人际交往也是获得知识的有效途径，在学习环境中，通过人际交往可以将学习到的知识进行分享，也可以从同伴那里获得对自己有益的知识、经验和教训，不断充实和完善自己。良好的人际关系对丰富知识、开阔视野有着积极的作用。

（二）良好的人际关系是心理健康的重要标准之一

著名医学心理学家丁瓒指出："人类的心理适应，最主要的就是对于人际关系的适应，所以人类的心理病态，主要由于人际关系的失调而来。"人际关系是引起人们心境变化的重要因素，是形成个体积极感受、获取自信的体现，更是获得安全感、爱与归属的需求的满足。中学生通过向朋友倾诉个人的喜怒哀乐，彼此之间增进思想和情感的交流，通过分享让快乐加倍、让烦恼减半。

（三）人际关系是个体形成社会支持力的重要途径

中学时期正是逐步走出家庭、走向社会的阶段，良好的人际关系能使人在交往中积累经验，学到社会交往中必需的知识、技能、态度和伦理道德规范等，能意识到自己在社会中的地位和责任，学会只有与人平等相处和良性竞争，才能自立于社会，得到社会的认可，成为一个成熟的社会人。

三、方法指导

（一）家长的交往方式对孩子有言传身教的作用

1. 家庭关系中形成的沟通模式

萨提亚（Satir）家庭治疗包括5种常见的沟通模式：指责型、讨好型、超理智型、打岔型和表里一致型。在人际交往中，人们经常会使用不同的沟通模式，会根据对象的不同而弹性调节，比如有时讨好有时指责，这些都不是绝对的。一般来说，萨提亚的沟通模式源自人们的原生家庭，人们在自己的原生家庭里是何种姿态，到了工作环境或另组新家庭时，也会用何种沟通模式与别人相处。

2. 提升孩子自我价值感，形成一致性表达

［案例］班级里有一位孩子与其他孩子打架，于是我请家长到学校沟通。家长听到孩子的情况后第一句话是："你居然和同学打架！看我回家怎么打你！"我当下就惊呆了，这位母亲用最直接的教育方式告诉孩子"当你觉得别人做得不对时就应该打他"。

很显然，在上述案例中，孩子对家长使用的指责型的沟通模式存在效仿现象，甚至将言语的指责上升到了肢体的攻击，当家长指责孩子的时候，孩子则呈现出讨好型的沟通姿态。这个案例表面看来应该改变孩子的交往方式，但实际该反省的是家长——其沟通姿态对孩子产生了极大的影响。家长要营造积极、健康、平等、和谐、幸福的家庭环境，让孩子能够快乐健康地成长，保持自我的一致性，家长应该在培养孩子的同时不断地学习和反思，与孩子一同成长。

孩子在成长过程中会有许多榜样，父母是他们首先学习的榜样。也就是说，按照萨提亚的沟通方式，不同类型的父母可能会养育相对应的孩子，并且孩子会从父母双方不同的沟通方式中习得更得益的那一种。所以，想要养育什么样的孩子，首先要成为什么样的家长，并获得孩子的肯定。家庭成员的良好素质直接影响孩子在人际关系中的行为模式，在平时生活中表现出优良道德素质的家长，更是孩子学习的直接榜样。

（二）原本的朋友关系变淡了怎么办？

1. 认识友谊的真谛

《庄子·山木》中写道："且君子之交淡若水，小人之交甘若醴；君子淡以亲，小人甘以绝。"真正的友谊不会随着时间的流逝、交流的减少而失去原有的感情，朋友间不是只互相依赖，而是独立时可以各自精彩，相遇时能分享喜悦、分担忧愁。相处的时候不缠绵，分离的时候不依恋，想起他来会淡淡地会心微笑，心甘情愿又不刻意地为他做点自己力所能及的事，这才是真正的友谊。

2. 真正的友谊是成全更好的彼此

［案例］六年级（上海义务教育为五四学制）建班初期，经常会有孩子在教室坐不住，下课就往外跑，原来是因为原本在小学十分要好的朋友被分在了不同的班级。但是下面这样的情况经常会出现：两个好朋友中的其中一位在新的班级遇到了志趣相投的新朋友，与新的老师和同学产生了更多的共同语言，另一位苦苦守候友谊的朋友却因此产生了被对方"背叛"的感受，从而导致友谊破裂。

大多数孩子成长过程中的环境是比较稳定的，但是小学期间形成的亲密的师生关系、同伴关系，升入初中后会有非常大的变化。很多孩子在进入初中后的前半年很难适应，一方面想维系原有的朋友关系，另一方面面对新的朋友又不知道如何建立一段新的关系，从而让自己变得非常焦虑。有的孩子在小学和同伴建立的友谊，进入初中后因学业繁忙而慢慢变淡，或者被新的友情渐渐取代。

维系友谊会让彼此都感受到温暖，但往往因为环境因素的变化，原本和朋友之间的共同点会慢慢变少，朋友之间的话题会慢慢变少，友谊会慢慢变淡，或被新友情取代。这个时候，孩子的感受好似心爱的玩具被他人抢走，内心的占有欲会影响情绪而导致波动。家长应引导孩子，告诉他们随着年龄的增长、环境的变化，有些友谊能够得以保持，也有些友谊会慢慢变淡，朋友并不是我们的附属品，我们要学会对朋友放手，让彼此有更大的成长空间，让彼此的人生更加丰富。

（三）帮助孩子建立新的友谊

1.主动建立友谊

在进入新的团体时，老师往往会采用不同的"破冰"方式，鼓励孩子开放自己，敞开心扉，主动表达。社交恐惧症是一个生理学名词，以过分和不合理地惧怕外界某种客观事物或情境为主要表现。但孩子们往往会因为自己的一些退缩或逃避就给自己贴上这个标签，从而影响社交行为。

我们可以帮助孩子找一些小方法，比如，面带微笑、倾听对方、寻找共同的兴趣爱好等，即使对方没有回应也不要感到气馁，在共同的环境下，只要真诚待人总会遇到志趣相投的朋友。

2.形成对成长有益的人际支持系统

香港中文大学的郑汉文博士提出，每个人都应该有8位朋友——两位长辈、两位前辈、两位同辈、两位晚辈，因为长辈会带给你指导，前辈会带给你经验，同辈会与你一起努力，而你也可以将自己成功的经验分享给晚辈。形成这样的支持系统对每一个人的生活都是有益的。

［案例］受疫情影响，学校开展线上教学，线上班会课上进行同伴互助的小调查。课后有一位母亲来询问我，因为孩子自制力不足，她已经禁用了孩子所有的线上联系，现在班级要求的小组成员内联系是哪一门学科的要求？我当下有些震惊，告知家长，孩子之间是需要联系的，无论是沟通学业还是分享生活，这都是家长和老师无法完成的。

在上述案例中，笔者肯定了这位母亲对孩子的关注和陪伴，她对孩子的付出是全身心的，但她没有发现孩子已经长大了，不仅仅需要培养独立的能力，更需要自己的朋友。朋友的力量是家人无法替代的。笔者建议这位母亲在与孩子约定后给予孩子自主的空间，这既是一种放手，更是一种成长。

（四）懂得呵护友谊的花朵

1.不要成为彼此的"刺猬"

［案例］八年级的一位家长向我倾诉，孩子在家情绪十分低落，经了解，原来是和好朋友吵架了，两人因意见不一致，发生了不愉快。孩子一方面不理解为什么好友会这样轻视这份友谊，另一方面又很在乎这个朋友，不想失去他。

在上述这个案例中，笔者和家长共同探讨解决方案。孩子们的心很柔软，也许并不想彼此伤害，却又不懂得如何表达自己的情绪。家长可以用自己的经验来引导孩子，老师可以作为润滑剂给孩子们更多交往、合作的机会，风雨后的彩虹更加美丽，经历了波折的友谊更加牢固。这件事情无关是非，可让孩子将此当成一种磨炼，让友谊更加坚固。

青春期的孩子独立、有主见，易逆反且敏感，同伴之间相处，有可能一不顺心就说了一句狠话，也有可能被一句不经意的话伤得很重。比如，有些孩子在交际中会过度地表达自己的想法与感情，以自我为中心，从自己的主观意志出发，要求他人接受自己的看法与认识；有些孩子在与他人交往的过程中，容易出现过度解读他人言语或行为的问题，对他人缺乏信任感，会有多思多虑的表现，导致自我情绪低落；有些孩子与人交往的时候会忽视他人的想法和感受，不能做到换位思考；有些孩子对考试结果不满意或在与他人因某一个观点产生分歧时容易产生敌对情绪，会表现出不友好的态度或行为。作为家长，要了解孩子的交友方式，当孩子对他人或与他人的关系或对角色的认知出现不协调、不统一的问题，影响了其正常的人际交往时，要及时引导。

2. 友谊之花需要精心养护

要让孩子珍惜友谊，家长在家庭中切记不可"以孩子为中心"。家庭教育中对于孩子行为礼仪的教育是十分必要的，孩子如果在家庭中懂得尊重长辈、学会感恩他人，在交友中也一定会关心朋友，使友谊之花长存。家长可以根据具体的情况，站在孩子的立场上，对孩子的情感表示理解，也要让孩子学会尊重他人、待人真诚、换位思考、对自己的行为负责。对于观察和模仿能力较强的中学生而言，家长的素养会直接影响孩子的成长。如果父母热爱工作，教育孩子健康向上，那么孩子就能在良好、和谐的家庭氛围中健康成长，与家人和睦相处。这些家庭关系模式也是孩子未来与他人相处的基础模式。

（五）尊重、引导青春期异性交往

1. 理性对待异性相处，不要冲动棒打"鸳鸯"

上海社会科学院社会学研究所课题组在全国范围内开展了针对15~24岁青少年的大规模调查，结果显示，北、上、广三市中学生中有26.3%已经经历了人生的初恋。其中，初中生有过恋爱经历的比例为10.6%。青春期的孩子一方面随着身心发展，不可避免地对异性产生好奇、爱慕；另一方面，他们又期待自己被认可、被需要。尊重孩子的内在需要，与孩子共同建立适度的异性交往规则极为重要。

[**案例**] 班级里有一个女孩一直都大大咧咧，和男孩们的关系也都很好。九年级的某一天，我在班级与学生闲聊时了解到，她似乎陷入了"三角恋"的关系中，小A每天给她买早饭，她却每天要等小B一起放学回家。

造成孩子们"早恋"的原因有身心发展的因素、同伴因素、家庭因素、社会因素等。在上述案例中，女孩一直在班级中担任班干部，对同学们十分关心。小A是一个性格内敛、腼腆的小男孩，而且刚进入初中的时候个子特别矮，但随着年龄的增长，越长越高；而小B在九年级这个紧张的时期遭遇了家庭突变，无心学习了。我找女孩聊了一下，她很坦然地告诉我，其实她在七年级的时候就很关注小B，但当时他们没有什么交集，她只能把这份仰慕放在心里，然而在小B遇到坎坷时，她觉得应该陪伴他走过这段艰难的日子。在了解了女孩的想法后，我感受到了孩子们纯真的感情，我和女孩说喜欢一个人是很美好的事情，但与异性相处要守住底线，要避免和异性单独相处、亲密接触；同时，也要学会保护好和小A的关系，不能伤害他，要维护好彼此之间的友谊。

2. 了解孩子内在需求，帮助孩子充实人生

其实孩子"早恋"，未必是令人担心害怕的事情，在孩子遇到异性交往困惑时，要保持尊重、开放、接纳的心态，学会用动之以情、晓之以理的方式和孩子沟通，父母也可以通过自己的经历或者和孩子一起观看电影、电视剧并分析剧情等来引导孩子。在恰当时，要给孩子上一次青春期性教育课，用科学的方式满足孩子的好奇心。同时要学会反思，孩子的这种心理需求是不是因其他需求未得到满足而产生的，比如因家庭成员的陪伴不足而期待在同伴中获得支持，自我价值感不足而急于得到他人的肯定和认可等。

我们要积极关注孩子在成长过程中关注的内容，比如看什么书、使用什么App、喜欢什么偶像等。在这个阶段，我们可以安排一些丰富有趣、富有挑战性的课余活动，让孩子获得成就感，或者组织他们参加一些公益活动，让其获得自我价值感的满足。

（六）对校园欺凌说"不"

1. 熟知孩子的朋友圈，让孩子学会保护自己

联合国教科文组织的一项调查数据显示，全世界约有三分之一的儿童遭受过欺凌，部分儿童更是频繁地遭受欺凌。2016年在上海市金山区开展的一项调查研究显示，42.6%的学生在过去30天内遭受过不同类型的欺凌，其中遭受言语欺凌的学生有30.4%，遭受情感欺凌的学生有24.3%，遭受躯体欺凌的学生有15.5%。

家长可以通过日常的聊天了解孩子朋友的品行素养，在特定的节日也可以邀请孩子的朋友们到家里或者餐厅聚会，观察孩子们的相处方式和行为举止。要让孩子懂得在身体和心理上进行自我保护非常重要，如遇到不公平的对待要及时向家长或老师求助。

2. 健康、温暖、安全的家庭是孩子的避风港

家长在家庭中要注意自身的语言行为，可以与孩子一起制定规则：无论在现实生活中还是网络上，都不能使用语言或行为主动侵犯他人。在校园欺凌中，欺凌者、被欺凌者、旁观者的角色会发生转换，都会给孩子留下成长过程中抹不去的阴影。其中，欺凌者往往在家庭中或社会中遭受过不公正的待遇并且无法合理宣泄情绪，从而导致校园欺凌；被欺凌者则无法找到寻求帮助的途径。作为家长，不能只关注孩子在学业水平上的发展，更要关注孩子的身心健康，让家庭成为孩子遮风避雨的港湾，成为孩子坚强的后盾，让孩子有勇气面对人生的挑战。

四、成效反思

（一）成效

（1）定期举行家长课堂，夯实家长家庭教育专业知识；

（2）召开主题班会，让学生理解友谊的真谛；

（3）通过不同形式的学习小组、课外活动，形成密切的班级关系网；

（4）培养学生记录生活感悟的习惯，帮助学生学习做情绪的主人；

（5）开展青春期教育，制定异性交往的规则；

（6）进行法治教育，严禁校园欺凌。

（二）反思

通过不同形式、从不同角度加强对孩子人际交往能力的培养，让孩子学会尊重、信任、接纳。但随着新的社会问题的出现，如孩子们用虚拟身份在网络上开展人际交往，不再受到时间和空间的限制，交往的人群也更复杂化、多元化，如何建立并维持稳定的人际关系，需要我们进一步思考。

第二节 心理健康

初中生小林在家上网课时，小林妈妈发现，不论是上课时还是下课时，他经常拿着手机嘀嘀咕咕，还经常不停地打字发消息，当妈妈问起时，小林总是支支吾吾地回答说是在查资料。时间一长，妈妈开始怀疑小林每天刷手机是在做和学习无关的事情。于是某天，妈妈趁小林洗澡的时候翻看了他的手机，看到了小林刷短视频的浏览记录，以及和同学的聊天记录。妈妈指责小林利用手机娱乐而不是学习，没收了小林的手机。小林和妈妈争执了一番后，走进自己的房间，躺到床上用被子盖住头，任凭妈妈怎么呼唤都不搭理，直到晚餐时间也依旧躺在床上拒绝用餐……

初中生所处的年龄段（12~15周岁）是人一生中心理变化非常明显、复杂且有特点的时期，这个时期的经历也是每个人成年后心理健康的基础。专属于这个时期的青春期心理的特殊性一直是诸多心理学专家和学者研究的内容，随着时代的发展、社会的演变和家长角色的转变，现今的初中生心理健康内容更为丰富，家长与子女之间的问题和冲突更是随着时代的更替与以往大不相同。在家校合作和沟通中，让家长了解初中生心理健康的具体内容、帮助家长树立适应孩子年龄特点的教育观念及使用适当的方法培养孩子健康的心理显得尤为重要。

需要和家长沟通的初中生心理健康内容主要包括以下两方面。

1. 青春期心理的主要特征

（1）自我意识高涨，要求独立和自由，渴求获得尊重感；

（2）认知功能快速发展，容易接受新事物，同样也容易受外界环境影响；

（3）情绪波动大，情感丰富但不稳定，情绪极端化明显，自大与自卑共存，快乐与忧伤迅速转换；

（4）性心理开始成熟，容易产生逆反心理，等等。

2. 新教育理念下学生心理的新特征

家长还需了解在社会发展和新的教育理念不断提出的背景下初中生心理的新特征。例如，在"双减"政策出台后，课业任务减少、课余时间增多，学习层次和能力不同的学生会产生不同的心理问题，家长的心理状态也会对学生产生重要的影响，焦虑、茫然、不知所措等会给初中生心理健康带来新的挑战。例如，在疫情防控期间，以网上教学为主，学生从最初的好奇、不知所措到之后的适应，再到难以自控，各种情况都会发生，加上长时间在家，与家长相处过程中产生的摩擦和冲突也比在校期间更为频繁，家长可以观察到不同状态的孩子：有时主动积极面对学习和各项活动，有时被动敷衍完成学习任务……如何进行有效合理的亲子沟通，也是家长亟须解决的问题。

学校可以为家长提供专业的心理教育指导意见，让家长了解不同年龄段、不同时间段、不同社会背景下学生心理健康的含义和重要性。同时，学校还可以协助家长解决孩子在成长过程中遇到的共性或个性的心理问题，成为家长和孩子之间沟通的桥梁。

一、现状分析

在家校沟通中，学生心理健康指导是颇为重要的一个环节，其重要性主要体现在以下方面。

（一）学生心理健康的需要

《中国国民心理健康发展报告（2019—2020）》中披露了这样一组触目惊心的数字，在我国有17.2%的青少年有轻度抑郁，有7.4%为重度抑郁，并且抑郁率随年级的升高而上升，有些孩子甚至走上了极端的道路。这些孩子表面看上去和其他孩子没有区别，却隐藏着巨大的"心理黑洞"，这就需要家长能够及时发现异样。例如，当孩子出现长期性的情绪起伏、思维缓慢、意志活动减退、减少甚至拒绝与人交流等情况时，家长不应逃避，而应正视这些问题，及时寻求专业帮助，进行治疗。

（二）家长情况变化的需要

全国初中生家庭教育状况调查（2016）的数据表明，有91.38%的初中生父母年龄超过36岁，也就是大家口中的"80后"，本就是独生子女的他们，在各种关爱下成长，受教育水平较他们的父母亲有所提高，自我意识也更强。对于初中生心理特征，他们"知道但不够了解""关注但不够重视"。在成为家长后的这十几年间，他们在教育自己孩子的方式上通常已经形成了一定的习惯，对待孩子过度溺爱和过度严厉的两极化情绪也经常出现，在无形中约束了孩子的自然成长，尤其在初中这个特殊的敏感阶段易触发孩子的心理健康问题。同时以上调查显示，相当一部分初中生家长遇到亲子教育的困惑时会第一时间向老师求助，因为在他们心里，老师具备一定的家庭教育指导能力，十分值得信任，和查找网络信息或专业书籍期刊相比，直接寻求班主任帮助的家长有21.63%。此时，作为教育工作者和家校沟通主要发起者的班主任，就需要用专业的教育学、心理学知识，对家长进行科学的初中生心理健康指导，帮助家长运用心理健康知识解决亲子交流之间的问题，改变家长一些不恰当的亲子沟通理念，以助力初中学生健全心理的形成。

（三）亲子沟通的需要

对于初中学生而言，心理变化速度之快也是他们自己所不能预料的。以上海市为例，六年级学生的知识储备、心理品质都保留着小学生的特点，他们想追求成长的自由；七年级学生的自我意识逐渐苏醒，他们觉得自己长大了，可是遇到问题时又不自觉地寻求家长、老师等成年人的帮助；八年级学生的生理变化尤为明显，对抗情绪开始出现，他们对于自己认为的不合理现象通常会采用较为激烈的处理方式，试图标新立异，但对他人的看法还是很重视；九年级学生更希望得到大家的认同，为人处世也希望得到更多的尊重。鉴于初中生独特的心理健康需求，家长需要具备相应的心理健康知识，采取符合初中生心理的交流方式，帮助他们度过这段非常重要的时期。

二、重要意义

从社会整体的教育环境来看，根据《中国儿童发展纲要（2021—2030年）》中所强调的重要理论，教育部在对政协等十三届全国委员会第四次会议相关提案的答复中明确提出，青少年心理健康是一个不容忽视的重要公共卫生问题，关系青少年成长，全方位守护青少年的心理健康，需要运用生态系统理论的视角，双向互动共筑防线。习近平总书记强调："家庭是人生的第一所学校，家长是孩子的第一任老师，要给孩子讲好'人生第一课'，帮助扣好人生第一粒扣子。"可见，家长在初中生心理健康建设中的作用是尤为重要且不可或缺的。

2022年1月开始实行的《中华人民共和国家庭教育促进法》的第四十条提出："中小学校、幼儿园可以采取建立家长学校等方式，针对不同年龄段未成年人的特点，定期组织公益性家庭教育指导服务和实践活动，并及时联系、督促未成年人的父母或者其他监护人参加。"第四十一条提出："中小学校、幼儿园应当根据家长的需求，邀请有关人员传授家庭教育理念、知识和方法，组织开展家庭教育指导服务和实践活动，促进家庭与学校共同教育。"这些条款都说明学校和家庭之间要建立顺利沟通的途径，在家校沟通中实现初中生心理健康教育的推广。

从学生的情况来看，青春期的他们正处于需要正确引导、树立正确人生观的阶段，也是对一切充满好奇的年龄。从各种开放的媒体中，他们能从更多角度认识这个社会，但因为社会经验的缺失，又经常会产生一些有偏差的认知，从而对他们的心理造成影响。如果家长能具备一定的心理健康知识，就可以更好地解决青春期孩子的心理困惑，引导他们度过这个宝贵的时期。

一个人与其原生家庭及其成长经历之间会有难以割断的联结，这将影响其一生的发展。所以，在家校沟通中让家长重视初中生心理健康问题，对每个孩子的成长来说都是非常重要且不可替代的，对家校携手共筑初中生心理健康防线具有重要意义。

三、方法指导

（一）可采用的方式

在家校沟通中，可采用点对点、线对线、面对面的方式穿插进行初中生心理健康教育，从而达到真正陪伴孩子度过初中这一心理变化复杂的重要时期的目的。

1. 点对点

点对点的方式是利用家访等方法，对家长进行单独和个性化的心理健康辅导，有针对性地利用心理健康理论解决亲子沟通中遇到的问题。

每个家庭都有不同的特点，每个孩子也有不同的个性，所以应在普遍的初中生心理健康理论之下，针对不同家长的需求进行不同内容的单独辅导，解决不同环境下出现的不同问题。

2. 线对线

线对线的方式是设计一系列的活动，让家长参与，以此了解孩子在不同年龄段的心理变化，以便在亲子沟通中有针对性地解决问题。

单纯的理论学习不一定能在短期内让家长对初中生心理健康有更深刻的认识并且熟练运用理论和方法。所以在利用面对面家长会进行初中生心理健康教育的同时，可以设计一些体验式的活动，让家长参与其中，加强家长对初中生心理健康的认知。

3. 面对面

面对面的方式是有效利用家长学校、家长会、班级微信群等全面沟通方式，普及初中生心理健康基本内容。

对于大多数家长来说，家校沟通的主要途径还是家长会，班主任老师运用心理学专业知识，归纳初中生心理教育要点并编写相应案例，形成课程体系，家长会就能够成为家长的课堂，家长从中可以获得初中生心理健康的相关知识，从而解决亲子沟通中一些普遍性的问题。

（二）初中生心理健康教育需要关注的方面

在家庭教育指导方面，初中生心理健康教育需要关注以下几点。

1. 家庭主要成员的自我认知和沟通方式对初中生心理的影响

原生家庭的概念已经为大多数人所接受，原生家庭的情况对人一生的影响非常大。现今青少年的家长以当年第一批独生子女为主体，社会的发展使得这批家长有着较高的受教育水平，也经历过为他们的家长所约束的青春期，所以在对自己孩子的教育上，便出现了对学习成绩的高要求和对学习过程的低约束的矛盾，他们希望通过愉快教育、支持"双减"，给孩子快乐的童年，但又希望孩子能有较高的学历。2021年12月发布的面向上海、杭州、南京三市4941名青少年、5368名家长的调研结果《"双减"背景下江浙沪当代家庭教育现状报告》显示，江浙沪地区的家长对子女的学习成绩有较高期望，倾向于让子女拥有更高学历，其中，57%的家长希望孩子是本科学历，29%的家长希望孩子具有硕士研究生学历。

社会的发展，网络技术的发达，使家长能够从各种渠道得到关于教育的多方面信息，所以他们有着新的教育观念，但有时候仍会局限于陈旧的教育模式。在家庭中，孩子和家长之间的关系是最为亲密的，但亲密关系中的沟通误解也是很普遍的，因为越是亲密的人，在沟通的时候就越放松，措辞通常都不会经过深思熟虑，因而越过心理界限的情况时有发生。家长在孩子眼里很有可能成为"专制的独裁者"，家长可能经常使用批评、命令和惩罚的语言方式，他们认为自己也是在这样的环境下成长的，所以这样的教育模式并没有问题。而事实上，权威型的家长应该以正确的方式表达对孩子的爱，尊重孩子的不同意见，重视孩子的好奇心并加以引导，这样的家庭教育对于孩子心理健康有着非常重要的奠基作用。一个能提供尊重与理解、支持与保护、关怀和分享的家庭大环境，才能培养出独立而自信、懂得爱与感恩、积极而健康的孩子。

2. 正确认识初中生的心理需求

美国比较心理学家马斯洛（Maslow）认为，人作为一个有机整体，具有多种动机和需要，从最原始、最基本的生理需要（physiological needs），到层层递进的安全需要（safety needs）、归属与爱的需要（love and belonging needs）、尊重的需要（respect & esteem needs）和自我实现的需要（self-actualization needs）。另一位美国心理学家德西（Deci）的自我决定理论也有类似的观点，他认为每个人都有自主的需要、能力的需要和联结的需要。这些观点用到初中学生身上，通常体现为孩子们希望根据自己的想法而不是受成年人的强迫来处理问题，十三四岁的孩子本就是敏感的，他们经常会觉得在家长的干涉下不能按自己的意愿自主处理问题，会产生心理落差；而按照家长的想法来处理问题，失败的可能性也会极大，此时他们就得不到能力上的满足感，会出现习得性无助，时间一长，可能产生挫败的消极性心理。这个年龄段的孩子也特别渴望被爱、被理解和被尊重，这种联结需要一旦发生偏离，他们就会因为感觉没有得到理解而情绪低落。因此，在理解初中生心理需要的前提下，和他们进行沟通，往往可以达到事半功倍的效果。

3. 采用适当的沟通方法

（1）一致性沟通

萨提亚治疗模式认为，一致性沟通就是与对方沟通的时候，一个人传递的语言信息和非语言信息与内在的感受是一致的。

对于家长来说，一致性沟通的前提是家长必须明确自己的沟通目的和期望达到的沟通效果。无论赞同抑或不赞同孩子的观点，家长所呈现的语言和肢体动作、表情之间都要达成一致。家长首先不能犹疑不决，产生"或许这样也是可以的""这次就让他按照他的想法去做吧"之类的心理。在家庭教育中，应对孩子的行为设立明确的规则，理性分析，耐心表达。其次，家长在表达的过程中，如果用"我"开头，会明显减少孩子的紧张、焦虑等不良情绪，从而让沟通变得更加顺畅。

萨提亚模式的"一致性沟通"具体可以采用的方法如下：应用"我看到你……"的句式描述客观事实、行为、情绪、语言；应用"我感受到……"的句式来表达内心的感受；应用"我觉得……"的句式来描述对此事的看法；应用"我希望……"的句式来清楚表达希望对方如何做；应用"我相信……"的句式来表达正面积极、为了使彼此的关系更好的意图。

（2）非暴力沟通

心理学家马歇尔·卢森堡（Marshall Rosenberg）提出的"非暴力沟通"指的是人们通过用心观察和倾听，专注于彼此的感受和需要后，避免语言暴力，培育彼此的尊重、关注和爱。因此，非暴力沟通又被人们称为"爱的语言"。

语言暴力比肢体暴力更容易引发孩子的心理健康问题。美国心理学家约翰·B. 雅顿（John B. Arden）在《大脑整理术》一书中指出，长期处于紧张、焦虑的心理环境下，人类的大脑会分泌应激激素皮质醇来应对紧张情绪。海马体中的皮质醇过多或长时间处于高水平，海马体的受体就会关闭通道，紧接着萎缩，前额叶长时间过度活跃可能让儿童患上焦虑症、抑郁症等精神疾病。非暴力沟通的重点在于关注并倾听孩子最真实的感受，鼓励他们进行表达，而后使用平静的语气、合适的表达方式进行沟通。非暴力沟通需要客观中立地描述事实，不加主观描述；还要明确地表达自己的想法和诚实地用清楚的语言说出内心最真实的需求。家长在与孩子的沟通中，应减少暴力性、强制性语气词的使用，接纳孩子的真实感受，真正建立起和孩子心灵之间的桥梁，一同维护初中生的心理健康。

总之，通过家校沟通应让家长了解到：对子女的爱必须有底线，了解他们的需求，呵护他们的心理健康，陪伴他们成长，这个底线不能过低，不能成为无节制和无休止的溺爱；对子女的教育要有上限，不能采用不科学、有损他们身心健康的方法，允许孩子犯错误但必须改正错误，让孩子在教育中养成健康的心理和人格。

四、成效反思

所谓沟通，就是在不断建立"沟"的情况下实现信息的"通"。一旦"通"了，便是建立了"有效沟通"。"有效沟通"是指成功把某一信息传递给沟通对象，沟通对象能够给出预期中的回应的整个过程。家校沟通便是希望能将教育理念传递给家长，并且让家长将这些理念融汇在日常的亲子交流中。

在从事班主任工作的这些年里，笔者在初中生心理健康的家庭教育指导中，先通过一系列的案例和家长分享初中孩子的心理特征，再进行有针对性的、个性化的家庭教育指导，根据每个孩子的特点和家长的需求提出不同的方案，取得了一定的成效：有让孩子成功认识自我、理解家长的付出，缓和了亲子矛盾的事例；有让家长改变思维模式，认识到青春期孩子心理的变化和家长陪伴的重要性，和孩子一起制订人生规划的事例；也有让家长成为学习型的家长，成为孩子的榜样，构建起全新的亲子关系的事例……和家长一起引领初中孩子们的健康成长，培养孩子们健康的心理和坚定的意志。

当然，随着社会飞速发展，在教育过程中也会遇到一些瓶颈，这些出现的新的问题，有待我们继续学习，不断挑战。

第三节　亲子关系

　　进入初中后，小何同学长高了，也更强壮了，心里也有了自己的小秘密。家长会后，小何同学的妈妈向班主任提出担忧："我们小何从小就特别黏我，妈妈长、妈妈短的。可进入初中以后，我发现孩子变了：回家就喜欢把自己关在房间，我进去送水果还必须敲三次门，得到允许后才能进去；以前陪奶奶跳广场舞可高兴了，现在也不去了；吃饭时也不爱跟我们说话了。老师，我觉得好失落，孩子是怎么了？"

　　青少年时期是儿童向成年过渡的时期。在心理上，青少年时期通常指11岁到18岁这个人生阶段。青少年在这一时期，生理、心理都发生了巨大的变化。苏联教育学家、心理学家苏霍姆林斯基（Sukhomlinsky）认为，青少年是人的"第二次诞生"。这也是亲子关系最容易出现问题的时期。

　　我们经常对家长说，有好的关系，才有好的教育。良好的亲子关系是良好的家庭教育的基石。而青少年阶段，特别是青少年早期，较易出现矛盾冲突。本节以和谐亲子关系为目的，探讨常见的亲子关系紧张的原因，从学生、家长、教师3个维度提出解决问题的方法，以期促进亲子关系、家校关系和谐。

　　家庭是社会的细胞，家庭以血缘为纽带，家庭成员彼此之间拥有天然的亲近的关系。在中国传统文化中，"君君臣臣父父子子"的观念深入人心，父母以权威的形象与子女相处的沟通模式至今对家庭教育还有一定的影响。独生子女政策实施时期，"双独"家庭的孩子在6双眼睛的注视下逐渐长大。同时，西方自由、平等、民主的教育思想对中国的家长也产生了冲击。我们不禁要思考，怎样的亲子关系是理想的？怎样的亲子关系更有利于孩子健康成长？

一、现状分析

（一）社会背景

2016年12月12日，习近平总书记在会见第一届全国文明家庭代表时指出：
"我们要重视家庭文明建设，努力使千千万万个家庭成为国家发展、民族进
步、社会和谐的重要基点，成为人们梦想启航的地方。""青少年是家庭的未
来和希望，更是国家的未来和希望。古人都知道，养不教，父之过。家长应该
担负起教育后代的责任。家长特别是父母对子女的影响很大，往往可以影响一
个人的一生。""作为父母和家长，应该把美好的道德观念从小就传递给孩
子，引导他们有做人的气节和骨气，帮助他们形成美好心灵，促使他们健康成
长，长大后成为对国家和人民有用的人。"党的二十大报告提出，要"健全学
校家庭社会育人机制""加强家庭家教家风建设"。

父母是孩子的第一任老师，家庭是最重要的课堂之一。在全社会对家庭教
育日益重视的今天，议题更加深入：如何做好家庭教育，如何使得家训、家规
及其他的家庭美好传统文化能够传承下去。而实现这些的前提，便是良好的亲
子关系。理解先于教育，良好的关系是教育的前提，是使得教育发挥功效的
基础。

近年来，越来越多探讨亲子关系的热播电视剧在社会上引起广泛关注和讨
论，如《小欢喜》《小舍得》《小别离》等，这使人们感受到全社会对亲子关
系的高度关注，为人父母者大多渴望能够与孩子形成良好的亲子关系。

（二）家长需求

1. 父母的角色定位

父母的角色是不可转移的、持续的。父母是教育者也是被教育者，父母对
子女的影响是极为深刻的。父母的角色在亲子关系中并不只是血缘关系，更具
有社会的意义。抚养教育子女是父母的义务，是父母不可推卸的责任。

为人父母者或出于本能，或出于家中长辈的教导，或出于邻里、单位同事
（社会）的影响，能够意识到自己抚养、教育孩子的责任。而正是出于对孩子
的爱、期待及自身强烈的责任感，爱之深、责之切，家长反倒容易受过往经历
的影响，将自己的情绪、目标、理想、需求等投射到亲子关系中，从而造成对
双方的持久的压力。

2. 父母的基本素养

父母的基本素养既包括体力、智力等生理方面的素养，也包含心理、思想道德、科学文化方面的素养。

除了生理遗传方面的客观影响，父母的心理、思想道德、科学文化方面的素养也在一定程度上影响亲子关系的亲密程度。父母性情平和、做事民主，能够使孩子在与父母沟通时同样保持心情平静，善于倾听、亲切直率。父母文化程度越高，学习各类家庭教育知识越多，越能够掌握各类亲子沟通的技巧策略，越善于应对各类亲子矛盾。父母的思想品德对孩子能够产生潜移默化的影响，决定孩子最初的是非观、善恶观，从而影响亲子关系。

在以上两者的基础上，不少家长迫切希望能够了解更多的方法、途径，来改善、提高自己在心理、思想道德、科学文化方面的素质，从而为建设良好的亲子关系做好准备。

（三）孩子状况

1. 青少年的生理发展对心理行为的影响

青少年时期，个体的身高和体重迅速增长，身体外形、内部机能都逐渐接近成人，第一、第二性征发育。面对自己日益变化的身体，青少年容易出现好奇、紧张、烦躁、焦虑，甚至自尊心下降等心理。激素水平的增加使得青少年容易情绪起伏，意识到自己长大了，时常想要与他人比较，追求独立，却又害怕落后于人，希望有懂自己的人，能一眼看到自己的需求，却又对本应最亲近的父母难以启齿，想要拉大距离。

2. 青少年的认知发展对亲子关系的挑战

青少年的思维往往以自我为中心，表现在青少年容易把思考的焦点聚集在对自我的认知和理解上。青少年思维具有片面性和表面性，解决问题容易钻牛角尖，理解事物容易受事物的个别特征和外部特征的影响。青少年的思维具有批判性，他们不愿意轻易接受他人的意见，不盲从权威。

这就导致青少年在与家长沟通时，不再信奉权威，比较注重同伴关系；容易只看表面，只听个别的词句；或者通过家长某一特定时间的表现，偏激地理解家长的动机、情感、思想，从而产生误解，破坏亲子关系。

3. 青少年的情绪情感发展对亲子关系的影响

青少年越来越注意到在特定的情境中自己的情绪表达要适当、得体，逐渐认识到情绪的复杂性，因此，也就更容易对情绪予以掩饰、克制，但这并不表明情绪得以纾解，而是以"非暴力抵抗"、逆反的形式表现出来。

同时，青少年的情绪往往表现为两极性。遇到高兴的事情，可以忘乎所以；遭遇挫折，又一蹶不振，心情大起大落。这极度考验家长是否能够稳住自己的情绪，合理地应对。

（四）教师挑战

在本书"家校沟通现状调查问卷（家长篇）统计报告"中我们看到：家长在家校沟通方面的主动意识不强；家长对孩子在校内表现的认识不足、不全面；家长对家校沟通的概念、作用、意义认识不足；家长在家校沟通时较为关注孩子的行为习惯、品德素养，对孩子人际交往和心理情况的关心不足；家长主动参与、以开放的心态、毫无保留地与教师进行沟通的意愿较低……以上这些都成为教师对家长进行家庭教育指导时的困难和挑战。

然而有挑战便有机遇。正是因为家长缺乏对孩子在校内表现的认识，以及对家校沟通的认识的不足，教师才能够以此为切入点，给予家长更全面的有关孩子的信息，引导家长更深入地了解孩子，理解家校沟通对家庭教育及和谐亲子关系的重要意义和价值。这也对教师提出了更高的要求，如何带领家长理解和领悟教师在和谐亲子关系中起到的积极作用和影响，成为当下教师面临的新课题。

二、重要意义

（一）实践意义

1. 和谐亲子关系

孩子进入青春期时，绝大多数父母正处于中年期。古语有云，三十而立，四十不惑，五十知天命。事实上，能够做到"不惑""知天命"，是要经历痛苦的彷徨挣扎期的。可能中年的家长正遭遇"中年危机""更年期"，正经历着自我反省和自我怀疑。而"中年危机"遇上"青春期"更使得我们需要正视亲子关系。学习、思考、反省、总结、实践多样化的和谐亲子关系的方法、策略，能够帮助家长走出自己的舒适圈，找到适合自己的最佳方案。

2. 加强家校沟通

教师对亲子关系形成原因的思考，对和谐亲子关系方法的学习，能够有助于家校沟通，建立家校信任，切实帮助家长解决实际的教育问题，有利于青少年全面发展。

（二）理论意义

理论意义在于丰富家长及教师在和谐亲子关系过程中的理论指导，验证萨提亚冰山理论在亲子沟通中能够起到的积极效果，探讨一致性沟通的重要价值。

三、方法指导

（一）家庭教育层面

基于以上影响亲子关系的原因分析，我们提出一致性沟通的原则：不越界、不评判、负责任、无伤害、一致性。这些原则渗透在倾听、表达、应对冲突、关系建设4个方面。

1. 不越界

表达和倾诉是自我修复机制，关怀而不干涉，分享而不教导，倾听、陪伴本身能够给孩子带来自我修复。收回期待、坦陈感受、不投射、为自己的情绪负责，由此能够使得孩子内心感觉安全、被接纳，从而具有自我教育能力，发展出健康人格。我们要满足孩子在不同阶段对人际关系的需求，不越界。

2. 不评判

孩子的"不乖"是因为有未被满足的需求没有被看见，偏差行为是孩子爱的呼唤。评判与投射会压抑孩子的表达，要允许孩子的情绪波动并表示理解。应借助倾听，引导孩子发现真正的问题，孩子借由表达舒缓情绪，同时梳理问题，自己解决问题。问题是用来了解而非仅仅解决的。照顾、尊重、关注就是亲子关系的润滑剂。

3. 负责任

信任与理解，要帮助孩子负责任，养成自律习惯，产生内在动力。家长自己先要以身作则，觉察自我情绪，勇敢面对、表达、呈现，重新审视某种信念。家长也可以尝试向孩子坦陈，接纳自己及孩子的情绪。孩子的需求被满足，情绪便会稳定，心中就有安全感。为自己的情绪负责，是父母必修的课程。要允许自己不完美，做真实的父母，可以内省但不必为此感到内疚。家长要为自己的决定负责，而非投射孩子。

4. 无伤害

家长可以如实地表达困扰，以降低伤害。家长内外一致地表达孩子的行为对家长自身的影响，以及自身的感受，能够使得孩子了解自己的行为对他人的影响，从而让孩子由内产生一种责任感，引导孩子感知、了解他人，走入他人的情感世界。无惩罚、无奖赏，关注彼此的需求和感受，给予尊重，而不是利益交换，也不是操控。引导孩子做真实的自己而不是在权威的压迫下成长为服从权威或用权威对抗他人的人。

真正的道歉是深刻的告白，最好的道歉是我知道、我看到、我明白我曾经的所作所为带给你的是什么，我明白你的感受、你的伤痛或愤怒，为此我发自内心地道歉。正如在电影《放牛班的春天》中，一位"顽童"打伤了清洁工马克桑斯先生的眼睛，老师马修让该学生去照顾受伤的马克桑斯，直到他伤好出院。在此过程中，孩子感受到了自己的无知和荒唐，受到了心灵的洗礼，得以真正成长。

尝试解决亲子冲突的方法可以是界定双方的需求，然后一起进行头脑风暴，提出各种能同时满足彼此需求的解决方法，并尝试实行。这也是班级管理中时常使用的方法。

家长应认识到，除了家人本身，他人、环境都可能影响孩子的成长，要试想孩子所处的环境和面对的人，从而理解他之所以成为他的原因。这一点，无论是教师面对家长、家长面对孩子，还是教师面对孩子，抑或家长面对教师，都是相通的。

5. 一致性

家长应时时警戒，不欺人，不自欺，勇于自我反省，勇敢面对自我，时刻想一想，我们对孩子是不是无条件地爱。父母给予孩子的爱应当不需要任何意义上的回报，是不带任何目的的养育。要允许孩子去经历、探索、学会自己与世界相处，不投射，不期待。

情绪并没有好坏之分，情绪只需要被接纳（既包含自我接纳，也包含接纳他人）。耐心，接纳自我，对自己诚实，对孩子尊重，坦然、自信、从容地面对孩子，能够给孩子真正的安全感和自信心。

（二）学校合作层面

孩子在学校的一言一行、一举一动都能够反映出家庭教育的所得所失。根据前期的问卷调查我们看到，家长对孩子品德素养、行为习惯上是有较高要求的，但是和教师沟通时，往往有所保留。家长往往不愿意完全抛开面子，毫无顾虑地与教师沟通家庭教育的得失，包括孩子在家的表现，这在一定程度上是可以理解的。这就对教师的沟通技巧提出了更高的要求。如何让家长信任教师，理解教师的所言所行是真心地为孩子的发展考虑，是教师帮助处理亲子关系的重要前提呢？教师的优势在于有更丰富的理论知识、更全面的实践经验。那么教师的理论知识和经验如何才能帮助到家长呢？教师指导家长建立和谐亲子关系的原则是：看见需求、帮助发现、建立连接、用爱感化。

1. 看见需求

看见需求，是指看见家长、孩子双方的心理需求。例如，家长打电话向教师"告状"，说线上教学时孩子总是偷看手机，不专心。教师从中是否能看到，多日来家长和孩子或许已经就线上教学使用手机问题不止一次地发生过矛盾，家长忍无可忍之下才联系教师的？教师是否能理解，家长在既要居家办公（疫情防控期间）又要管理孩子学习时面临的巨大压力和无力感？焦虑的背后是满满的期待和爱，指责的背后是对自己深深的失望和不知所措。教师是否又能看到，或许电话旁就有瑟瑟发抖、不敢直视、蜷缩一团的孩子？缓解彼此剑拔弩张的关系，首先要看到平静的水面下冰山的整体轮廓，看到事件背后家长和孩子真实的心理需求。

2. 帮助发现

帮助发现，是指帮助家长发现孩子的"可取之处"，发现孩子对自己的期待、对自己行为的认知、对家长期待的感受、对家长行为的理解……例如，家长打电话向教师诉说——孩子考试考得不好，家长骂了两句，孩子就在家中暴怒，指责家长不管自己。这时教师该如何面对？孩子是好孩子，他期待家长能够理解自己，并对自己考得不好这件事已经倍感懊恼和后悔了，这是对自己有较高要求的孩子，但是其自律和自控力还不够。家长能否从中看到孩子的"可取之处"，能否察觉孩子对自己的期待，这就需要教师予以引导。

3. 建立连接

建立连接，既指建立家长与孩子的连接，也指建立家长、孩子与教师三方的连接。要认识到，面对家长的"告状"，教师既不能"站在家长一边"一起骂孩子，也不能"站在孩子一边"帮助孩子逃脱惩罚。教师参与亲子关系的目的是建立真正的连接，达到彼此的互相理解和内心需求的满足，引领三方看到彼此间的正能量、化解误会、舒缓情绪，最终理性地摆脱困境。

4. 用爱感化

用爱感化，是天然的、持久的。这是对教师师德素养的要求，是对家长责任义务的要求，也是孩子出于本能的依恋和信任。因此，无须怀疑，无须担心。应晓之以理、动之以情，以真心换真心。要相信，一切爱的、理性的、持久的表达，最终都能够收获真正的理解和信任。

我们不能要求或者保证每一次的亲子沟通都是完美的，每一次的矛盾调解都是成功的，但是我们要确认，学习不止、勇于实践、用心用情的基本信念是坚定的。因此，要允许有失误甚至退却，积极的姿态定会带来改变。

四、成效反思

（一）成效

要保证"不越界"起到实效，需要家校双方都能够有效管理各自的情绪，面对孩子（学生）的倾诉、表达，要沉得住气，给自己更多的时间和机会认真聆听、理解孩子（学生）语言背后的真实心理需求。默念"深呼吸，等一等"，能使我们更冷静、理性地思考。

我们总说："我管你是因为你是我的孩子（因为你是我的学生），我爱你才管你，我对你负责才管你，你这样做不对，我不能坐视不理。"当我们以爱的名义，对孩子实行道德链接之时，是否能感知孩子内心真实的感受呢？带有评判的爱本身就是孩子不能承受之重。"不评判"起到实效的前提是放下自我感动，放下以"爱"之名的评判。

拥有直面自我的勇气是使"负责任"能够起到实效的重要基础。在亲子关系中，要引导家长理性、及时地觉察自我，勇敢地面对自我、表达自我，正确认识自我、悦纳自我，这是家长能够拥有平和心绪、真正负责任的先决条件。

绝对的"无伤害"是不存在的。在追求无伤害的过程中，要认识到引导孩子感知他人、走入他人的情感世界，培养同理心，是需要家长和教师以身作则的。而"一致性"的表达，本身就是一种防止伤害的方式。当我们给予孩子的情感伤害降到最低的时候，有安全感、自信心的孩子便不会伤害他人。

教师介入和谐亲子关系工作的前提是有良好的家校关系。要取得真正的实效，离不开教师以心换心、以情动情。父母对孩子的爱是天然的，而教师对孩子的认可，也应当无关乎孩子的体貌、智力和成绩。

（二）反思

本节中方法指导的有效性需要通过更多的实践案例进行验证，而此类案例的积累远没达到能够窥探全貌的程度。正如前期的调查问卷所反映出的结果那样，很多家长在和教师沟通孩子在家的状态时，或多或少会加以美化。而教师也会因"这是在家的事情，与我关系不大"的潜意识，降低探查班中学生与家长的亲子关系的热情，缺乏积极主动性。这是后续进一步研究中需要面对的实际问题。

第四节　网络素养

"有所为，有所不为"对于中学生而言，是非常重要的。在居家线上学习期间，小李对于上网课的态度不是很端正，有时他躺在床上听老师讲课；有时他在摄像头前挂一张自己的照片，偷偷和同学们一起组队打游戏，或者看网络小视频；有时他故意把视频关了，告诉老师他的电脑坏了。因为禁不住外界诱惑，所以他的学习效果不好，也使得家庭矛盾频发。

中学生可以自由支配的时间增多了，特别是疫情防控时居家上网课期间，中学生沉迷刷短视频、打赏主播、游戏充值等情况时有发生，由此引发的亲子关系问题也时常见诸报端。类似的问题，归根到底，核心是网络素养问题。在信息时代，如何让中学生根据个人需求和所具备的网络知识与技能，有效利用网络，理性地使用网络信息为个人发展服务，这是家庭、学校和社会共同关注的热点问题。

自2021年6月1日起，第二次修订的《中华人民共和国未成年人保护法》正式实施。其中新增"网络保护"专章，首次明确规定："国家、社会、学校和家庭应当加强未成年人网络素养宣传教育，培养和提高未成年人的网络素养，增强未成年人科学、文明、安全、合理使用网络的意识和能力。"

网络素养的概念来源于媒介素养。媒介素养的研究起源于20世纪30年代的英国，随后在加拿大、美国、澳大利亚及其他欧美发达国家得到进一步发展。随着互联网的快速发展，网络素养越来越受到人们的重视。

网络素养（network literacy）这一概念最早是由美国学者麦克库劳（McClure）提出的。他认为网络素养是信息素养的一部分，传统的听说读写基本素养、媒介素养、电脑应用能力素养，以及网络资源利用与多媒体资源使用素养共同组成了网络素养。

周倩（Chien Chou）教授认为，网络素养是计算机素养的一部分，而随着网络技术的发展，计算机素养逐渐演变为网络素养，即一个人具有网络素养意味着他拥有足够的知识和能力来准确地使用甚至操纵网络，并知道网络对我们的生活及社会的影响及其局限性。

国内学者对网络素养的研究起步比西方晚，但随着近几年中国经济的腾飞和崛起，尤其是互联网与通信经济取得了突破性的成就，我国的网络素养研究逐渐成熟。我国学者王吉庆在其主编的《信息素养论》一书中提到，信息技术会随着时代的变迁和技术的创造与更新，不断地取得突破和发展，目前的信息素养包含计算机文化、超媒体文化、网络文化等方面，而网络素养包含在信息素养之内，是时代发展至今所赋予信息素养内涵的新扩展。

中国传媒大学的张开教授则在进行媒介素养研究的基础上提出了网络素养这一拓展性界定。他指出网络素养结构复杂，除了掌握计算机网络基础知识、会利用网络进行信息检索之外，还要重视网络信息价值的认知和判断，同时应该学会正确解读各类网络信息，提高对虚拟世界和现实生活正确判断的能力，认清网络对于社会公民影响的全面性，树立正确的网络伦理观念，等等。

初中生的网络素养是指学生根据自身需求和所具备的网络知识与技能，在家长和老师的辅助下，恰当地运用网络资源进行各项活动，充分合理利用网络媒介资源完善自我、参与社会发展。例如，学会正确地使用手机和电脑；养成自律习惯，分配好上网时间；提高信息分辨力，增强抵制错误思想道德影响的能力，自觉规范上网行为。

一、现状分析

（一）基于学生角度的原因分析

1. 网络安全意识淡薄

中学生在使用网络的过程中可能缺乏网络安全意识、网络安全知识，以及甄别网络信息、处理网络安全问题的能力。许多中学生由于好奇心强，缺乏辨别能力，在网络媒体上随意公开自己和家人的隐私信息，甚至过度曝光自己的生活轨迹，给自己和家人带来了安全隐患，为不法分子提供了可乘之机。有些学生自控能力较弱，不能主动抵制不良信息的入侵，登录一些不健康的黄色网站或暴力网站，从而容易做出损害身心健康和对社会造成危害的过激行为。更有一些中学生，舆情意识薄弱，容易受到煽动性言论的蛊惑，最终陷入网络暴力，成为其发起者或推动者。

2. 网络道德法治观念淡薄

中学生作为一个特殊的群体，已经成为网络的生力军。网络的开放性、匿名性和隐蔽性，使得中学生在网络上不受约束，极易放纵自己的行为，完全按照自己的意愿做事，忘却了社会责任。很多学生在网上聊天和在论坛上发表议论时毫无顾忌，发布的言论往往和实际想表达的内容不符；有的学生甚至不能规范使用网络语言。因此，网络道德法治建设刻不容缓，它是学生增强道德判断能力、遵纪守法及网络自护的准绳。

3. 网络自我管理能力不足

初中阶段，孩子的心智还未成熟，自制力又比较差，很容易迷恋网络世界，导致虚拟自我与现实自我失调甚至脱节，造成"网络上瘾"。网络世界转移了学生的学习注意力，减弱了学生的学习意志力，降低了学生的思考能力，久而久之，学生会因为自我管理能力不强，甚至丧失了学习兴趣，耽误了正常的学习和生活。

（二）基于家长角度的原因分析

1. 理念偏颇、意识不强

有的家长逃避网络，认为网络上信息庞杂，想当然地认为孩子接触到网络之后就会影响到学习；还有的家长对于学生使用网络没有任何限制。因此，家长需要走出误区，要正确引导孩子上网，要正视网络。多数家长认为，网络素养教育是没有必要的，对孩子的成绩帮助不大。我国传统教育模式中，家长更关注孩子的成绩，只要孩子成绩优异，其他方面似乎都不重要。因此，很多家长认为没有必要花费时间和精力去了解并接受网络素养教育。有些家长对网络有偏见，认为中学生接触到网络就会分散注意力、容易沉迷于游戏，对孩子的学习起消极作用，因此处理方法过于简单粗暴，禁止孩子接触一切网络事物。而有些家长认为网络无所不知、无所不能，有利于孩子的学习成长，完全放任孩子。因此，家长的理念偏颇或者网络素养意识不强，很可能造成孩子对网络媒介素养相关内容的忽视，进而为孩子日后使用网络埋下隐患。

2. 缺乏素养、难为榜样

根据《中国教育报》对于孩子短视频上瘾的调查，有些家长自身的网络素养也不容乐观。例如，有的家长下班回家后就抱着手机，对孩子的学习和生活不闻不问；有的家长不允许孩子玩游戏，自己却经常当着孩子的面玩游戏，成了"手机控"；有些家长让手机成为"电子保姆"；等等。这些都使家长难以在孩子面前树立好的榜样，使得家庭教育效果苍白无力。

3. 环境影响、方法失范

家长存在一定程度上的缺位和错位，对中学生的网络素养水平会产生负面影响，造成家庭网络素养教育指导困难重重。家庭结构的不完整会给孩子带来消极影响。有些家长平日忙于工作，忽略了对孩子的陪伴；有些孩子由于父母离异，缺少父母的关爱……以上这些情况都会使孩子容易感到孤单寂寞，缺乏归属感和幸福感，因此便容易沉迷于网络世界，以此来逃避现实。久而久之，他们便脱离了自己原有的正常生活与学习的轨道。还有部分家长对孩子比较溺爱与放纵，虽然知道沉溺于网络的危害，但对于孩子的哭闹甚至绝食等抗议，束手无策。有的家长没有意识到其在网络素养教育中的重要责任，甚至做甩手掌柜，把教育孩子的责任全部推给学校。

二、重要意义

家庭是中学生上网的主要场所，对其网络素养的形成和发展有着不可替代的影响。家长有责任为孩子成长创造良好的家庭网络媒介环境。家校应一起引导学生更好地利用网络媒介资源，提高他们合理运用网络媒介的能力，促进他们形成科学的、批判性的思维，从而进一步提升学生的网络媒介素养。

《教育部关于培育和践行社会主义核心价值观进一步加强中小学德育工作的意见》要求加强网络环境下的德育工作，并指出应改进文化育人和实践育人工作，鼓励广大德育工作者通过文艺活动、体育活动帮助未成年人塑造其主流精神世界，使未成年人通过实践内化感知，从而以体验育人。如今，手机、微信、微博等新通信工具和新媒体给人们的生活、学习、工作带来了便利，为未成年人了解世界、增长知识、开阔视野提供了更加有利的条件。

（一）有利于落实学生全面发展的教育目标

1. 促进学生人格的健全发展

网络素养教育唤醒了学生良好的自省意识。学生在网络实践过程中，能够培养理性思考能力，在实践过程中，能够培养德性思维，最终在体验感悟中达到自我反省、知行合一。正确对待网络，学会自我尊重、自我发展，在学校和家庭的共同努力下，促进学生人格的健全发展。

2. 提高学生网络安全意识

网络素养教育可以使学生了解网络规则，提高自觉文明上网的能力；学会甄别网络信息，加强自我防范和保护，安全上网。

3. 培育学生生存和发展能力

网络素养教育可以引领学生学会沟通、合作、管理；提升学生的活动策划与组织能力、团队管理与协调能力、财政支配与使用能力、职业规划与预见能力，促进师生关系、生生关系、亲子关系和谐发展。

（二）有利于践行家校协同育人的教育理念

1. 帮助家长缓解家庭教育压力

了解家长的教子困惑，开发家庭教育之网络素养教育相关课程，可以调动家长参与指导活动的积极性，提升家庭教育的质量。

2. 形成家校管理共同体

可以发挥教师、家长资源优势，了解家长在网络教育中的困难，自主研讨、科学实施、有效评价并使得网络素养指导持续化、活动系列化、效能可视化；把握正确的家庭教育指导方向，以点带面，推动网络素养建设，达成学生自我教育、自主管理的目标。

3. 拓宽学校网络教育资源的获取途径

家长是一种特殊的教育资源，有不同的理念和思想。家长可以补充教师专业以外的网络知识和能力，学校可以利用此资源为学校网络素养教育提供服务。

4. 推动家校合作走向和谐

家长与老师可以互相学习、互相交流、互相教育。提升学生网络素养有助于学生更快、更直观地展现其发展愿景、阶段目标及系列活动，能为团队及班集体建设出谋划策，从而使家校合作更为和谐。

（三）家庭成效

1. 缩小亲子间的距离，营造和谐家庭氛围

采用正确的家庭引导方式，家长主动介入，亲子同步体验，开启话题，讨论问题，分析利弊，监管与引导孩子的网上行为。

2. 有效补充网络素养教育的资源

提升家长自身网络素养，使其做好孩子的榜样，亲子间建立良好的网络使用规则，解决网络教育问题，帮助孩子养成自我控制、自我管理的能力。

总之，应顺应学生成长需求，寻找符合学生成长需求的路径，通过家校合作，开展基于生活场景的、贴近学生生活实际的网络素养提升系列活动，让学生在实践中进行思考、收获认知，从而导向行为，达到知行合一的教育效果。

三、方法指导

我国出台了《国家中长期教育改革和发展规划纲要（2010—2020年）》，上海市出台了《上海市中长期教育改革和发展规划纲要（2010—2020年）》，皆强调促进学生全面、健康地发展，需要学校教育和家庭教育通力合作。提升中学生网络素养，同样需要如此。中学生的各种网络问题日渐严重，家长要与学校紧密合作，主动引导孩子正确使用网络，培养网络道德习惯，与孩子一起学习有关法律法规，让孩子健康、安全、文明地在网络世界中成长，成为适应未来的合格公民。可以通过优化组合各方教育力量，功能互补、协调联动来进行以下工作。

（一）家长层面

家庭教育是中学生网络素养教育中的重要一环。家长是学校的工作伙伴。

1. 更新理念，提高素养

部分家长对于孩子网络行为的认知存在偏差，有的家长逃避网络，有的家长对孩子使用网络没有任何限制。家长一定要正视网络，走出认识误区。对于家长而言，永远是在学习的路上行走。家长要善于学习，更新网络教育理念，提高自身信息素养。

首先，家长需要了解孩子钟爱网络的原因。现在世界处在高速的信息道路上，每个人都希望通过网络更快、更多地接收信息、认识世界。例如，人们的学习方式发生了变革，任何人可以在任何地方、任何时间接收到信息，我们的孩子也不例外。学习的泛在化取代了传统的封闭式学习，网络上有丰富的学习资料、学习软件和平台。家长要理性地了解孩子钟爱网络的原因，让孩子认识到网络只是一个工具，有效地利用网络来提高孩子的学习兴趣，让孩子学而有法，学之有效。

其次，家长需要自我训练。家长作为孩子网络使用的监管人，需要意识到"如何满足孩子内心的需求"是问题的关键，需要拥抱互联网的时代，而非一味地控制。家长应借助心理学研究成果，主动改变对网络的片面、消极的观念，发挥监管作用，让孩子认识到网络只是工具，并且改变自身对网络的态度，提高网络使用技巧，与孩子共同讨论和使用网络。如果家长一味逃避或者一味放纵，就很可能受到蒙蔽。因为，孩子在使用网络方面的能力比家长强，甚至有些家长根本无法了解孩子的用网情况，在网络、游戏方面也就失去了对孩子的监护能力。

2. 以身作则，正确引导

家长应该通过沟通交流了解孩子的真实想法，把事后干预变成事前预防。家长要以身作则，提高自身的网络素养；要建立良好的网络亲子关系，与孩子一起塑造安全、健康、积极的网络消费文化，将网络管控转化为网络参与，正向赋能。

第一，家长自己要在日常生活中做好表率，并主动学习和网络相关的一些知识，例如新媒体的使用、网络隐私的管理、网络素养的内容等，树立起与孩子共同学习的观念，从而引导孩子更好地应对日益复杂的网络环境。

第二，正确指导孩子使用网络。孩子上网一定要经过家长的引导，另外，家长要有方法指导孩子。所谓的指导不是让家长具体指导孩子怎么操作，而是家长要把控大方向，在使用网络的时间、对网络信息的分析鉴别、客观认识网络的利与弊、网络学习等方面给予一些指导。例如，有的孩子认为上网就是听歌、聊天、玩游戏，这时家长就要告知孩子通过网络能够学到更多的知识，开阔眼界；家长还可以帮助孩子选择适合学习的软件。家长往往担心孩子浏览不良网站，那么家长就应该全面认识网络，不能一味地逃避，要让孩子在自己的管理和影响下正确参与网络互动，健康文明上网，规范孩子的网络价值认知和行为。

3. 亲子约定，培养能力

家长要承担起"第一导师"的责任，营造健康的家庭教育氛围。家庭教育要关注青少年学习需求、关系需求、自主需求、价值需求的统一。家长高质量的陪伴能促进亲密关系的建立，满足孩子自主发展的需求，使孩子获得自我价值感，这样才能促进孩子健康成长。

第一，约法三章，以目标驱动、激励措施引导孩子健康有序上网。

俗话说，关系大于教育。家长要和孩子建立良好的亲子关系。目前，家长管理的主要方式仍是"说教"，这往往会导致亲子关系不佳，家长难以监管和引导孩子正确上网。因此，家长对孩子的上网行为不应控制，而是要约定：共同制定上网行为的约定书，让孩子慢慢培养自控力，合理规划时间，安排好学习和生活，慢慢养成合理上网的好习惯。例如，在居家上网课期间，如何提高孩子的自律性呢？家长和孩子可以召开家庭会议，与孩子一起制订上网学习计划，帮助孩子找到有价值的网络资源，引导孩子利用优质的学习平台和网络的互动功能掌握学习的主动权。约定成功的家长，应尊重孩子的参与权，发挥孩子的自主性。其实不只是孩子的网络行为，在日常生活中，家长也需要倾听孩子的意见，不仅让孩子参与到网络规则的制定中，甚至可以让孩子参与到家庭事务的讨论中。

第二，实施监控，降低孩子对网络的依赖性。

家长要承担家庭教育主体责任，尊重未成年人合法权益，培养孩子学习、生活、娱乐时间的规划能力；要从安全保护、隐私保护、消费保护、网络防沉迷、网络亚文化（如追星）等方面加大对青少年的网络保护力度，为青少年健康成长积极赋能。这就需要家长对孩子的网络行为实施监控。

例如，有个别孩子平时作业做得非常好，难题也能做对，而且基本上是标准答案，但是一到考试就不行了。原来，孩子遇到难题就上网查找解题方法，或者利用学习软件搜索出正确答案抄在作业本上，只是完成了老师布置的任务，却缺少了自己独立思考的过程。这实际上是一种抄袭行为。所以家长要观察孩子是不是在独立思考之后再去上网查询解题方法的，不能盲目抄答案，要实时关注孩子的学习情况。家长一定要注意引导孩子掌握学习的主动权，加强孩子自主学习能力的培养，使其养成独立思考的习惯。

（二）学校层面

学校应发挥学校教育的主动性，尊重家长在家庭教育中的重要作用，为家庭教育提供专业的指导，为提升学生网络素养探索教育途径。家长是实施的主体，教师是指导的主体，二者要各自承担好自己的职责和相应的任务。通过家校合作，要使孩子在正确认识网络属性的基础上，提高合理规划网络活动的能力，避免因网废学、因网废业的情况发生，以使他们提高分辨力，增强抵制错误思想影响的能力，自觉规范上网行为，养成良好的网络素养。

1. 推进校本课程开发与实施，提高班主任家庭教育的指导能力

学校定期组织开展学习，强化教师服务意识，提升教师自身修养，提高教师的家庭教育指导能力。开发网络素养家长课堂，可以从以下几个方面入手：指导家长教育孩子正确对待网络，让孩子学会自我尊重、自我发展；指导家长帮助孩子学会控制自己，让孩子把电脑和网络当成增长知识的工具；指导家长教育孩子正确把握上网时间，共同制定"家庭网络公约"，相互督促，严格遵守，预防用网过度；指导家长引导孩子在网络交友过程中要注意保护自己的隐私；指导家长对有网瘾的孩子要多给予关心、理解、尊重、激励、包容、信任，并积极向专业矫治人士求助。

2. 构建多元化的培训模式，规范班主任开展网络素养的专题指导工作

在提升网络素养方面，家长不是专业人士，无法给予孩子专业的指导。在每学期开学前，班主任可通过家访和与个别家长的访谈、网络调查等方法，对一些专题进行调研，并梳理出家长最关心的、亟须解决的网络教育的难题或热点问题，列入家庭教育指导体系当中。由此，学校可以有针对性地对家长进行网络素养的正确培育理念、方式方法的培训。

同时，学校应构建多元化的培训模式，通过家长会、专家讲座、课程教学、家长沙龙、班主任个别辅导等形式，围绕网络素养开展指导工作，对家长进行网络素养的内涵、培育意义等方向的宣传，确保家长能够对网络素养有一个更为全面的了解，并对理性对待网游、网络聊天、预防网络沉迷、学会文明上网、网上理性消费等主题进行分析，为家长提供讨论如何指导孩子使用互联网的在线交流平台。要引导家长实施正确的网络监管，让孩子在网络世界小步前进不停步。

家长应通过学习，补充知识，更新思维，树立科学的家庭教育理念，及时解决子女在网络素养养成过程中所遇到的各方面问题，为确保孩子健康快乐地成长营造良好的家庭学习氛围，促进亲子沟通。从长远看，帮助孩子建立一个健康的互联网形象，倡导追求健康上网的理念，可谓十分重要。

3. 强化多领域融合，提升学生网络素养

班主任要利用各种资源，运用各种喜闻乐见的形式，让学生了解网络媒介状况，增强学生对网络媒介的正确认知，同时也为学生的全面发展创设良好的网络媒介环境。要引导中学生明确上网目的，端正态度，将网络视为学习的平台，加强学生意志力的培养，增强其自控能力及辨别是非的能力。

首先，班主任要积极参与到学生的网络学习生活当中，关注学生网络使用的焦点。班主任可以就网络问题开展主题班会，形式不拘一格，可以是演讲、辩论等。应做到学生有话可说、有想法可表达，长期执行下去，学生的潜意识中就会形成对网络媒介的正确认识。要引导学生分清虚拟世界和现实世界，帮助学生认清并主动抵制低俗不良文化，减少不节制使用网络的行为，鼓励学生从新媒体中吸收正能量，形成积极向上的价值观，为创设良好的学习生活提供保障，做到自律地在线学习。

其次，开展有关于网络素养的生涯教育。组织学生走进电台、电视台、网络公司，了解日常生活中网络的重要作用；充分发挥德育活动的作用，可开展关于网络的知识竞赛、参加视频和网页制作大赛等；让学生可以借助网络媒介这一平台发挥个人的想象力。

最后，为保障学生文明健康上网，心理教师应走进沉迷网络的学生的内心，巧解心结；导师每周一次与沉迷网络的学生通过交流、玩游戏、外出学习体验等形式进行沟通。应引导学生树立正确的网络安全意识，了解网络规则，提高自觉文明上网的能力；学会甄别网络信息，加强自我防范和保护，安全上网。

4.丰富参与式体验活动，确保网络素养指导的有效性

家长虽然学习了有关网络素养的必要理论，但对于如何跟孩子有效沟通还缺少方法。因此，就网络引发的问题，我们开展了丰富的体验式活动。在体验式活动中，可通过"情景再现—游戏感悟—商议策略"的方法，指导家长学习家庭教育的理论、规则和方法，同时让家长自行扭转乱象，使之归于正道，引导家长在孩子面前做好情绪管理，学会换位思考，了解孩子上网的原因和需求，带着同理心，以理解、合作、支持的心态和孩子共同商量关于网络问题的解决方法。例如，线上学习期间，为避免孩子沉迷于网络，在良好的家庭氛围下，家长可与孩子共同制定家庭上网公约，商量制定网络使用时间表，共同遵守科学的家庭上网规则，增强孩子的自律能力，让孩子养成自我约束的能力，陪伴孩子共同成长，从而达到孩子自我教育的目的。

苏联教育家苏霍姆林斯基曾强调："最完美的教育模式是学校—家庭教育，学校和家庭是一对教育者。"对于中学生而言，提高学生对网络的认知和网络媒介素养，其实就是对学生上网加以指导、教育，减少学生不节制使用手机的现象，为创设良好的校园环境提供保障。同时，要实现网络媒介资源为学习服务、为教育服务。

四、成效反思

（一）成效

1.家校联动互助互补，实现网络素养教育资源共享最大化

家长学校为网络素养教育资源共享提供了一个广阔的平台，它不仅实现了学校和家庭教育资源共享，还实现了家庭与家庭之间教育资源共享，使网络素养教育资源的利用率最大化。家长得到了更具专业性和针对性的服务指导，多元的培训模式帮助家长提升了家庭教育观念，增进了家长对学校和网络素养教育的理解、支持与合作，也进一步强化了教师与家长的责任，推动了学校和家庭教育有效性的提升和互动对接。

2. 满足个体差异的真实需要

学校的网络素养教育是以学生的基本水平开展的，更多的是关注学生成长的共性需求，以共性发展带动个性发展，故而难以兼顾每一位学生。有效的家校互动，可以根据不同学生的个性特点，采取针对性的应对方式来补充学校的网络素养教育，使学生成为最大的受益者。

3. 促进学校网络素养教育更好发展

学校提供网络素养的家庭培训，优秀的服务能够获得家长的认同，从而赢得家长的支持。这反过来也提升了家校之间的信任和合作，越来越多的家长愿意参与到班级的各项事务中来，从而使网络素养教育效果得到持续性发展和延伸，促进了学生的全面发展。

（二）反思

（1）通过实践积淀，网络素养教育还可以在学科教学的课堂中以适当的方式融合，潜移默化中改变学科教学的课堂生态，提升学生的思辨能力和表达能力。这样不但落实了学科核心素养内化于心、外化于行的要求，还让学生学会了如何在海量信息中采信与质疑，使学生的网络素养水平飞速提升。

（2）实践中还有很多亟待改进的地方。如教师亟须提升自身网络素养，以对家庭网络素养课题研究进行前瞻性指导；教师需要加深对家庭教育的理解，设计出更有新意、更契合学生兴趣点的探究活动，通过科学有效的测评系统，衡量学生的网络素养情况，更好地指导家长实施家庭教育。

第五节　生涯规划

情境再现

　　接到A同学妈妈的微信，她和女儿在就业问题上出现了小矛盾。A是我的第二届学生，平时一直有联系，A马上本科毕业，我知道A对就读的专业不是特别喜欢，调剂过专业。A想读研，A妈妈希望A工作。A妈妈问我应该怎么办。约了时间，我、A、A妈妈三人在咖啡厅聊了一个下午。我不做判断和决定，只是提出下面几个问题，对A：如果你马上去工作，你找的工作范围是不是你喜欢或者愿意为之努力、为之坚持的？如果你读研，想读什么专业，在哪里读？对A妈妈：如果A找不到特别满意的工作（薪酬、劳动强度、兴趣等方面），家长能不能接受？　A和A妈妈回家商量了好多天，最终决定A去国外读研。A很努力地拿到了4所全球排名前200的学校的研究生录取通知书，A和A妈妈都很开心。

　　恰逢新中考、新中招政策出台，我认识的几个朋友也在咨询相关报名事宜。类似的问题，归根到底，在于生涯规划。作为教师和家长，应该做些什么呢？

　　我国生涯规划教育目前正处于快速发展期，一般而言，中学生生涯规划是指中学生在对自身能力、经验、兴趣、爱好、特点等进行全面系统的分析、总结和权衡的基础上，在教师、家长或者专门的咨询师的帮助下，结合时代发展特点，确定其未来合理的学业与职业目标，并为实现这一目标做出行之有效的规划。

　　由于中学生尚未成年，面临着中考、高考等重要关口，因而，中学生生涯规划不是单纯的职业规划，还包括学业规划。正是这个原因，在国外，中学生生涯规划往往又统称为中学生学业与生涯规划（academic and career planning）。

上海市教育委员会将中小学生涯规划教育定义为运用系统方法，指导学生增强对自我和人生发展的认识与理解，促进学生在成长过程中学会选择、主动适应变化和开展生涯规划的发展性教育活动。2017年，上海市教育委员会发布《关于加强中小学生涯教育的指导意见》（以下简称《指导意见》），率先推行中学生涯规划教育的全覆盖，建立生涯教育保障制度。《指导意见》指出，初中阶段的生涯规划教育侧重于生涯探索，促进学生拓展自我认识，培养学生的合作能力、学习能力和生活适应能力；拓展学生对社会分工、职业角色的体验与认识，使学生初步形成生涯规划的意识与能力。

初中学生生涯规划，是指让初中学生认识自我，根据自己的能力、兴趣、爱好等，树立学业与职业设想，制订清晰的短期和长期计划去实现职业设想。

初中生涯规划教育的目标是引领初中学生探索自己的需求、兴趣、能力、价值，正确认识自己，了解社会及工作，对所承担的各种生涯角色有所认识，并做试探性的尝试和必要的准备，主要内容包括自我认识、社会理解、生涯规划3个方面。

生涯规划通常可分为以下几个步骤：首先，深入了解自己；其次，制订设想目标和计划；最后，付诸行动。当然，随着年龄、学识和对社会认知的增长，需要不断反馈并调整计划；达成一个小目标后，向下一个目标进发，最终实现大的目标。

一、现状分析

（一）学校缺乏生涯规划教育的系统课程

由于学校教育与现实社会、就业市场的脱节，20世纪70年代美国出现了大规模的结构性失业、退学。为了解决这一问题，1971年美国教育署署长马兰（Marland）博士正式提出"生涯教育"的理念，推动学校教育改革，以适应社会的快速发展。随后，各国也相继启动了各自的生涯规划教育课程。

在我国，长期以来，由于学校普遍将升学作为教育的首要目标，在教学中过于注重知识教授，因而忽视了指导学生思考未来，忽视了明确的未来生涯规划教育。这种情况导致不少中学生在文理分科、高考填报志愿时没有明确的目标与方向，甚至就业时也没有方向，从而无形中造成了教育资源的浪费。

（二）家长缺乏对子女进行生涯规划价值教育的认识

家长与孩子朝夕相处，这决定了家长对中学阶段的孩子的了解相对深入、全面，可以对其进行更有针对性、适切性的生涯教育；同时，家长自身的形象、行为方式、生涯发展对孩子具有"先入为主"的影响和"浸泡式"示范效应，在潜移默化和与日俱增的强化中对其生涯规划的引导更具深度和力量。但是，家长往往缺乏对孩子进行生涯规划的必要性的认识，也缺乏指导孩子进行正确的生涯规划的相关知识、能力和方法。严格有效的教育具有极强的专业性，对于教育者、教育资源的专业性等具有一定要求，而多数未学习过专业教育知识与未接受过专业能力训练的家长往往缺乏足够经验，并且一些家长存在教育观念偏差或落后、缺乏生涯引导意识等情况，导致家庭教育的连续性、系统性、科学性难以保证，从而影响了中学生生涯教育的效率和效益。也有家长抱有"小富即安"的传统观念，对学生的未来发展没有长远的规划，对教师有较大依赖性，认为教育仅仅是学校的事情。

（三）学生缺乏对生涯规划的认识

中学生多以社区周边为主要生活圈，参与国际化、都市化的活动少，在思想、文化、意识上还没有形成良好的公民规则意识，对城市化中复杂的社会分工、各种权益与义务的认识比较浅薄。

因此，和家长一起探讨如何指导初中生进行生涯规划，并帮助他们学会引导孩子正确进行职业规划，显得尤为重要。

二、重要意义

初中生正处于生涯成长阶段到探索阶段的过渡时期，这个阶段需要初中生逐步认清自我，了解自己的兴趣、能力、价值观等，同时需要对外在世界和职业具有一定的认识，掌握必要的信息搜集能力，并通过一定的活动，不断检验自己未来的发展方向。

未来要做什么，几乎每个小学生都有或大或小的梦想。有些学生立志要成为科学家，有些学生立志要成为医生，有些学生立志要成为教师，等等，但长大后反而不知道自己该做什么了。华东师范大学一研究团队2015年的一项调查表明，超过63%的高三学生在填报志愿时，从来没有考虑到未来打算从事何种职业。同样，某机构一项针对5865名大一新生的调查显示：仅有9%的人对自己的专业学科比较了解；在对未来将从事哪种工作的问题上，仅有13.8%的学生有着较为清晰的认识。这些数据充分说明，我们中学阶段的生涯规划教育存在一定的缺陷和不足。

在家校沟通中引导家长参与初中生实施生涯规划具有重要意义。

（一）培养学生核心素养

应帮助家长意识到生涯规划可以有效培养孩子自主发展和社会参与等核心素养。在这一过程中，应引导孩子对自己的职业和人生进行选择，制订目标和计划实现自我管理和自我发展，了解社会，为将来实现自己的人生价值做好准备。家长此时就是和教师一样的引导者或者旁观者，不去过多地干涉孩子的选择。这样可以有效培养孩子自主发展和社会参与的能力，让其学会学习、自我管理、健康生活，做一个有责任担当的人。

（二）助力学生健康成长

帮助家长了解生涯规划可以帮助孩子相对顺利地度过青春期，实现有效就业。初中生处于人生急剧变化发展的黄金青春期，这一时期的显著特点是充满各种心理矛盾。这些矛盾既可以是成长中的动力，也可能成为阻力。家长必须引导初中生认识自我，思考自己要什么、适合什么、能做什么、怎么去做，也就是需要制订一个清晰而长远的人生规划，以塑造一个更加完美的自己，顺利度过青春期。

三、方法指导

陶行知先生提出，生活即教育，社会即学校，行是知之始。在对中学生进行生涯规划指导时只有从生活、社会及实践出发，才能取得良好效果。可以结合家庭情况、利用社会资源，进行如下工作。

（一）加深生涯规划的深度

1. 帮助孩子进行自我探索

家长要多了解自己和孩子。家长可以利用"两列清单"测试把控自己内心对于孩子的品格与生活技能的期望；在引导孩子进行自我探索的过程中，公平、公正、平等地尊重孩子和正确地激发孩子；通过客观的观察、交流、沟通，客观地认知孩子的兴趣、爱好、特长、性格等；引导孩子了解自己，思考自己想做什么、能做什么、适合做什么。引导孩子进行自我探索常用的5个问题是：①用3个形容词来描述你的性格；②你最喜欢做的3件事情是什么；③写出你最擅长的3件事（技能）；④写出你最不擅长的3件事（技能）；⑤在生命中你最重视的是什么。

当然，我们也可以利用专业职业规划机构的测试来让孩子对自己有一个清晰的认识。比如通过"四色块"让孩子进一步了解自己，发现自己的盲点区域和兴趣特长，从而更好地进行职业探索。也可以利用艾森克人格问卷来了解人格特征：内外向性（E）、神经质（又称情绪性）（N）、精神质（又称倔强、讲求实际）（P），人们在这3个方面的不同倾向和不同表现程度，便构成了不同的人格特征（Eysenck Personality Questionnaire，EPQ）。还可以用APESK评估模型，进行上脑、右脑、下脑、左脑四大大脑优势区块的测试，以及优势主题、优势领域、发展方向、个人特质、内需分析、交叉比对等测试。或者可以利用类似霍兰德职业测量表的方法进行职业选择测试。

最终，家长帮助孩子了解了自我，个人人格特征和环境适配将提升个人的满意度、稳定度和成就感。

2. 引导孩子制订规划

家长在帮助孩子了解自己的基础上，根据其能力素质，结合社会需求，和孩子一起制定通过努力有望实现的职业设想目标，然后制订切实可行的计划，包括长远计划、中期计划、短期目标与计划等。

3. 细化规划和目标

规划是大方向的，在此基础上我们可以进行细化，具体细化到每个月执行哪一项规划。比如七年级，在了解社会角色时，可以根据问题选择一些社会角色进行了解，甚至体验：① 写出你最喜欢的3个社会角色；②对于这3个社会角色，你想了解什么；③目前你拥有该社会角色的什么品质或者技能；④请你预估和分析这些社会角色在未来的走向。家长可以和孩子一起，根据规划的目标，一步一步地完成整个初中的生涯规划。

（二）拓宽生涯规划的宽度

1. 开展家长讲坛，现身说法，进行职业分享

家长的职业类型多样，可以组建家长讲坛，进行个人职业分析，每次可以40分钟为单位。家长讲坛形式可以多样：①一位家长全程主讲；②几位家长进行"职业串烧讲述"活动；③家长互相采访；④用纪录片记录家长的一天；⑤由孩子现场采访家长。

家长讲坛间接性地让孩子接触了社会、了解了职业世界，不仅仅可以让孩子了解各种职业的特性，更能有效激发孩子对职业的认同感。

2. 开展职业体验，探寻职业价值

通过家长志愿者和孩子自己组队，可在寒暑假期间开展社会职业体验或考察实践活动，并在活动结束后进行成果分享主题汇报。在假期中，孩子可以跟着父母去上班，体验父母的工作内容。形式可以多样：可以"一对一"体验，也可以一位家长带领多名孩子"一对多"体验，或者多名家长带着多名孩子"多对多"体验，从而形成交互式体验模式，增加孩子的体验机会，拓宽体验范围。活动中，家长应依托相应的职业体验任务单，以问题为导向，引导孩子进行思考。

职业体验一是让学生对各项活动的参与有总结与反馈，在反思与重建中提升活动的教育效果；二是让学生通过角色浸润的方式进行探索，从"看别人做"变成"我自己做"，进行真正的职业体验；三是让学生在交流中形成思维碰撞，从而将学习到的新理念、新知识、新方法运用到生涯规划中。我们鼓励并指导学生在活动中体悟劳动，通过完成和交流职业生涯体验报告，让学生明确任何职业都需要具备相应的劳动能力及素养，从而引导其探寻自我价值，培植敬业精神。

3. 组建"职业规划工作坊"，交流规划经验

这一步需要教师的协助。首先，教师协助成立班级或者年级的职业规划工作坊。一方面，老师提供相关的专业培训；另一方面，家长总结自己与孩子进行生涯规划沟通过程中的经验，反思遇到的问题，内容包括如何与孩子进行正确交流、如何辅导孩子学习有关的知识和技能、如何通过孩子的兴趣进行生涯指导、如何带孩子参加社会职业体验活动等，也可以包括专业的沟通技巧。家长要不断更新自己的教育理念，加强有效沟通能力，积极引导孩子探索自己的兴趣，不断优化、完善孩子的生涯规划目标，引导孩子树立努力学习、报效国家、奉献社会的人生观和价值观，在为社会奉献的过程中实现自己的人生价值。

（三）拓展生涯规划的广度

1. 利用平台、网络的力量，进行微视频学习

随着网络的普及和技术的飞跃发展，很多App上的生涯规划内容有声有色，平板电脑已经进入课堂，微视频学习也已逐渐常态化。网络学习有资源共享、反馈及时、可重复学习、无时间地点限制等特点。因此，家长可以利用网络学习平台，筛选出适合自己孩子的微视频。比如哔哩哔哩网站上既有来自重点大学的专业生涯规划课程，也有专业的各类测试，还有生涯规划心理微课、中学生生涯规划小短片等，更有众多学子和家长的现身说法。

2. 借助学校和国家资源

学校开设的"道德与法治"课程，与生涯规划息息相关。如七年级"道德与法治"课的第一单元有"中学时代""学习新天地""发现自己"3节课，在学习相关内容时，家长可以通过教师或者直接和孩子交流沟通，把生涯规划有效落实，包括"我的初中生活规划""梦想热气球""中国梦""我们的梦""努力有法""我的努力计划"等话题。

学校的心理课程也与生涯规划息息相关，家长可以引导孩子运用心理学家加德纳（Gardner）的"多元智能理论"探索自己的能力，发现自己的天赋。要让孩子明白每个人都具备多元智能，要运用自己的优势智能实现个人最佳表现，人人都是生涯舞台上最耀眼的那颗星。可以引导孩子学会运用"时间管理矩阵"，通过重要、不重要、紧急、不紧急这4个维度的区分有效安排学习。可以让孩子通过情绪ABC理论、记忆遗忘曲线、目标制定SMART原则等常用的心理学方法合理规划自己的学习内容和进度，调整自己的学习状态。

每一个学期开始，中央电视台都会推出《开学第一课》节目，内容有时与学生的学习有关，有时与生涯规划有关，有时与职业精神有关，家长和孩子都可以借鉴参考。家长应做一位有心人，在孩子的生涯规划道路上增砖加瓦。

四、成效反思

在家校沟通中，引导家长参与初中生生涯规划实施，可获得初步成效。

（一）促进学生个性化发展

帮助家长认识到实施生涯规划的第一步是孩子对自己做一个深入的了解：了解自己的兴趣、爱好及性格特点，以及优劣势和各种能力水平等。这一过程家长可以和孩子一起参与、共同分析，从而有效地帮助孩子认识自己，进一步促进孩子的个性化发展。

（二）形成持久的学习动力

生涯规划的第二步是制订职业设想目标和计划。孩子要方向、目标明确，知道自己要什么、做什么、怎么去做，这样可以有效避免无所事事、茫然无措、厌学等情况，此时家长可以协助孩子达成这一目标。

生涯规划教育可以帮助家长指导学生明确自己的奋斗目标和发展方向。兴趣和工作的满意度、职业稳定性和职业成就感之间存在着明显的关联。如果一个人对自己的职业感兴趣，就能充分发挥才能，并且在工作过程中有创造性，且主动而高效。

第六节　学习指导

疫情防控期间的线上教学，对教师的教、学生的学都是一场考验。

上网课期间的某天，小雪的妈妈接到班主任的电话，被告知小雪在近期经常不能按时交作业，甚至有不完成的现象，上课提问时也总是答非所问，感觉根本没有在听课。小雪妈妈很烦恼，抱怨道："唉，老师，你知道吗，我每天都要催她做作业，让她抓紧，但她就是拖，每天都要到半夜两三点才睡，第二天怎么能集中精神听课。我还不能说她，说多了她就跟我吵，道理比我足，不知道该怎么管她了。"

上网课期间这样的现象可谓屡见不鲜，其中暴露出来的学习问题与学生的学习方式、学习能力、学习习惯等密切相关。那么，老师和家长可以对此做些什么呢？

古今中外，对于学习的概念都有界定。

孔子说：学而时习之，不亦说乎。他将"学"与"习"联系在一起，并作为巩固、检验所学知识的重要举措。

著名教育家大卫·库伯（David Kolb）认为学习的本质是一种建基于缜密设计的体验活动中的社会化过程，不是传统所认为的"学习即知识传递的过程"。

《学习的本质》一书提到，学习泛指有机体因经验而发生的行为变化，有机体不限于人类，也包含动物。但人和动物的本质区别在于，人类不仅学习经验，还学习文化，能以语言为媒介主动构建知识体系。所以对人类来说，要实现自我构建，必须主动学习。

心理学家唐纳德·诺曼（Donald Norman）指出："我们需要总结出关于

怎样学习、怎样记忆、怎样解决问题的一般原则，然后设置一些传授这些一般原则的应用性课程，最后把这些一般性原则渗入到学生的各门学科中去。"可以认为，这是有关学习指导的基本认识。通过学习指导，可以引导学生主动学习，学会学习。

学习指导就是在了解学生认知发展规律和特点的基础上，引导学生学会学习，激发其学习兴趣，使其养成良好的学习习惯，掌握适合自己的学习策略，保持积极的学习心态，即提升学生的学习品质和能力。

一、现状分析

（一）教育理念欠统一

受传统儒家文化思想的影响，我国几千年来的尊师重教理念已经刻入了中华儿女的血脉之中，教师的角色被定义为传道、授业、解惑者，教师也被潜移默化为了教育的主要责任人，甚至是唯一责任人。在中国，应试教育的"指挥棒"挥舞多年，在大众心中，"学习"在相当程度上被理解为文化课学习，因此学习指导被片面化地理解为知识教授，教师也自然而然地被困囿于文化学习指导的角色中。所以，从传统观念角度和现状来看，认为学生学习只依赖于教师或主要依赖于教师的想法非常普遍。

（二）亲师职能未明确

基于传统教育理念的束缚，家长和教师对于自身在孩子学习教育中的职能认识并不明确。家长普遍将教师视为知识权威，容易将教师的言行视为唯一标准，甚至会错误地认为"老师让我怎么教孩子，我就怎么教"，存在缺乏主动承担教育职责、主动思考教育方法和教育意义的问题。教师也往往占领教育制高点，不愿意放手让家长参与到学生的学习教育中，或只是让家长按照"我说你做"的形式被动地参与其中。这样的模式可能只会适得其反。

随着时代的发展和教育理念的更新，家长和教师的职能也在发生转变。从2022年1月1日起，《中华人民共和国家庭教育促进法》正式实施，这是我国首次就家庭教育进行立法，内容集中体现了两个关键词：指引和赋能。从家长层面出发，这一法律高度明确了家长是子女教育的主体责任人，父母依法享有对子女的教育权，需要对其进行道德品质、文化修养、行为习惯等方面的培育和引导；从教师层面来说，明确划分了学校教育和家庭教育的权责边界，教师应主动帮扶家长，让家长赋能增权，实现教师角色作用的转变。

（三）忽视学生发展的需求

在孩子进入学校学习前、在学校学习的过程中，家庭都是他们最熟悉且无法脱离的原生环境。研究指出，良好的家庭学习氛围、家长教养方式和适当的家长教育期待等有助于提升学生的学习品质和学业质量。尤其是进入初中阶段，学习内容及学习要求都随着年龄的增长而增加，学生在学习方面容易遇到困难，此时他们需要更多的帮助和支持，从心理上来说对父母的依赖和需求远大于教师。对于他们而言，需要父母给予的不一定是学习内容上的解惑，而是对他们心理上的支持和认可，当然，如果能有一定学习方法上的指导更有利于其发展。

（四）方式方法不科学

根据"家校沟通家长问卷"的调查结果，家长和教师在学生学习成绩不理想或出现成绩下滑的情况下一般都会进行沟通，沟通之后家长采取的管教方式往往是口头说教。优则引经据典，细数好好学习的重要性；劣则批评指责，"威胁"孩子如果不好好学习，就如何如何，甚至可能大打出手。可以发现，家长在学习指导的过程中缺乏科学有效的方法，单一的模式解决不了根本性问题，也容易影响亲子关系，引起家庭矛盾。

因此，帮助家长掌握学习指导的科学方法势在必行。

二、重要意义

基于对学习指导的概念界定，指导学生学会学习有如下意义。

（一）学会学习可以创造价值

联合国教科文组织在《学习——内在的财富》报告中指出，21世纪教育的"四大支柱"是学会4种基本学习，即学会认知、学会做事、学会共同生活和学会生存，将"学会学习"置于21世纪教育的核心。2018年全国教育大会上，习近平总书记明确提出要培养德、智、体、美、劳全面发展的社会主义建设者和接班人。以此培养目标为核心，《中国学生发展核心素养》正式公布，综合表现为人文底蕴、科学精神、学会学习、健康生活、责任担当、实践创新六大素养。学生学会学习具有多重价值，主要包含精神价值、文化价值和社会价值。

1. 精神价值

学会学习的学生在学习过程中能更好地掌控自己，能根据自身情况制订学习计划，调整学习策略，体会学习的自由度，更能通过学习体会到掌握文化知识、生存技能等带来的满足感和幸福感。

2. 文化价值

学会学习的学生能更好地将知识和能力内化，所以往往他们的学习成绩优异，文化底蕴深厚。不论他们投身于哪一行哪一业，都能对文化的发展和传承做出不可忽视的贡献。

3. 社会价值

学习可以使人成长，建立完善的人格，当人真正成长了，所创造的智慧和财富就可以推动社会进步，促进社会良性发展，满足社会可持续发展的要求。

（二）学会学习能够为终身学习奠定基础

中共中央、国务院印发的《国家中长期教育改革和发展规划纲要（2010—2020年）》多次重申建立完备的终身教育体系的重要性。终身学习已经从教育理念上升到了国家战略，终身学习实践正在从教育服务体系发展为终身学习制度体系。据美国5所名牌大学的调查，大中小学教育只能提供人一生所需的20%的知识。这就表明，80%的知识要靠人们离开学校以后通过工作和自学来获得。这80%的知识的学习效果就取决于学生自身学习能力的强弱。如果在踏入社会前，学生已经具备了良好的学习能力，愿意学、会学，那么他们就能通过学习促进自我发展，创造价值，构成良性循环。所以，学会学习是适应终身学习的重要支柱。

三、方法指导

学生学会学习是一个复杂和长期的过程，在成长过程中随着身心的发展，学生的认知水平和能力不一。对不同能力的学生进行指导的起点和指导时使用的具体措施与方法不同。若对学生能力的定位不准确，很有可能导致指导的效果不明显。所以，要科学地进行学习指导，家长首先要对自己的孩子有一个明确且清晰的认知。

［**案例**］初一时，班主任王老师在和班级一位学习后进生家长沟通该学生的学习情况时，家长是这么回答老师的："老师，我们孩子在小学时学习很好，一直都是优，他其实很聪明的，就是不努力。"但事实是学生在学习上呈现出的结果并非如家长所描述的"很聪明"的学生该有的状况。

从上述案例可以看出，家长对自己孩子能力的认知与实际情况会有出入。若这个孩子在小学时学习的确不错，那现在不如小学时学习好的原因仅仅是不努力吗？学生在不同阶段应具备不同程度的学习能力，这个能力应随着年龄的增长而增强，所以统编教材中文化课的知识要求也会随着年龄的增长而提升，学习能力不提升是无法达到相应要求的。孩子小学时具备的能力和学习方法不一定适用于中学学习。因此，家长要用发展的眼光看待孩子，要清晰地知道不同学段的学生应当具备的学习品质与能力。

那么每个学段的学生在学习品质与能力上重点需要关注什么呢？以下提供一个参考标准。此标准是由20多名核心专家经过反复讨论和实践后共同制定的，具有较为科学的参考价值。

年级	一年级	二年级	三年级	四年级	五年级	六年级	七年级	八年级	九年级
学习品质与能力	学习兴趣、学习能力	学习兴趣、表达能力	阅读能力、学习动机、科学素养	阅读能力、学习策略	阅读能力、学习策略	自主学习、学习策略	学习动机、时间管理	学习方法、坚持性	自主学习、学习策略

对照表格不难发现，顺应孩子的认知规律、培养学习兴趣是学会学习的基础，在此基础上掌握学习策略、保持良好的学习心态等可以帮助孩子在学会学习的道路上稳步前行。基于此，本节就学生学习过程中，从家长参与时间长、参与职能重且参与价值高的角度考虑，提出阅读习惯培养、计划制订、时间管理和正确归因4个方面内容的指导策略和方法。

（一）培养阅读习惯

阅读习惯应该在初中阶段前就培养好，但许多孩子在进入初中时并不具备良好的阅读习惯，有阅读兴趣，却不善于选择、判断、反思阅读材料的重点、难点，自主学习能力不够。阅读是人们获取知识、认识世界的重要途径，阅读能力对学生的发展具有非常重要的影响。培养良好的阅读习惯和能力，有助于学生深度思考，提升思维的敏捷度、缜密度，也有助于学生学习兴趣的提高。

在家庭教育中，许多因素都会影响学生阅读能力的发展，那么家长怎样做才能让孩子养成热爱阅读的习惯呢？我们给出如下几个具体的方法。

1. 创造良好的家庭阅读氛围

家长对阅读的态度会影响孩子对阅读的态度，父母需要发挥榜样作用。研究表明，在一个父母喜欢阅读的家庭中，孩子更容易爱上阅读，阅读习惯也更好。例如，家长可以和孩子一起制订阅读计划，在某个时间段内尽可能地放下手机、安排好工作，与孩子共同阅读。除此之外，可以定期带孩子去图书馆借阅或去书店购买书籍，增加家中的书籍量，让孩子身边随处都可以见到书。在去这些场所时，要让孩子观察到不同阅读者沉迷于阅读时的样子，感受不一样的阅读氛围。

2. 积极交流读书心得

书的海洋包罗万象，它能够帮助中学生开阔视野、陶冶情操。在阅读过程中，中学生会进行思考，若家庭中能够在阅读后相互交流心得体会，则有助于其更好地汲取书中的知识，进一步认识人生、认识世界，也能通过交流反思自己，完善自己的人格。

3. 共同挑选合适的阅读书籍

随着网络的飞速发展，阅读方式的选择逐渐数字化，网络几乎可以提供所有需要的书籍，因此可阅读的书籍的种类也不断丰富。在书籍的选择上需要做好一定的把控，文字内容质量不高的书籍不适合学生阅读。首先，可选择教育部给出的初中生阅读建议书单上的书，也可以根据学校列出的书单或教师的建议进行购买。其次，可以选择一些受该年龄段学生欢迎的质量较高的书籍。建议家长购买自己了解内容的书籍，若不了解，可以先行购买阅读或查阅书籍的内容介绍，再判断是否适合孩子阅读。最后，也可以让孩子自行选择一些自己感兴趣的书籍，同时家长最好也能一起阅读，了解孩子的阅读内容和阅读兴趣，并和孩子分享、交流阅读心得。

4. 适当训练快速阅读能力

中学生因学习任务繁重，自由阅读的时间比较有限，所以在有限时间内提升阅读的速度有助于增强他们的阅读成就感。快速阅读是指在保证70%以上阅读理解率的基础上尽量加快学生阅读速度。《义务教育语文课程标准（2011年版）》规定，初中生的默读速度要达到每分钟500字。默读不包含指读、唇读和心读。训练的方法是，先规定一个阅读时间，接着让学生在规定时间内说出阅读内容的关键信息，这是训练快速阅读能力的重点。提升阅读速度的同时，也能够提升概括、总结的归纳能力，这样才能有效提升速读能力。

（二）制订计划

从学习品质与能力的表格中可以看出，进入初中阶段后，掌握学习策略是学生需要重点培养的能力。学习策略有多种分类方法，本书着重介绍伊万斯的分类方法。伊万斯把学习策略分为两大类：基本策略和支持策略。其中，支持策略包含3个子策略：①计划；②自我管理；③检视与诊断。其中的计划即制订学习目标和学习计划。

1. 细化计划中的措施

在日常教学中，许多班主任都会让学生制订新学期计划，但不论是教师、家长还是学生自己，常常都觉得大部分计划的制订就像是"空头支票"，只是形式，学生总是不按计划执行，使计划变得难以实现。造成这种现象的原因是什么呢？我们来看这样一个案例。

[案例] 某八年级班主任让自己的学生制订新学期计划，有一位学生在计划中是这么写的：上学期我的语文考试情况不够理想，数学还可以，英语在首字母填空上错误率比较高。所以这学期我要努力提高语文成绩，上课认真听讲，平时多看课外书。数学保持。英语多背单词，多做一些阅读练习，争取这学期有所提高。

从案例中可以看到，这位学生虽然在计划中有目标设定，但是对目标的描述太空泛。该生的学期目标是提高学习成绩，那么提高多少、取得怎样的成绩才算是提高，都没有明确的说明。在执行目标的措施中，他的描述也很宽泛，"多看课外书""多背单词"，没有具体的量来衡量这个"多"字，可以看出该学生在设定目标时，并没有认真思考如何去执行计划，因此也谈不上实施计划并实现目标。所以，在制订计划时，为了能够切实执行计划，必须将其中的操作细化或量化。

例如，可以将提高语文学习成绩的计划改成如下形式：

语文课外阅读：

学期目标：阅读7~8本课外书籍、写作4篇读后感或阅读摘要。

具体实施方式：

第一周：

> 日期：_____　　阅读书籍名称：_____
>
> 阅读的内容：_____　　（可写页码）
>
> 是否做了记录和圈划：_____
>
> 好词好句记录：

第二周：

……

第三周：

……

我每天是否按目标完成了？有哪里需要改进的吗？

……

2. 制订符合自身能力的计划

当然，也不是将所有的目标写细致具体了，就一定能执行。计划要贴合学生自身能力，具有一定的科学性。我们再看一个案例。

［**案例**］小鸣同学在学校下发的寒假计划表中列出了他的寒假计划：

> 我的寒假计划
>
> 8：00—10：00　　学习
>
> 10：00—11：00　　娱乐（打游戏）
>
> 11：00—12：00　　午饭和休息
>
> 12：00—14：00　　学习
>
> 14：00—15：00　　体育运动
>
> 15：00—16：00　　娱乐（打游戏）
>
> ……

显而易见，这样的计划不科学，执行度低，学生很难每天在同样的时间段完成同样的内容。生活并不是流水线，不具有一致性和重复性。所以，在制订计划时，一定要考虑真实情况，在能力范围内能够完成的内容才可以写。当然，为了学生的进步和发展，建议添加一些比自身能力稍高一些，所谓"跳一跳"、努力一下就能做到的事。

3. 定期反馈审查

在制订计划时，有时并不确定按计划执行后的效果，有时可能会因为在实施过程中存在的不足而导致目标最终无法完成，所以需要在执行过程中进行及时的调整。因此，一定要进行阶段性的反馈审查，确保最终目标的实现。

反馈和修正策略的能力属于元认知能力。"元认知"概念由心理学家弗拉维尔（Flavell）在1979年首次提出，是关于认知的认知，包含认知的知识和认知的调节两部分内容。元认知是学习策略的核心成分，在学生使用元认知调整学习策略的过程中，可以帮助其清晰地认识到自己学习过程中的利与弊、学习能力的长处与短处，使学生学习进步。这是一种高级的学习方法和技巧，对学生的终身学习起着至关重要的作用。

（三）时间管理

2021年1—4月，教育部先后印发5个专门通知，对中小学生手机、睡眠、读物、作业、体质管理作出规定，"五项管理"的出台就是为了切实保障学生的身心能够健康发展。从"五项管理"的内容可以看出，时间管理的重要性隐含其中。如何培养孩子的时间管理能力呢？

1. 注重效率地安排任务

学习是一门讲究效率的工作，以学习时间的安排和管理为例，提高效率是重中之重。

首先，要考虑学生自身的学习特点、学习状态。假设有个学生擅长理科，英语不太好，那么他可以按照自己的学习能力，安排理科作业最先完成，提升学习带来的成就感，再做相对有些困难的英语作业，将做英语作业的时间安排得久一些，保证自己能够完成。还有些学生在不同的时间段大脑兴奋状态不同，有人早晨学习效果最好，有人是夜猫子，越晚越机灵，那么就可以按照自身情况，在大脑状态比较好的时候做一些重要的学习安排。

其次，安排作业时要控制时间。每份作业应按照量和难度，以及自身的能力设定一个完成的时间。研究发现，很多人越是接近任务完成时间点效率越高，积极性也相对越高。对学生来说，做作业时可以在旁边摆放一个计时器，提醒自己在规定时间内完成。

最后，劳逸结合。人的注意力是不可能每时每刻集中的，需要一定的调节。初中生的注意力一般持续15~20分钟，中间会间隔10分钟左右的低沉期，可以利用这个时间喝水或者稍微活动活动身体。有一个比较流行的时间管理法——番茄钟工作法，即用25分钟的"番茄钟时间"只做计划中要完成的任务，与之无关的如喝水、上厕所等小事情一律不做，保证自己全身心地投入任务的完成过程中；25分钟结束后，利用5分钟时间把那些小事全做完，再进行下一个25分钟的"番茄钟时间"，往复两三轮后再进行长时间的休息。这个方法有利于注意力的集中和提高，也容易让学生在短时间内获得成就感。

2. 注重优先级管理地安排任务

在时间管理中能够进行优先级管理也是提升管理能力的好方法。这里介绍一种"时间四象限法"（图3-1），它是由美国管理学家科维（Covey）提出的时间管理理论。

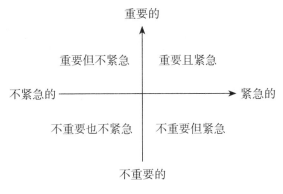

图3-1　"时间四象限法"示意图

观察图3-1，一目了然，即按照重要程度和紧急程度两个维度把学习任务划分为4个象限。"重要程度"指任务对学生整体学习效果的直接影响；"紧急程度"指任务的完成时间是否迫在眉睫。从四象限来看，在安排任务时，如果能将精力尽可能多地放在重要任务上，带来的效果会更好。

3. 注重自身能力地安排任务

学生需要了解自己学习时间的使用情况，找到适合自己的时间管理方法。如可以在安排任务时，制作一张时间记录表。仍然以作业时间安排为例，在确定好作业内容和相应完成时间后，再添加实际完成时间，可以比较计划用时和实际用时并适当分析原因。家长可以指导孩子制订计划，也可以让孩子独立制订计划，家长检查和调整。在制订计划后，家长应适当监督孩子的完成情况，和孩子一起分析原因，找到完成作业时的优势或存在的问题，帮助孩子发挥优势，改掉缺点。

（四）正确归因

学生在学习过程中总是会遇到挫折或失败，做错题目就是最常见的学习挫折，从挫折和失败中分析和归纳错误原因是成长的重要手段。例如，将做错题的原因归结为自身知识点掌握不到位，就有助于学生调整学习方法，提高元认知能力。通过调整学习策略获得进步又可以推动学生学习的内驱力发展，所以，正确的归因也是帮助学生学会学习的重要方式。

这里我们以最常见的归因方式——错题本为例，说说如何合理利用错题本提升学生的归因能力。许多学生都有错题本，但有些学生用得得心应手，有些学生则像制订学习计划一样仅仅走个形式，没有用到实处。很多家长可能都这么抱怨过："老师，要考试了，我让他在家好好看看自己的错题本，他就是不听，看都不看。"为什么呢？可能是学生已经掌握了错题中的知识，这是老师和家长最希望看到的情况；也可能是不愿意看，为什么不愿意呢？我们看一个案例。

［案例］小刘同学学习很努力，会将各科错题记录在错题本上。某日，英语老师翻开她的错题本，看到的记录是这样的：

```
错题：
题目：***
答案：***
答案解释：***
```

小刘同学的错题记录就像是教材上的例题，仅仅记录了错误的题目及其对应答案及答案解释。在复习过程中，这样的记录对学生的帮助并不大，因为其不能体现学生产生错误的根本原因。这就是我们最常见的无效错题本的形式，这样的错题本乏善可陈，提不起学生查看的兴趣。那么错题该怎样记录才比较有效呢？

首先，丰富记录的内容，尤其是错误原因的分析一定要写详尽。我们可以将错题记录改成如下形式：

错题记录样例：

题目出处：

题目内容：

做错原因：

（1）粗心大意。看错选项中的内容，错把"＊＊＊"单词看成了"＊＊＊"。

（2）审题不仔细。题干条件中漏看了"＊＊＊"，导致解题时没有解题条件从而没有选出正确的选项。

（3）知识掌握不到位，概念误解。以为这个概念的意思是"＊＊＊"，其实它的含义应该是"＊＊＊"。

错误解题思路：

……

正确解题方法：

……

　　这里，错误原因罗列了3个样例。对于原因的分析要详尽列出主要错误原因和具体错误的内容，尤其是由知识性错误导致的错题，一定要将自己当时错误的解题过程书写出来，和正确的解题方法做对比。最好用不同颜色的笔或符号做标记，将自己错误的地方着重标出，例如用红色"×"提醒自己错在哪里。正确的解题方法与自己错误过程中的明显不同处也要加强标记，以提示自己。这样，在复习的过程中才能有思维的碰撞，也能进行知识的梳理和归纳。

　　其次，经常翻看、总结和再归类。有些学生遇到某些题，总是会犯同样的错误，需要多次、反复地纠正。这恰恰也是因为他们的思考方式仍然停留在错误的方法上，要在错误基础上进行纠正并不容易。所以，在刚刚记录的一周内要反复看错题，尤其是知识性错误造成的错题，需要正强化正确的解题方法和知识。在翻看的过程中，不要只看这些题，要连带着翻看之前的错题，找找是否有相同知识点的其他错题。如果有，就表明自己在这一知识点上存在问题，就需要另找方法去解决知识点上的问题。在翻看、对比的过程中，除了将错误相同的错题归类，也要将已经掌握的错题删去，越积越厚的错题本同样无法激起学习的兴趣。家长可以针对孩子日益变薄的错题本，多鼓励孩子，让其体会到自己在学习中的问题越来越少，从而提高学习积极性。

　　最后，注重错误原因分析中的积极因素。导致错误的原因可能是外部因素（如粗心、看错题目），也可能是内部因素（如知识点掌握不到位），家长需要多关注内部因素。可以在和孩子一起分析错误原因时，多聊聊因为知识点问题引起的错误，可以问问孩子"是不是还没有弄懂呢""怎样我们可以弄懂""如果知识点理解对了，那么与这个知识有关的题目我们是不是就不怕了"等。要让孩子认识到，解决这样的错题需要通过努力，而努力之后就会有成效，并在孩子确实解决了相应知识点的问题之后再次肯定他通过努力取得的成果，在提高孩子积极性的同时，也让其切实感受到自己的收获，这样孩子才会更愿意通过努力而获取成功。

四、成效反思

在上述方法的执行中，有些方法在应用实施过程中已经取得了一定的成效，有些方法在推进过程中却遇到了一些阻碍，效果不佳。

（一）成效

阅读习惯的培养是很有成效的一个方法。

1. 学生的读题能力有所提升

有家长按照指导方法中的措施执行，发现一个学期下来，孩子的解题速度有所加快。孩子之前在考试时总是不能在规定时间里完成试卷，通过培养阅读能力，孩子逐渐能按时完成试卷了。究其原因，家长发现是孩子在解题时，读题能力有所提高，因而解题的速度和效率也随之加快和提高。

2. 学生的写作兴趣被激发

有些学生在知识面扩大之后，对世界有了新的认知，从而脑洞大开。有家长反映，自己的孩子和班级中几个好朋友正在一起创作他们自己的科幻小说。

错题本的应用也对有些学生的学习有所帮助。有家长表示，孩子通过物理错题本上记录的几道类似的错题，发现了知识点上的漏洞，从而去翻看笔记，重新识记和理解知识，并主动从辅导书上寻找一些类似的习题进行巩固练习，在一次考试中做对了这类题目，解决了知识盲点。

（二）反思

培养学生制订计划能力的实施过程可以说是比较艰难的。有家长表示因为工作关系没有足够的时间做到实时监控，从而导致不能定期反馈计划是否落实。这的确是不能忽视的不可抗力因素，所以在这一能力的培养上应做调整。可以进行如下操作：

1. 发挥家校协同作用

教师和家长同时关注计划的落实情况，并分配好计划监控的任务。亲师之间应时常沟通联系，相互做好反馈工作，起到定期反馈的作用。

2. 落实学生自我监控职能

要求学生每天或者隔天简单记录计划的执行情况，并每日给自己打分或者写评语，提倡用积极向上的方式鼓励自己，例如画图、写励志性的话语等，争取每日落实计划。

培养孩子任重而道远，不论是家长还是教师，都要与时俱进，多关心前沿的教育理念，不断学习、丰富自我、提升自我，并用发展的眼光看待孩子，让每一个孩子都成为最好的自己。

第四章

家校沟通的实施

第一节　学会倾听

倾听是亲子之间沟通的纽带，是有效沟通的重要部分和必要部分。

一、定义

狭义的倾听是指凭借听觉器官接收言语信息，进而通过思维活动实现认知、理解。语言是人与人交流的最直接的方式。说话是表达自我、宣泄内心的一个途径，而倾听是接受对方的过程。广义的倾听包括文字交流等形式，因此听者是主体，诉说者是倾诉的主体。两者一唱一和，可以排解矛盾，增进亲子感情。

二、相关理论

每个人的沟通方式和水平都不一样。一个人从第一层次成为第七层次倾听者的过程，就是其倾听能力、沟通效率不断提升的过程。

第一层次：无所用心地听

这个层次的倾听者主要表现为不重视或者忽略他人的谈话，特征如下：心不在焉，几乎不注意说话者所说的话，心里盘算或考虑着其他毫无关联或关联不大的事情。这种倾听者真正感兴趣的不是听，而是说，他们虽然表面上在听，心里却迫不及待地想要说话。这种层次的倾听，往往会导致人际关系的破裂，是一种非常危险的倾听方式。

第二层次：假装在听

这种层次的倾听者常常假装或者给人印象是在专注听对方讲话，但实际上并没有真正重视对方说的话。这个层次的倾听者只是被动消极地听说话者所说的内容，常常忽视或错过说话者通过表情、眼神等肢体语言所表达的意思，具有以下特征：经常通过点头示意来表示自己正在倾听，这往往会使得说话者误以为自己所说的话完全被听懂了。这种层次的倾听会导致出现误解或错误的反馈，从而失去进一步交流的机会。

第三层次：有所选择地听

这个层次的倾听者确实在倾听对方说话，也能够了解对方，但他们往往过分沉迷于自己喜欢的话题，只留心倾听自己感兴趣的部分，不合自己口味或与自己意思相左的内容一概过滤掉。

第四层次：专注地听

这个层次的倾听者专心致志地听对方讲话，主要具有如下特征：主动积极地倾听对方所说的每一句话，很专心地注意对方的一举一动。这种层次的倾听虽然能激发对方的注意，但是很难引起对方的心理共鸣。

第五层次：理解式地听

在专注倾听的基础上，试着去理解对方的意图。

第六层次：互动式地听

问一些需要明确的问题，以此增进对对方意思的理解，并参与交流。因此，倾听者和倾诉者都有互动和交流的机会。

第七层次：全身心投入地听

这个层次的倾听者是带着理解和尊重积极主动地倾听，这种有感情注入的倾听方式有利于引起说话者的心理共鸣，主要具有如下特征：善于在说话者所讲信息中寻找自己感兴趣的部分，因为他们认为这是获取有用信息的契机；在倾听过程中不急于做出判断，而是对对方的情感感同身受，并且能够设身处地地看待事物；善于分析和总结已经传递出的信息，质疑或者权衡听到的话；能够有意识地注意到很多非语言线索；善于向说话者发出询问和反馈，而不是质疑说话者。双方都有机会表达自己的观点、情感和思想，在形成良好的人际关系方面起着极其重要的作用。

三、实践应用

在亲子沟通过程中，如何做到有效倾听呢？

人都有被崇拜和被注意的强烈心理需求，积极倾听可以满足人的这一心态。孩子会通过各种活动试探家长，如果家长能注意到这一点，孩子对父母的信任感就会迅速增强，还会使孩子有足够的安全感。

积极倾听，意味着从肯定孩子的立场去倾听。积极倾听传递了这样一种积极的态度："从个人来讲，我对你很感兴趣，我认为你的感觉很重要；我尊重你的想法，即便我不赞同，我知道这些想法对你是合适的；我相信你是有理由这么做的，我认为你的想法值得听听，并希望你能知道我是愿意听的那一类人。"有了这种信任，孩子会愿意把重要的事摆到家长面前，会向家长提出各种问题，会表现得越来越依赖家长，会敢于对家长透露其一直在独自承受的困难处境，能向家长求助以期解决这些问题。

家长倾听时，应该注意以下几点：

（1）倾听时不带任何偏见，不做任何价值评判。

（2）倾听时，用一种积极的、认真的态度去听，不琢磨孩子接下来要谈的内容。

（3）倾听是一种关注的听，不试图理解或者猜想孩子还没有说出来的意思。

（4）倾听还要适当地参与回应（言语、非言语）。

（5）倾听要用心，避免主观臆断，不要总是谈论自己的想法，不要总想占主导地位。

（6）尊重对方，不打断对话，让孩子把话说完，不深究那些不重要或不相关的细节。

（7）不要激动，不急于下结论或评价孩子的观点，不因观点不同而争执或反驳。

（8）目光专注柔和地看着孩子，适时给出回应，比如点头或回答"嗯"来表现自己正在专心听讲。

然而，在实际生活中，在亲子情感互动的过程中，很多人很难做到以上几点。相反，家长往往一开始就想驾驭孩子，会先入为主地不停地说，忽略孩子的心理感觉，这样就会导致出现单向的沟通，孩子沟通的积极性就会受到阻碍，致使沟通无法正常进行下去。有许多家长在与孩子的沟通中，一直等待着可以陈述个人意见的机会，却很少倾听孩子的话语；另外有一些家长则迫不及待地去判断，批评那些他们可能根本不懂的东西。这就会导致亲子间发生误解和冲突。

有效的倾听需要谈话中的两个人处于当下的状态，以确保两个人能面对面，心情放松，彼此更好地捕捉谈话过程中的言语和非言语信息。例如，在亲子沟通的过程中，难免会出现一方情绪激动而无法将话语表述完整（通常出现这种情况的孩子居多）的情况。如果这是一个高效倾听的沟通，那么此时，家长就可以用情感和对方互动，并且采用一些积极的行动如拥抱、轻轻地抚摸等来稳定孩子的情绪，或者为孩子递上一杯温水或牛奶，使孩子感受到被关心。这就是倾听过程中体悟起到的作用。

沟通是一门艺术，倾听需要心的交会，清晰地认识并提高倾听技巧，对沟通和亲子关系来说都是非常必要的。因此，在和谐的亲子关系中，家长要成为优秀的倾听者，耐心地和孩子会心交流。沟通的效果要达到认知上的共识和情感上的共鸣，这需要有影响力和说服力作为基础，这种说服力来源于"将心比心"。也就是说，必须站在对方的立场来进行沟通，这样的沟通才有针对性。如果只强调自己的观点和感受，就不可能成为一个好的听众，从而也就容易导致沟通失败。

四、活动

（一）洗耳恭听

1. 背景

小学时，小陈同学每次在考试失利或者与同学发生矛盾时，都会想要找妈妈倾诉，表达自己很难过的情绪。可上了初中以后，无论学校发生什么事，他从来不告诉妈妈，也很少与其他家人、同学聊起，变得越来越沉默寡言。老师向小陈妈妈反映，觉得孩子性格孤僻，情绪浮动大，容易暴躁。可妈妈却说："我家孩子小学时从来不这样，可活泼黏人了，这个孩子现在是怎么了？"

心理老师得知后，找小陈同学进行了解，一番安慰鼓励后，小陈同学终于打开了心扉："我小学时，每次想找妈妈聊聊，妈妈总是很忙，没等我开口说明白。她就会责备我，告诉我找别人诉苦、要别人帮忙，是软弱的体现，是特别丢脸的事情，我是男孩子，要坚强，好孩子不应该麻烦别人。"紧接着，小陈特别真诚地询问心理老师："自己处理好自己的问题，难道有什么不对吗？"

2. 活动目的

通过各类测试，引导家长和学生认识到语言传递信息会不可避免地形成误解，从而认识到学会倾听的重要价值。

3. 活动准备

两人为一组，每个活动要重新分组，但均为两人一组。

4. 注意事项

"听故事，选对错"活动朗读者语速要缓慢，语音要清晰，不能故意制造困难。

5. 活动过程

（1）活动一"听故事，选对错"

请先倾听一则小故事：一个周末的下午，小张和小李相约到商场买衣服。小李按照约定的时间来到了商场，却不见小张的身影。大约等到2点，小李便先行离开了。

请完成以下5个是非题：

① 小张和小李是爱好流行服饰的一对好朋友。

② 小张那天没有去商场见小李。

③ 小李由于这件事情和小张的友谊出现了问题。

④ 小张大约是2点多才来商场的。

⑤ 小张是个不守信用的人。

事实上，以上5个是非题答案是"错误"的。如果选择了"正确"，则印证了我们倾听到的信息是会被我们误解的。

（2）活动二"倾听小自测"

那么，影响我们倾听的因素是什么呢？

让我们做一个自测：

一	是不是有和孩子抢话的习惯。	七	是不是人群中自己表态最积极。
二	是不是要和孩子说一件事时，不管什么情况自己话没说完就特别难受。	八	是不是有以貌取人的心理。
三	是不是每次和人争论都要自己争论胜利才舒服。	九	是不是无论大小事情都要追求完美。
四	是不是不太接受孩子的建议，就是说，孩子的建议你总能找到不足之处。	十	是不是朋友不算多。
五	是不是特别在意自己在孩子心目中的形象。	十一	是不是容易跟人急。
六	是不是自己想做的事就一定要做成。	十二	是不是有点自恋情结。

测试中你中了几条？

和身边的伙伴讨论：从中你收获了什么？问题到底出在哪里？

（3）活动三"如果时光可以倒流"

每人写下一句自己最反感的别人对自己说的话，参看冰山理论图（图4-1），思考这句话的背后你是否倾听到了更多的内容。

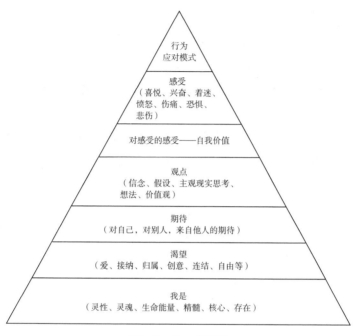

图4-1 冰山理论图

与身边的伙伴交流以下问题：

·在倾听你的孩子说话时，你最好以什么方式来支持孩子（如目光接触、确保不要打断或澄清你所听到的）？

·你中断了倾听孩子说话时，你会做些什么？

·对你而言，在一天的什么时间或什么情况下，最适合倾听孩子说话？

·在一天的什么时间或什么情况下，你会不得不做出妥协来倾听孩子说话？

·如果你打算成为一个良好的倾听者，你会马上开始做什么？

（4）活动四"分角色配乐朗诵（《关于倾听》）"

当我乞求你的聆听时，
你却急于涌出建议，
你并没有注意我所乞求的。

当我乞求你的聆听时，
你却立刻动口，向我分析为何我不该有此感觉，
你无情地践踏了我的感受。

当我乞求你的聆听时，
你却意会到要为我干点事，带我渡过难关，
你实在已辜负了我，尽管我这样说时，令你惊讶。

聆听吧！我唯一的要求，只是你的耐心聆听，
既不是你的忠告，亦不是你的行动——
试试聆听我的说话吧！

事情往往是我可以独立承担的，我并非无能无用，
也许我正在沮丧、颤抖，但我并不软弱。

当你为我做一些我不仅有能力办到，
而且必须亲身去承担的事时，
你牵动了我的恐惧和软弱。

你知否，无论说出来是多么荒谬，
真实的感受仍是千真万确的。
若你能聆听，
我就无须费力去说服你接受这个简单的事实，
而能凝聚力量，自我领悟荒谬的感受。
当一切所谓荒谬的感受呈现时，
解决办法也会随之浮露显现，
我并不需要忠告，荒谬的感受，亦包含意义，
只要我们能体会它的缘起。

因此，恳请聆听，屏息细听。如果你要发言，

且慢，等一会儿轮到你。

那时，我定必洗耳恭听。

朗读完，和你的伙伴谈谈朗读体会。

6. 引导提问

已穿插在每个活动间隙。

7. 活动延伸

活动中你有哪些发现？

倾听的方式有哪些？

面对不同的人、不同的场景应该如何选择倾听的方式？

8. 参与者反馈

教师反馈：这次活动让我意识到，在做班主任工作时，不仅仅要关注自己需要告知家长的内容，更要关注家长倾听后的感受，并且仔细聆听家长的反馈，在家长的语言表达中感受其真实的需求。有时候，在问题解决后，寻找合适的契机侧面告知家长，同时表扬孩子在处理问题时知理懂事的合作的表现，能避免孩子和家长发生冲突而损害亲子关系。

家长反馈：我对孩子的耐心太少了。每次孩子发脾气，其实更多的是我没有理解他，没能及时地从他的第一句话就感受到他真实的心理需求，有时候，解决问题的关键就是第一时间的语言、表情、动作的反馈。给到孩子真实的心理支持，给予孩子心理的能量，良好的倾听是第一步。

9. 活动反思

活动一"听故事，选对错"的目的是引领参与者认识到倾听本身不是一件非常容易的事情。良好的倾听以耐心为前提，以迅速地理解、把握讲述者的内容要点和情绪表达为关键。全神贯注、不断体会，不仅仅是对说话者的尊重，更是良好沟通、彼此体谅理解、达成共识的基础。

活动二"倾听小自测"选取了家长、教师在倾听中最常见的问题，请参与者自我检测，意图破除参与者的刻板印象，使其逐渐认识到做到良好的倾听，是要从习惯养成、心理认知、性格特点等多角度进行改变的。

活动三"如果时光可以倒流"的活动目的在于引领参与者认识到说话者所表达内容背后的深层的心理需求，理解每一种再简单不过的表达背后，说话者可能存在的真实心理感受；同时，也启发参与者尝试听出"言外之意"，从而有助于更好地理解说话者。

活动四"分角色配乐朗诵"通过参与者缓慢地朗诵，感受、理解语言的力量，体会被理解、被尊重、被细致聆听后内心涌动的温暖和感动，并且激发传递这样的温暖和感动的意愿，将活动的收获践行到日常生活中。

4个活动环环相扣，从建立认知、自我反思，到情境回溯、感同身受，能够较好地带领参与者感受倾听的力量，明白洗耳恭听对有效沟通的意义和价值。

（二）你在听吗?

1. 背景

小军妈妈向老师抱怨说，自己在跟孩子交流时特别困难，一件事情要反复说好几遍小军才能放在心上，甚至有时跟他说话的时候他明明很爽快地回应了，但事后却说妈妈记错了，根本就没和他讲过这件事;有时妈妈跟他说话时他还会打断妈妈的话，只管讲自己的事。妈妈很无奈，多么希望孩子能够耐心、用心地听她讲话。可是小军却说父母跟自己讲任何事都是以通知或命令的口吻，从来不愿意耐心听取他真正的想法，还总说他们是过来人、一切都是为了孩子好，久而久之，小军就不愿意跟他们交流了，也懒得听他们唠叨。

其实小军和父母之间存在的问题是很多家长都遇到过的情况:孩子和父母之间不能做到真正用心地倾听对方的心声。

2. 活动目的

（1）认识到倾听的重要性。

（2）掌握倾听的技巧。

3. 活动准备

（1）要有足够大的活动场地，按活动人数分好小组，每组4人。

（2）活动前准备充足的耳塞。

（3）活动需要助教的辅助。

4. 注意事项

在活动过程中，听带领者指挥。

5. 活动过程

环节一:

（1）每个小组除了第一个人以外，其余参与者全部戴上耳塞。

（2）请助教把一段话告知第一个参与者。

（3）第一个参与者转身把听到的内容转述给第二个参与者。

（4）第二个参与者转身把听到的内容转述给第三个参与者。

（5）第三个参与者转身把听到的内容转述给第四个参与者。

（6）第四个参与者把最后听到的内容告知助教老师。

（7）把第四个参与者转述的内容与助教老师所述的内容进行比较，看正确率是多少。

环节二：

（1）请主持人讲述一个小故事。

（2）请每组助教老师用各种方式在组员旁边进行干扰（包括与倾听者讲话、在倾听者旁边做大幅度的动作等）。

（3）请个别组员描述所听到的故事内容。

环节三：

（1）请第一位参与者上前与助教交流，助教很认真地倾听。

（2）请第二位参与者上前与助教交流，助教东张西望、左顾右盼。

（3）请第三位参与者上前与助教交流，助教马上打断他，让对方听自己说。

（4）请第四位参与者上前与助教交流，助教一边耐心听他讲，一边与他交流。

6. 引导提问

（1）在环节一时，为什么每个小组的正确率不同？

（2）在环节二时，你有哪些感受？

（3）在环节三时，你有哪些感受？

（4）你认为怎样才是一个好的倾听者？

7. 活动延伸

（1）回去后可以将今天的活动内容与身边的伙伴一起实践。

（2）对于学会倾听的活动，你有更好的设想或建议吗？

8. 参与者反馈

通过此次活动，参与者认识到无论是孩子还是成年人，都应该学会用心倾听对方讲话，让对方感觉到自己是被重视、被尊重的，有时倾听比说还重要。

9. 活动反思

本次活动设置了3个环节，参与者都比较感兴趣，参与度很高，活动目的基本达成。

（三）你听我说

1. 问题提出

在亲子沟通中，孩子常常会吐槽："爸爸妈妈最不喜欢我表达自己的观点，认为我在顶嘴、插嘴，我跟他们没什么好说的，说多了都是错。"父母则有这样的焦虑和无奈："我每次都为他好，但是他每次都在和我唱反调！无论我说什么，他都不吱声，我也不知道他到底在想什么。"

2. 活动目的

通过活动学习如何有效倾听，强化和重建专注的能力。

3. 活动准备

（1）活动人数建议在20人左右。

（2）有足够大的活动空间，例如中间没有放置桌子的教室，适于围坐或者围圈站立参与活动。

4. 注意事项

听清楚带领者助手的要求。

5. 活动过程

（1）将参与者分成两个小组，带领者助手将第一组参与者先带出教室，安排任务：要求参与者在接下来的两分钟内向自己的伙伴讲述最开心或者最有趣的一件事。

（2）第二组参与者的任务：在接下来的一分钟内，参与者认真倾听伙伴的话，当助手发出一个信号，比如咳嗽或者说"一分钟到"时，不再倾听伙伴的讲述。

6. 引导提问

（1）活动结束后，由第一组参与者谈谈自己的感受，说说自己的讲述是否顺利。

（2）自己在对同伴讲述的时候，同伴的倾听表现如何？

（3）有没有感觉到同伴的变化？

（4）如果有，是什么变化？这一变化对自己的讲述有没有影响？

（5）当对方认真倾听自己发言时，有什么样的感觉？心情如何？

（6）如果参与者没有感觉到同伴在倾听中的变化，请第二组参与者告诉第一组参与者自己的任务，以及自己是怎样完成任务的。

7. 注意事项

在第一轮活动结束后，可以提问，并且让双方都向对方说一句"刚才我是按照助手的要求假装不认真听的，其实我很愿意听你的分享"，以帮助学员从刚才不愉快的体验中走出来并快速调整心情。

8. 活动反馈

活动过程中，参与者专注的眼神对于倾听者来说很重要。因此，家长在和孩子沟通时，不仅要好好聆听，还要好好地互动，试着以孩子的身份和思维去面对孩子的问题，跟孩子产生共情。

9. 活动反思

带领者要多观察参与者活动时的表现，即时反应，给出反馈。

（四）耳听八方

1. 背景

许多家长和孩子交谈时，只顾自己"畅所欲言"，觉得孩子的想法和意见不值一提或小题大做。其实无论孩子的想法如何，让孩子发表自己的意见，有两大好处：一是孩子至少被征求过意见，他会更易于接受最后的决定；二是这会使孩子的自尊心得到满足。经常在关键问题上"封杀"和漠视孩子的意见，时间一长，就抑制了孩子与父母进行交流和表达的欲望。

2. 活动目的

通过个人的注意力集中于一个目标的过程，帮助学生排除自身与外部环境的干扰，使其更加精确地观察各种情况，形成一种小而强的能量，体会与发现自身拥有的与生俱来的本能，强化或重建专注的能力。

3. 活动准备

先清洁团体活动场地，从而方便小组参与者自由地坐在地上或者躺在地上。

4. 活动过程

活动一

在进行倾听专注训练之前，需要先进行热身活动，如伸展、扭动、跳跃等，也可以在各个小组参与者各具特色的动作示范之后，大家一起进行模仿（如：A参与者示范，大家随之模仿；B参与者示范，大家随之模仿……依次进行）。

活动二

全体参与者在场地中自行寻找一个位置，可以坐下甚至躺下，尽量保持自己感觉最舒服的姿势。全体各就各位以后，主持人要求大家轻轻地闭上自己的眼睛，以下面的口令引导大家去听那些可能听到的声音，有时可能还要用上自己的想象：

请仔细聆听校外马路上的声音……

请仔细聆听校园内的声音……

请仔细聆听楼内的声音……

请聆听室内的声音……

请聆听室外的声音……

请聆听自己身边人的声音……

请聆听自己的呼吸声……

请聆听自己的心跳声……

请聆听自己的脉搏声……

请回忆刚才听到的所有的声音……

你走在室外海边……飘起……由上往下，看到自己……进入室内熟悉的床，躺下，睡着……听到自己的鼾声……听到闹钟响了，按掉……闹钟又响起了，按掉……闹钟又响起来了……左右翻身……起来，睁眼。

5. 引导提问

（1）你听到了哪些声音？

（2）为什么有人听到的声音比较多？

6. 注意事项

这个挑战活动能让吵闹的课堂迅速安静下来。为了更好地调动大家的积极性，在开始时，助手可以进行引导。耳朵灵敏的人，能学到比别人更多的东西。

7. 活动反馈

询问听到的声音很少的参与者，是否心中有杂念而没有专注。

8. 活动反思

带领者要就参与者的回答进一步提问。

第二节　情绪调控

不少孩子会选择一些极端的方式处理问题，这都源于不会调控情绪。情绪就像一把双刃剑，需要调控。孩子感受正向情绪的经验越多，克服负面情绪的能力越强，他们的幸福感就会越强。青春期的青少年正值叛逆期，容易出现情绪问题。正因为中学生情绪有不稳定性、强烈性，并有自控能力差等特点，家长和教师才需要帮助学生学会调节和控制情绪，保持乐观、积极的心态。

一、定义

（一）情绪的定义

情绪通常是由一定的事物所引起的心理感受和体验，它源于人的内心需要是否得到满足。人的情绪是复杂多样的，情绪的定义说法不一：有人说它是许多感觉的聚合；有人说它是过去苦乐联想的再生；也有人说它是意志力量的一种，有特殊行为的倾向。在我国，情绪最早被提到是在《关尹子》中："情，波也；心，流也；性，水也。"这个比喻何等恰当。文中称这种流动状态为"心"，现代的人则称之为"意识"或"思想"。另两位对情绪提出代表性观点的是宋朝的程颐和朱熹。程颐说："性之有动者谓之情。性之有喜怒犹水之有波浪。"朱熹说："性是未动，情是已动，心包含已动未动。"以上3种对情绪的解释大致相同。

（二）调控的意义

情绪调控是管理和改变自己或他人情绪的过程，即通过一定的策略和机制，使情绪在生理活动、主观体验、表情行为等方面发生一定的变化。成功的情绪调控，主要是管理情绪体验和行为，使之处在适度的水平。情绪调控既包括抑制、削弱和掩盖等过程，也包括维持和增强的过程。根据来源，情绪调控可分为内部调控和外部调控。内部调控指通过个体自我暗示、深呼吸、体育运动等进行生理、心理、行为调节。外部调控指通过与朋友谈心进行人际关系调节，或通过爬山、游泳等运动进行自然调节。

二、相关理论

普通心理学在讲述情绪的调节维度时提到5个维度，可以帮助我们全面调控情绪。

（一）生理调节

情绪调节是以一定的生理过程为基础的，调节过程中存在相应的生理反应变化模式。当情绪发生时，身体会有对应的生理唤醒，如心跳、体温、血压、瞳孔、激素等变化。比如，悲伤时会感觉冷，兴奋高兴时瞳孔会放大。孟昭兰等的研究发现，正情绪诱发后，心率变化不明显；负情绪诱发后，心率显著加快。情绪生理成分的调节是系统性的，这种调节将改变或降低处于高唤醒水平的烦恼和痛苦。

（二）情绪体验调节

不同情绪体验有不同的情绪调节过程，可采用不同的策略。愤怒时可采取问题解决的策略；悲伤时可采取寻求帮助策略；伤感时可采取回避的策略。当我们体验到强烈的情绪时，会采取一些相应的行动来释放情绪，以改变情绪本身的状态。比如，发泄、寻求帮助、独处等。汉斯·格罗斯（Hans Gross）发现，忽视可以比较有效地降低厌恶感，而抑制快乐的表情可以降低快乐感受。

（三）行为调节

行为调节是个体通过控制和改变自己的表情和行为来实现的。在日常生活中，我们会对情绪进行行为调节，比如，即使不高兴，在看见其他人需要打招呼时，也会马上调整状态，呈现出友善愉悦的身体姿势和微笑表情。这种"强颜欢笑"确实有利于我们情绪状态的改变。人们的行为调节方式主要有两种，一是抑制和掩盖不适当的情绪表达；二是呈现适当的交流信号。

（四）认知调节

认知调节是我们常用的情绪调节方法，当我们意识到了某种不太好的情绪时，可以尝试挖掘产生这一情绪的原因，然后想办法来改变这一情绪。

（五）人际调节

人际调节属于社会调节或外部环境的调节。人活在社会中，很多负面情绪和痛苦体验是来自环境的。在自然环境中，美丽的风景令人赏心悦目；混乱、肮脏、臭气熏天的环境则令人恶心。个人记忆也会影响人们的情绪，有些环境让人想起愉快的情境，而有些环境让人回忆起痛苦。

三、实践运用

1. 呼吸放松调节法

这是一种通过呼吸调节来缓解紧张情绪的方法。

2. 音乐调节法

此法是借助情绪色彩鲜明的音乐来控制情绪状态。

3. 运动调节法

最好的情绪调节方法之一就是运动。因为当人们在沮丧或愤怒时，可以通过运动使生理恢复原状。生理得到恢复，情绪也就正常了。

4. 理智调节法

不少消极情绪，往往是对事情缺乏了解或者存在误解而产生的。这就需要具有辩证思维，从多个侧面、多个角度去思考问题，当发现事情的积极意义时，消极情绪就可以转化为积极情绪。

5. 暗示调节法

语言对情绪有极大的暗示和调节作用。受消极情绪困扰时，可以通过语言的暗示作用来摆脱。

6. 升华调解法

把已产生的消极情绪，像痛苦、怨愤、嫉妒等转化为积极有益的行动，即以高境界表现出来，谓之升华，"化悲痛为力量"就是此方法。升华是调节消极情绪最高的也是最佳的形式。

调控情绪首先是调控那些让人感到难受的负面情绪，如愤怒、悲伤。正面情绪在某些情况下也需要调节，比如成绩优秀的人，如果表现出过分的满意、骄傲、幸福，就可能会招来别人的嫉妒。健康的好情绪能够感染他人，学会调控情绪，百益而无一害。应通过5个维度的调节（身体、情绪、行为、认知、人际），全方位掌控情绪，做情绪的主人。

四、活动

（一）心有千千结

1. 背景

进入八年级，小冉的成绩有所退步，上课容易走神并且经常犯困，注意力不集中。教师找她谈心，她说感觉自己最近特别容易情绪化，实在不想陷入这种状态，很想知道有什么办法可以走出这种状态。为了帮助她走出这种困境，带领者设计了"心有千千结"活动。

2. 活动目的

（1）知道情绪调节的方法，了解情绪宣泄的方式。

（2）掌握一些有效克服不良情绪的方法，保持积极、乐观的情绪状态。

（3）学会调节和控制情绪，能够合理宣泄情绪，增强自我控制能力。

3. 活动准备

（1）选一个有足够大活动空间的场地，活动人数建议在10人左右。

（2）准备活动背景音乐、视频片段、水杯和水等道具。

（3）需要一位主持人主持活动。

4. 注意事项

（1）测试题内容需要选择参与者平时表现较为明显的一些情绪问题。

（2）生活在集体中，个人的情绪状态很容易影响到周围的人，带领者在活动中要引导参与者体验共同解"结"的情绪。

（3）"手链"交错，有人想放弃时，带领者要暗示、鼓励，告知一定可以解开"手链"。在解"手链"的过程中，可以采用各种方法，就是不能放开手。

5. 活动过程

（1）心理能量流失小测试："你会没有原因地感到烦闷吗？听参与者讲他/她喜欢的事情会不耐烦、听不下去吗？"如果回答为"是"，就说明你的心理能量流失了。

（2）故事分享：秀才与棺材。张秀才和李秀才一起去赶考，路上他们遇到了一支出殡的队伍。看到棺材，张秀才心情一落千丈，但李秀才觉得棺材有"官"又有"财"，挺好。谈谈李秀才为什么能够高中？张秀才为何落第？

（3）观看《哪吒传奇》片段，交流哪吒是怎样控制情绪的。

（4）进行"心有千千结"活动：大家手拉手围成圈，并记住拉的是谁，闭眼后放手，在一定范围内走动，听到"停"便立住不动，迅速找到原来左、右手拉着的其他参与者。手牵住后，将交错的"手链"恢复到起初的圆圈状态。

（5）参与者谈自己参加游戏的感受。

（6）出谋划策：为情绪不稳定的参与者出主意、开"处方"，帮助他们调控情绪，主要有注意转移法、合理发泄法、理智控制法等。

（7）不会动的水：让参与者体验正念的意义——参与者小心翼翼、聚精会神地传递手中的水杯。活动过后，参与者静下来思考并分享在活动过程中所产生的身体感悟和情绪。

（8）自救调控小妙招：叫停自己（稍作休息/观察自己）；改变状态（激烈运动/减缓呼吸）；转移注意（打扫散步/替换情绪/帮助别人）；有效放松（联想思考）；等等。

（9）活动小结。

6. 引导提问

（1）两个秀才面对棺材分别产生了怎样的情绪？两种情绪分别导致怎样的结果？

（2）生活中是不是会碰到很多"结"？你有没有心结？

（3）刚开始解"结"时是否思维混乱？解开一点后，想法是否发生了变化？

（4）大家是通过什么方式解"结"的？你有怎样的体验？

（5）这个游戏体现了什么？你有什么收获？

（6）调控情绪有哪3种常用的有效方法？

7. 参与者反馈

可共同想办法解"结"，发挥互助精神，体验共同快乐的情绪。活动能够帮助参与者梳理情绪，打开参与者的心结。

8. 活动反思

"心有千千结"活动一开始，参与者看到错综复杂的大"结"时可能觉得解不开，随着游戏的进行，参与者会发现每个人都是重要的，有时候参与者中的孩子必须迁就家长的需要，有时候也需要参与者中的家长来迁就孩子的需要，总之需要参与者通力合作、团结一致。可见，只要我们下定决心解开心结，就一定能达成目标。人总有心情不佳的时候，我们无法改变环境，但我们可以改变心境。还有哪些实用的活动和技巧在你忧郁时能使你好受一些呢？

（二）情绪电波

1. 背景

网课期间，家长在班级群内表达了各种各样的焦虑情绪，可谓一片"哀嚎"。其实，家长焦虑，一是担心孩子居家学习的效果，二是担心孩子的看管问题。这些焦虑会引起家长与孩子之间相处的情绪问题。可以说，最挑战家长涵养和耐心的事情就是孩子上网课期间的情绪失控。

2. 活动目的

（1）觉察参与者情绪和行为背后的原因。

（2）掌握家庭教育的法宝，帮助参与者进行情绪疏导。

（3）学会合理表达和调节情绪，改善参与者行为，增加有效陪伴。

3. 活动准备

（1）选一个适宜的活动场地，活动人数建议在10~12人。

（2）准备好复学前参与者心理状况调查问卷。

（3）准备好自绘情绪电波图所需的纸和笔。

4. 注意事项

（1）一般情绪问题常常引发不良后果，要在参与者心理状况调查问卷中适当进行内容渗透。

（2）想要合理地调节情绪，必须了解情绪管理有3个阶段。

（3）自绘情绪电波图要真实，细节、时间点对应的事件越多越准确。

（4）情绪的分类、情绪的产生原因、情绪的作用及情绪管理等问题需要在活动中层层递进。

5. 活动过程

（1）带领者完成并收集复学前参与者心理状况调查问卷。

（2）绘制参与者的情绪电波图：观察、记录参与者上网课、居家学习期间的情绪曲线图，水平轴代表时间，垂直轴线代表情绪值（值越大表示越高兴）。按照时间顺序，让参与者回忆印象深刻的事件，仔细记录这些事件的情绪体验，将纸上的点连成线，就会形成一幅自己的情绪电波图。

（3）讨论、分享情绪电波图的故事，谈谈这些事给参与者带来了什么情绪体验。

（4）情绪复盘：复盘上网课期间的情绪，不仅能增强对自我情绪的调控，还可以增进参与者彼此之间的了解，消除负面情绪。

（5）法宝共享：分享居家上网课期间家庭教育的妙招。

（6）情绪调控情景小剧场：再现常见亲子矛盾，讨论做法正确与否。

（7）小结：应用不伤害亲子关系的方式表达自己的情绪，比如深呼吸、暂时离开、有氧运动、阅读、画画、与朋友倾诉等。

6. 引导提问

（1）在居家学习亲子满意度的调查中，家长/孩子最希望彼此在哪方面做出改变？

（2）观察自己的情绪电波图，找一找情绪电波图的波峰和波谷在哪里？

（3）什么事情会让你特别开心或特别难受？你觉得为什么会有这种感受？

（4）你的情绪电波图和其他参与者的一样吗？共同点和不同点分别是什么？

（5）你有什么情绪体验要和其他人分享？

（6）居家学习期间，如何照顾好孩子和自己的情绪？

（7）如何情绪稳定地面对居家学习和生活？

（8）如何维持和睦的亲子关系和愉悦幸福的家庭氛围？

（9）孩子最需要获得家长哪些方面的协助？

7. 参与者反馈

情绪电波无时不在、无所不在，这次活动对青少年心理健康教育十分有效。尤其是自绘情绪电波图环节，和大家一起分享情绪电波图会发现一些共性和不同，很好地增进了亲子间的了解，便于消除负面情绪。

8. 活动反思

情绪失控的父母，在孩子眼里就是一头面目狰狞的猛兽，会吞噬掉孩子对父母的信任和依赖。同样，不良的亲子关系也会影响家长的情绪，进而影响家长的身心健康及工作效率。因此，父母情绪问题也应该被关注。后续家校沟通还需聚焦于青春期孩子发展的特点、家长自我情绪调控和如何倾听孩子这几个方面。

（三）情绪的镜子

1. 背景

小萱的妈妈是个女强人，自己经营着一家公司，还加盟了很多连锁机构，做事情极有条理且雷厉风行。偏偏小萱是个慢性子，平时在书包里找一本书都要找很久。小萱在家写作业的时候，妈妈看到慢吞吞的小萱便忍不住开始唠叨，青春期的小萱也不示弱，一场"火星撞地球"又开始了……

2. 活动目的

（1）了解遇到相同的事情，在不同的情绪下可以有不同的应对方式，会得到不同的结果，事情的起因不完全影响结果，情绪在其中起到很大的作用。

（2）了解情绪是可以转移的，所以好的情绪可以影响周围的人。

3. 活动准备

（1）收集日常生活中孩子与家长发生矛盾的场景，制作成小卡片。

（2）收集一些网络热门歌曲。

（3）准备100片的拼图若干，秒表若干。

4. 注意事项

（1）播放网络热门歌曲的时间不宜过长，不超过安静地拼拼图的时间。

（2）带领者可使用一些表达共情的语句，如"你想表达的是……"，来引导参与者表达在不同环境下对同样事件的不同处理方法。

5. 活动过程

（1）请参与者在安静的环境下完成一幅100片碎片的拼图，并记录时间。

（2）播放网络热门歌曲，参与者完成同样的拼图，并记录时间。

（3）参与者在网络热门歌曲背景音乐下，分析小卡片上的事件。

（4）参与者在安静的环境下，对同样的事件进行分析。

（5）参与者在带领者的引导下交流不同的分析结果。

6. 引导提问

（1）你觉得在不同环境下处理相同的事情时，情绪有什么变化？哪种环境和情绪更适合我们来处理和解决问题？

（2）你觉得生活中会有出现类似情绪的情况吗？这个活动会让你有什么改变？

7. 活动延伸

（1）当亲子矛盾与冲突发生的时候，务必先控制好情绪，然后再处理矛盾。情绪最激烈、需要控制的时候可以调整自己的呼吸频率，以"吸气2拍：屏住呼吸8拍：呼气4拍"=2：8：4的比例进行调整；也可以给自己一个单独的空间，等待自己平静下来。

（2）不同事件的小卡片内容可以是积极正向的事件，例如，通过努力取得了成功，见到了很久不见的朋友，得到了很想要的礼物，发现有人为熟睡的自己盖上被子，等等；可以是日常生活的小点滴，例如，吃到了好吃的食物，聆听喜欢的音乐，感受窗外的雨滴，等等；也可以是不开心的事情，例如，要和朋友分离，很努力但还是没有达到预期的目标，在某些事件上没有得到家长的理解，等等。

8. 参与者反馈

参与者表示，平时作为背景音乐的网络热门歌曲在进行思考、需要做出决策时会成为极大的干扰因素，越是耳熟能详的歌曲，干扰度越高。可见，越是日常的干扰，越能对情绪产生极大的影响，让我们做出不理性的判断。所以，适当放空，学会冥想，有助于我们调控情绪，做出正确的判断。

9. 活动反思

在这个活动中，参与者的情绪会受到一些干扰，所以带领者更要用正面的提问句式来进行引导，用一些肯定句式的应答性语言给予参与者回应，让参与者完整表达自己的情绪变化，认识到环境对情绪的影响。

（四）你画我猜

1. 背景

某日，接到小A家长的电话，家长在电话里情绪非常激动，倾诉孩子不听管教，说一句顶一句，让干什么便不干什么，家长实在没忍住，动手打了孩子，打完后冷静下来又很后悔，但是激动时又控制不住情绪。

在家庭教育中，难免会遇到孩子不听话的时候，家长很可能因此而情绪失控。故而在产生矛盾时，家长只有学会控制情绪，才能缓和亲子关系。

2. 活动目的

（1）了解调控情绪的重要性。

（2）掌握一些调控情绪的方法，有效地进行情绪管理。

3. 活动准备

活动前准备好铅笔、橡皮、水彩笔、白纸。

4. 注意事项

在活动过程中，听带领者指挥，尽量保持安静。

5. 活动过程

（1）请每个人在白纸上画出一个在家庭教育中代表自己近阶段情绪的动物，注意保密，不署名，只有自己知道。

（2）带领者收齐所有参与者的画，然后打乱顺序。

（3）重新把画发到每个参与者手中（注意此时每人拿到的不一定是自己

的画）。

（4）从第一个参与者开始猜自己手中的画可能是在座谁画的，并描述画表达了怎样的情绪。

（5）请画的真正主人陈述自己这幅画所表达的真正情绪，以及为什么会有这样的情绪。

（6）请其他人针对陈述人的情绪情况，给予意见和建议。

（7）活动进行到所有参与者全部陈述完，方结束。

6. 引导提问

（1）在家庭教育中，哪些情况会让我们情绪失控？

（2）关于情绪调控，你有哪些好方法和建议？

7. 活动延伸

回去后可以将今天的活动内容与身边的伙伴一起实践。

对于调控情绪的活动，你有更好的设想或建议吗？

8. 参与者反馈

通过本次活动，参与者体会到在家庭教育中控制情绪的重要性，可以根据自己的性格特点掌握一些适合自己的调控情绪的方法。

9. 活动反思

活动过程中，参与者认真投入，大家敞开心扉，很多参与者的发言都能引起大家的共鸣。

第三节　自我觉醒

　　"我是谁？""我从哪里来？""我要到哪里去？"这是人生的终极三问。这三个问题，都提到了对"我"这个个体的认知。一个人立身处世，首先就是要认识自己，了解自身的性格特点，明白自己的长处和短处，认识别人眼中的我……做到这些，才能让我们更好地实现自我的价值。

一、定义

（一）普适定义

　　"自我觉醒"指的是自我意识的觉醒。根据《辞海》的定义，"自我意识"指的是主体的自我认识，是对自己的认识和对自己的态度的统一。"觉醒"是心理和神经系统处于的一种唤起和准备状态。根据以上两个词语的解释，"自我觉醒"指的是个体对自己各种身心状态的认识的醒悟，换言之，就是对自己身心等各种状态的重新认识。

（二）学术定义

　　彭聃龄依据心理学理论，将人的意识归纳为两大特征：第一，人的意识作为一种稳固且复杂的内在世界而存在，由人的认知、情感、欲望等构成，是人能动地认识世界和改造世界的内部资源。第二，人的活动具有目的性与前瞻性，人能察觉到外部事物的存在和自己的内心活动，能够把"自我"与"非我"、"主体"和"客体"区分开来。正是这种自我意识，使人能够主观地调节、控制、分析与评价自身行为，在认识到事物客观存在的同时，还能进一步探究和把握其中的规律，并结合自身情绪的发生与发展，采取应对措施。

　　由此，本节对自我觉醒进行概念界定：自我觉醒就是对自身行为的重新认识和评价。

二、相关理论

（一）弗洛伊德的人格结构理论

弗洛伊德（Freud）提出了"三部人格结构说"——本我、自我和超我。本我是人格中与生俱来的最原始的无意识结构部分，它是人格形成的基础，自我和超我是从本我中分化出来的。本我由先天的本能、基本欲望组成。在本我中，个体获得满足是通过反射作用和初级过程两种方式实现的。本我是人格深层的基础和人类活动的内驱力；自我是从本我中分化出来的，是意识结构部分。个体出生后，有机体必须与周围的现实世界相接触、相交往，以适当的手段来解除紧张，就是在这种适应环境的过程中，自我逐渐从本我中分化出来，按照弗洛伊德的"现实原则"活动，在现实的需要和本我的非理性需要之间起调节作用。超我是人格结构的第三部分，这部分相当于人们所说的良知、良心、理性。在三部人格结构中，本我寻求快乐，自我追求现实，超我是人性中最道德的部分，是人格结构中的最高层。本我是人格中的生理部分，自我是人格中的心理部分，超我是人格中的社会部分，三者相互联系，相互作用，以动态的形式相互联系。人格就是在自我冲击下，引起本我和超我的矛盾斗争，从而通过自我调节，使得不平衡达到新的平衡，使人格向前发展。

在早期，弗洛伊德把人格划分为"潜意识""前意识"和"意识"，这种结构被称为人格的"地形观"。意识是一个十分短暂的状态，只是一种现象，是人们正意识到的想法。潜意识被认为是三者当中最重要的，是人的精神主题，处于心理深层，它主要包括两个方面：其一是各种本能冲动，潜意识所包含的内容就像一个原始王国中的原始臣民，如果说在人的内心存在着遗传而来的心理构成——与动物本能相似的东西，它们便是潜意识系统的核心；其二是被压抑的心理活动，这些心理内容往往是与社会伦理、道德相背离的。前意识只指没有浮现出意识表面的心理现象，它是人们能够回忆起来的经验，它处于潜意识和意识之间，担负着"检查员"的任务。

弗洛伊德后期在《自我与本我》一书中对他之前的理论做了修正，提出人格是由本我、自我和超我组成的，这种划分又被称为人格的"结构观"。"本我"又称为"伊底"，弗洛伊德称它为"一个充满沸腾的兴奋之大釜"，是"力必多"的大量存储器，是潜意识欲望的深部，是人格中最原始、最神秘而不可即的部分，它是由先天的本能和欲望组成的。"自我"由本我分化而来，其能量也来自本我，一部分位于意识之中，一部分位于潜意识之中，它连接着本我与外部世界，对本我的非理性冲动进行延缓性的控制和压抑，本我则为自我提供能量。弗洛伊德用骑手和马的关系来类比自我与本我的关系：马提供前进的动力，骑手则策马而行。超我是从自我内部分化出来的，是道德化了的自我，处于人格的最高层，依据理想原则活动。弗洛伊德认为，超我的产生大约是在5岁时因反对本我，特别是由恋母情结而发展起来的，是儿童在模拟父母的道德观的过程中形成的。

（二）埃里克森的人格发展理论

埃里克森（Erikson）集中研究了家庭、学校、社会环境在人格发展中的作用。他将人的一生分为8个阶段，这8个阶段是由遗传决定的，并且每阶段都会遇到危机，只有危机解决了才可以顺利进入下一个阶段，每个阶段的顺利发展都会获得一定的人格特征。关于处理危机，埃里克森认为，解决危机的方法并不一定完全是积极的或消极的，其中既包含消极因素也包含积极因素，只有解决问题时积极的因素所占的比例大于消极的因素才可以说危机被解决了。

1. 婴儿期（0~1.5岁）：基本信任和不信任的冲突

这一时期，孩子哭或饿时父母是否出现是建立信任感的关键。信任在人格中形成了"希望"这一品质。

2. 儿童期（1.5~3岁）：自主与害羞和怀疑的冲突

这一时期，孩子出现自主意识，而父母绝不能听之任之、放任自流。反之，若过分严厉，又会伤害儿童的自主感和自我控制能力。

3. 学龄初期（3~5岁）：主动和内疚的冲突

这一时期，儿童能更多地进行各种具体的运动神经活动，更精确地运用语言和更生动地运用想象力。这一时期他们处于前运算阶段，充满着自我中心思想。

4. 学龄期（6~12岁）：勤奋和自卑的冲突

这一时期，孩子进入学龄阶段，如果他们能顺利地完成学习任务就会获得满足感，反之就会产生自卑心理。

5. 青春期（12~18岁）：自我同一性和角色混乱的冲突

这一时期，社会的要求和自我的要求开始产生矛盾，出现角色混乱，亟须形成正确的社会自我，并在矛盾中成长。

6. 成年早期（18~25岁）：亲密和孤独的冲突

这一时期，人在寻求一个人或者一些人来共同面对自己想做的事，在亲密关系中产生不断改变世界的能量。

7. 成年期（25~65岁）：生育和自我专注的冲突

这一时期，人们不仅要生育孩子，同时还要承担社会工作，是一个人对下一代的关心和创造力最旺盛的时期。

8. 成熟期（65岁以上）：自我调整和绝望期的冲突

这一时期，老人们回顾过去，可能怀着充实的情感与世告别，也可能怀着绝望走向死亡。

（三）九型人格理论

九型人格又名性格形态学、九种性格。早在1920年，葛吉夫（Gurdjieff）首先阐述了人类的九种特质。艾瑞卡学院的创始人则将这套学说发扬光大。1994年，美国斯坦福大学主办了第一届国际九型人格大会，来自全球20多个国家和地区的1400多人参加；同年，九型人格的国际研究组织成立，标志着九型人格正式开启了国际化旅程。20世纪90年代，九型人格正式进入中国，虽然到目前为止，尚且不能确定九型人格进入中国的具体时间，但九型人格以其自身的魅力和艺术、文化背景，赢得了社会的广泛关注和认可。

九型人格理论认为人格可分为九型，每个人必然属于其中的一个。这九型分别是完美型、助人型、成就型、感觉型、思考型、活跃型、忠诚型、领袖型及和平型。

从九型人格的分类情况来看，不同的人格具有不同的特点：①完美型：做事情精益求精，对自己有着较高的要求，同时自身的心理负担也较重。②助人型：即典型的"想人之所想，急人之所急"，但过分强调别人需求而忽略了自身需求。③成就型：希望以自身的行动、付出、精力及汗水等来获得他人的认可、尊重、羡慕。④感觉型：往往以自我为中心，内心常常充满各种各样的忧伤，敏感，情感丰富，但过于浪漫，生活、学习或工作当中容易情绪化。⑤思考型：有责任感、比较理智，内心常常怀着担心、忧虑或不安；害怕出错，防卫意识强烈，缺乏必要的安全感。⑥活跃型：对新生事物有着强烈的兴趣或好奇心，精力充沛，喜欢幻想，但在生活或学习过程中容易出现半途而废的情况，对任何事物都是一知半解。⑦忠诚型：做人做事忠心耿耿，但多疑多虑，害怕自身出错；脚踏实地、实实在在地工作，但将过多的精力放在对犯错和得罪人的惶恐中。⑧领袖型：渴望在社会上有所作为，并成为领导者；渴望成功，精力充沛，敢于担当。⑨和平型：希望能够与别人和平相处，既不左右为难，也不争名夺利，与世无争，率性而为，慢条斯理又不缺乏个性。

（四）MBTI人格类型

迈尔斯-布里格斯性格分类指标（Myers-Briggs Type Indicator，MBTI），是一种自我报告式的人格测评工具，被用来衡量和描述人们在获取信息、做出决策、对待生活等方面的心理活动规律，以及不同的人格类型表现。

作为一项人格类型测试，MBTI最早在20世纪40年代由美国作家伊莎贝尔·布里格斯·迈尔斯（Isabel Briggs Myers）和她的母亲凯瑟琳·库克·布里格斯（Katharine Cook Briggs）共同研究设计。这项测试的理论基础源自瑞士著名心理学家荣格（Jung）的心理类型理论。

荣格将人的性格类型分为2种基本心态和4种心理功能，对立维度的组合将人的性格偏向分成8种类型。迈尔斯和布里格斯在此基础上增加了一个维度，构成了16种人格类型，每种类型都可以用4个字母表示，每个字母代表了人格在不同维度上的偏向。

"内向（I）—外向（E）"代表个体心理能量的流动方向。内向型善于从反思自己的想法、记忆和感受中获取动力，外向型则更倾向于从与他人的互动和行动中获取动力。

"感觉（S）—直觉（N）"代表个体获取信息的感知方式。感觉型常常专注于自身感知到的实际信息，而直觉型更关注概括的信息模式及信息之间的联系和可能存在的含义。

"思维（T）—情感（F）"代表个体处理信息的决策方式。思维型通常根据逻辑和因果关系进行客观分析并做出决定，情感型更依赖个人价值观做决策。

"判断（J）—知觉（P）"代表个体与周围世界的接触方式。判断型喜欢有计划、井井有条的生活方式，知觉型喜欢有选择性、灵活即兴的生活方式。

（五）霍兰德人格类型

霍兰德人格类型由霍兰德（Holland）通过大量职业咨询案例及经验总结而来。他认为多数人可以根据个人人格特性、自身的态度、兴趣和能力进行具体的职业倾向选择分析，并提出现实型（R）、研究型（I）、社会型（S）、企业型（E）、艺术型（A）和常规型（C）6种人格类型。

霍兰德于1959年在《心理咨询杂志》（*Journal of Counseling Psychology*）发表文章论述其职业教育指导思想。这篇文章主要阐述了霍兰德和他的同事在20世纪60年代进行的一系列基于理论的研究项目，以此为起点，其理论不断更新发展。所以可以认为，霍兰德的职业指导思想在1959年正式成型。

霍兰德在1959年初步发表自己的理论之后并没有因此止步，1959年至1966年，霍兰德发表了14项与之前研究相关的主要研究成果，由此不断充实和完善自己的理论体系。到1966年，霍兰德出版了专著《职业选择心理学：人格类型与模式环境理论》，专门修正了之前理论的不足之处，更为规范地阐述了环境作用和环境测量之间的方法，从而让自己的理论更加清晰化。

（六）萨提亚冰山理论

萨提亚家庭治疗模式又称萨提亚沟通模式，是由美国首位家庭治疗专家维琴尼亚·萨提亚（Virginia Satir）女士创建的理论体系。家庭治疗是一种新的心理治疗方法，从家庭角度剖析引起个人外显行为问题的根本心理问题。萨提亚建立的家庭治疗方法着重提升自尊，弥补内心的情感空缺，使个人达到"身心整合，内外一致"。

萨提亚冰山理论是萨提亚家庭治疗模式的理论基础。该理论将人的整体比作浮在海面的冰山，在日常生活中个人的外显行为只是我们所能看见的冰山一角，内心世界则是隐藏在海面下的冰山主体。冰山理论强调由显露出的个人行为探索内心世界的真实需求与渴望，因此在进行干预时，关注内心感受，注重内心情感缺失部分的弥补，从而达到内外平衡，成为"完整的人"。

三、实践运用

弗洛伊德的人格理论自创建以来，在全世界一直有着广泛的影响。在心理学史上，弗洛伊德是率先对人格进行全面而深刻研究的心理学家。他的人格结构理论的提出标志着西方人格心理学的开始。从此以后，人格心理学研究便开展起来，出现了许多较完整的、影响较大的人格结构理论，如勒温（Lewin）的人格结构理论、德国的人格分层理论、凯利（Kelly）的人格建构理论等，其中德国的人格分层理论就是在弗洛伊德人格结构理论的影响下形成和发展起来的。但是，弗洛伊德把人和社会看作对立的，而且完全用生物学观点去解释人格，夸大了无意识的作用，贬低了意识的作用，这些都是弗洛伊德人格理论不完善的地方。

埃里克森人格发展理论更加注重社会文化环境对个人发展的作用，运用其可以促进人格健康成长。国内关于埃里克森人格发展理论对青少年人格塑造的研究比较多，并且比较详细地分析了青少年所面临的自我同一性危机的内容、原因和解决方法。国内著名学者刘书林在《青年思想政治教育学原理》一书中认为，广泛性的大学生的思想政治教育在相当程度上是应该包括人格塑造的，其最大的目的就是帮助大学生形成正确的人格，同时大学生需要在大学期间形成良好的素养，为进入社会做好思想铺垫。杨眉教授在《健康人格心理学》中指出，自我同一性是在个人与社会的相互作用下形成的，社会外界是主要的影响因素，个人在青少年时期需要和社会建立比较密切的关系而不是相互孤立，相互孤立就会产生自我危机感，找不到正确的自我定位，对人生和社会发展都是不利的。余家权在《埃里克森人格发展理论的启示》一文中阐述了全面发展并且具有独立人格的人应该能够正确接纳自己，获得自我同一性。欧晓霞、曲振国在《大学生心理健康》中指出，大学生往往会有人格完善、人际交往、情绪调整、意识发展等问题，需要运用心理学理论对他们进行心理调节，及时预防和解决问题，并增强大学生进行心理教育的主动性。

九型人格是教育领域的前沿性课题。九型人格的实质在于通过对被教育者性格特质的准确把握，有的放矢，开展富有差异性和针对性的心理健康教育。或者说，九型人格遵循人的习惯性思维，引导人们发现自身的性格，发展人最真实、最根本的需求与渴望。刘天航的《基于九型人格测试的95后大学生思想政治教育探析》、何艳红的《九型人格视阈下的中职生心理健康教育分析与对策》、姚杰的《九型人格视阈下的青少年心理健康教育分析与对策》，都分析了九型人格在青少年心理健康教育领域的应用，发现其具有显著提升青少年心理健康水平的作用。

MBTI理论普遍用于职业测试，在应用人群中中职生和大学生较多。王桂玲、周华、彭聪合著的《基于MBTI人格类型的职业指导策略——来自技工院校的调查研究》、马翠霞的《MBTI在生涯规划教育中的应用》、张颖的《略谈MBTI在职教班级管理中的实践应用》、崔鹏飞的《MBTI理论在大学生思政教育工作中的应用初探》，都探究了MBTI理论在职业培养中对青少年起到的作用。

霍兰德人格类型主要应用于求职和青少年的职业生涯规划。宋攀、张洁、易铭在《基于霍兰德人格类型理论的医学院校大学生职业选择调查与分析》一文中利用霍兰德人格理论对医学院校大学生进行职业测试，分析不同性别、专业学生的职业兴趣，旨在为医学院校就业指导提供理论依据和实践参考。张丹宁设计了课题"兴趣与职业：约翰霍兰德职业指导思想研究"，主要介绍霍兰德除职业兴趣六角模型理论和与之相匹配的兴趣量表之外的其他关于职业指导的论述，包括兴趣在教育中的重要作用、职业教育的前提是了解受指导者的个性特征、运用简化的原则促进职业教育指导高效化、顺应时代特征进行有效职业教育指导等。

萨提亚家庭治疗模式主要应用于青少年的家庭治疗，其中的冰山理论可以帮助家庭成员更好地认识自己。首都经济贸易大学的吴丹在其硕士论文《萨提亚家庭治疗理论视角下的个案应用探索——家庭重塑自我改变的新契机》中指出，目前来看，萨提亚家庭治疗模式在许多国家得到了应用，对治疗师的培训也更加正规化和国际化。除了家庭治疗，萨提亚家庭治疗也被广泛应用于个人成长、企业培训、团体培训、人际关系治疗，以及抑郁症、焦虑症患者治疗和对低自我价值的人进行治疗等领域。张静初撰写的《运用萨提亚冰山理论化解儿童青少年偏差行为》指出当今中国家庭教育的现状，并以定性研究的方法，通过萨提亚冰山理论浅析中国儿童和青少年出现行为偏差问题的原因并提出化解办法，旨在让更多中国父母更好地了解孩子出现问题背后的真实原因，学会如何与孩子和谐相处，找到有效解决问题的办法。

四、活动

（一）"双面人"

1. 背景

最近八年级一班的小李同学和他的爸爸闹得很僵，小李认为爸爸对他的管教过于严格而且有些不讲道理，爸爸却认为自己这样做都是为了孩子好，孩子却不理解、不领情，也十分伤心。班主任如何化解他们父子间的矛盾呢？这就需要让父亲和孩子分别了解对方眼中的自己。

2. 活动目的

（1）通过活动，引导参与者了解孩子眼中的自己。

（2）参与者通过自我认识，结合孩子的评价，全面认识自我。

3. 活动准备

（1）有充分活动空间的场地，建议10~12人参加。

（2）背景音乐，以及卡片纸、记号笔、回形针等。

（3）学生提前写好对自己父母的评价。

（4）需要助教在活动中提供协助。

4. 注意事项

（1）在"大风吹"游戏过程中，带领者可以给参与者几分钟时间根据活动中的问题进行思考。

（2）允许参与者在自我评价环节修正刚刚"大风吹"游戏中对自己的评价。

（3）带领者要注意观察参与者在听到孩子评价时的感受，并引导参与者表达出这种感受。

（4）交流感受的环节是展示思考、互相学习的过程，允许其他参与者就问题展开讨论，允许参与者澄清观点或更正表达。

5. 活动过程

（1）播放背景音乐，带领者说"大风吹"，参与者问"吹什么"，带领者说"吹……"，符合条件的参与者随之站起来。

（2）"大风吹"游戏循环10次。

（3）根据游戏，请参与者把刚刚与自己相符合的条件写到卡片纸上，并用回形针别在胸口。

（4）请参与者闭上眼睛，助教在其背后贴上孩子对其的评价。

（5）请参与者睁开眼睛，请助教依次读出孩子对其评价的词语，并请参与者说说听到评价的感受。

（6）请助教拿下参与者前后两张卡片纸，请参与者从中挑选自己认为评价正确的5个词语。

（7）请参与者说说对自己的新认识。

6. 引导提问

（1）大家对活动中提到的评价性词语，觉得与自己相符合的请站起来。

（2）在日常生活中，大家觉得自己是怎样的家长呢？

（3）请大家把刚才与自己相符合的评价都写下来，并用回形针别在自己胸口。

（4）你觉得自己在孩子眼中是怎样的父（母）呢？

（5）听到孩子这样的评价，你有什么感受？

（6）请大家根据前后两张纸，挑选出5个自己认为是正确的评价的词语。

（7）经过此次活动，在和孩子沟通方面，你有了哪些新的认识？

7. 参与者反馈

参与者1：我从来没有想到孩子是这样看待和评价我的。我因为工作比较忙，平时很少和孩子交流，有时候夜班回来孩子早就睡着了，为此我也觉得很愧疚，想补偿孩子。没想到孩子竟如此理解我，他能看到我为家庭的付出，并看到我对他默默地关心，我觉得很欣慰，也觉得今后的工作充满了动力。

参与者2：我家孩子比较顽皮，我一直想做一个严厉的母亲。俗话说"棍棒底下出孝子"，而且最近"虎妈"也很流行，我想着对孩子严厉点总归是对孩子好的，没想到我有时候的一些言语和行为竟然伤害了孩子。感谢这个活动，让我可以看到孩子对我的评价，可以及时调整教育的方法。

参与者3：孩子的性格很大一部分随我，比较内向。我希望孩子可以外向开朗一点儿，所以就经常邀请他班里的同学来家里玩，或者给他报名参加暑期的夏令营活动，希望他可以多和别人交往，不要总是闷在自己的小世界里。没想到这样的行为给孩子带来了很大的困扰，由此看来有些东西是不能强求的。

参与者4：孩子大了，平时不怎么愿意和我们说心里话。今天通过这个活动，看到孩子对我的评价，我觉得还是比较中肯的，感慨孩子真的是长大了，对人对物都能客观分析。希望老师以后多举行这样的活动，增进家长和孩子之间的了解。

8. 活动反思

给予参与者充分的思考时间。有些参与者对自己并没有较为深刻的认识，所以"大风吹"活动进行得并不顺畅，活动中可以在每个评价性的词语出现后给参与者10秒的反应时间，并且将写有相对应词语的纸片给参与者，这样可以避免参与者在活动结束后遗忘。

应提前让学生思考对家长的评价，引导学生从正面和负面对家长进行评价。在交流感受环节可以让在活动中交流较少的家长和学生交流，增强活动效果。

（二）优点与缺点

1. 背景

最近八年级一班的小李同学和他的爸爸关系紧张，小李认为爸爸只看到自己的缺点，从来没有看到过自己的优点，自己每天都被批评，极少有表扬和鼓励。但是小李爸爸认为现在的小李是典型的青春期少年——一身毛病。孩子真的是一无是处吗？肯定不是，家长需要正确、全面地认识孩子。

2. 活动目的

（1）参与者通过活动，明白在不同的情况下，优缺点可以互相转化。

（2）通过活动，引导参与者正确、全面地认识孩子。

3. 活动准备

（1）有可充分活动空间的场地，建议10~12人参加。

（2）卡片纸、笔等。

4. 注意事项

（1）带领者可以给参与者几分钟时间根据活动中的问题进行思考。

（2）带领者观察参与者在写自己孩子缺点时的表现。

（3）带领者要注意观察参与者在听到别的参与者欣赏自己孩子的自己认为的某个"缺点"时的感受，并引导参与者表达出这种感受。

（4）交流感受的环节是展示思考、互相学习的过程，允许其他参与者就问题展开讨论，允许参与者澄清观点或更正表达。

5. 活动过程

（1）请参与者每人拿出3张卡片纸，在卡片纸上写下最希望孩子改掉的3个缺点。

（2）请参与者找到不同的3个人进行猜拳，赢的一方可以从输的一方手上拿走一张自己想要的卡片纸，并将自己不想要的卡片纸给对方。

（3）请参与者观察手中现有的3张卡片纸，说说这些卡片纸上的词语有没有自己希望孩子拥有的品质。

（4）请参与者交流。

（5）请参与者拿回自己原先的卡片纸，说说现在自己是否还认为这3张卡片纸上的都是缺点。

（6）请参与者说说怎样把孩子的缺点转化为优点。

6. 参与者反馈

参与者1：我家是个男孩子，一直以来我就感觉他很冲动。刚刚听有位参与者说自己孩子太沉闷了，希望有点冲劲儿，我这才觉得冲动也不一定全是坏事，最起码遇到问题他会比较积极主动，我要是能把他的冲动变为冲劲儿就好了。

参与者2：我看到我写的"拖延"这个词语也有其他参与者写了，原来我焦虑的事情大家也有，这样我的焦虑感似乎降低了。活动后我准备去找那几位家长聊聊，看看我们怎么把孩子的这个缺点变成优点。

参与者3：原来很多人都和我一样，只看到孩子的缺点让他自己去改正，却从来没有想过怎么帮助孩子去改正这个缺点，今天的活动让我明白了缺点用在适合的地方也能变成优点，看来我要做的是去鼓励和引导孩子。

7. 活动反思

给予参与者充分的思考时间，尤其是在猜拳过后让参与者说说自己手中卡片纸上的词语是否都是缺点这个环节，可以给予参与者一些提示或者提供一些例子，帮助参与者拓展思维。同样，在讨论优缺点转化的环节，也可以给予提示。

观察参与者的反应，并引导他们说出自己的感受，认知的转变是最为可贵的，能够说出来进行交流也就加深了这种认知的转变。同时，还要注意创设轻松愉悦的氛围，不能让活动变成参与者的吐槽大会。

（三）找自己

1. 背景

学校组织科技节活动，主题是"生活改造家"，学生可以充分发挥想象力提出改变生活的小发明和小创意，但设想中积极报名的场面没有出现，竟然没有一个同学主动报名。班主任询问班级干部后得到的答复是："这个我们不会，反正也拿不到奖，就不报名了！"

2. 活动目的

（1）提升每个参与者对自己能力的认知，从而更积极地参与各项活动。

（2）让参与者了解他人眼中的自己，从而更全面地了解自己。

3. 活动准备

（1）代表每个参与者的盒子，盒子上有可投入卡片的开口。

（2）舒缓的音乐，让人平静和愉悦的精油。

（3）卡片数张，每人一支笔。

4. 注意事项

（1）参与者需要认真聆听带领者描述的每一个性格特点，在交流感想环节中真诚表达自己的观点。

（2）参与者在听到带领者念自己卡片上所写的优点，得知盒子所代表的参与者时，须保持沉默，不要给他人提示。

（3）如果参与者找错自己的盒子，带领者继续引导；如果最后盒子依旧没有它所代表的参与者认领，则先放置一边，进行下一轮活动。

5. 活动过程

（1）10名参与者在舒缓的音乐和精油的气味中平复心情。

（2）给10名参与者进行编号，参与者在手中的卡片上写下自己编号之后（编号循环）的5名参与者的优点。

（3）参与者轮流将卡片放入代表相应参与者的盒子中。

（4）带领者随机交换盒子的顺序，并按照新的顺序将卡片上的优点念出。

（5）参与者根据带领者念出的优点，判断该盒子所代表的是不是自己。

（6）重复以上活动，直至每个人都找到代表自己的盒子。

6. 引导提问

（1）（正确找到代表自己盒子的参与者）大家对你的这些描述，你最喜欢的是哪一条？为什么？最出乎你意料的描述是哪一条？让我们一起来看看大家对你有没有一些类似的描述。

（2）（找错代表自己盒子的参与者）是哪条描述让你确认这个是代表你的盒子？

7. 活动延伸

家长可以为自己的孩子制作一个盒子，每天找到孩子的一个优点，写在小卡片上并将卡片投入盒子中，坚持30天。30天后取出小卡片和孩子交流，提升孩子的自信心，鼓励孩子积极参与各项活动，丰富课余生活。

8. 参与者反馈

经过这次活动，参与者的心情都比较激动，他们发现同伴眼中的自己和自己认知中的自己在能力上有很大不同，自己是一个具有更多优点的人。在受到同伴们的鼓励后，他们会自信地去处理一些以前自认为力所不及的事情，从而改变在和他人交往中的被动状态，更乐于主动和他人交流。

9. 活动反思

活动前可以带领参与者进行热身，让大家身心放松，从而更容易在活动中展现真实的自己。在活动中，可以发现大家都很乐于将一些优于本身特征的词汇写在卡片上，有客观描述的部分，也有锦上添花的部分，但这些描述对参与者来说不啻为一种鼓励，也让他们在认识自己能力的同时，对自己有了更高的期望，从而乐于主动参加一些以前不愿意主动参加的活动。

（四）留和舍

1. 背景

在家校沟通过程中，家长常常显露出对教育的焦虑和对"内卷"的忧虑。在极端情况下，即使孩子品德优良、习惯良好、成绩优异、在班中担任班委、是老师的好帮手和同学的好榜样，家长仍会不断向班主任倾诉压力："我的孩子是不是不优秀？"班主任在安抚家长情绪、帮助家长发现孩子优点并挖掘孩子潜力的同时，应引导家长厘清自身对孩子成长的期望，进而合理期待，科学教养，正向养育。在完成价值观形式的基础上，帮助家长减轻教育的焦虑情绪，从侧面改进亲子关系，从而提升家庭教育指导的效果。

2. 活动目的

（1）通过活动，引导参与者思考自己在孩子成长过程中最重要的5项期望，通过留和舍的决定，审视自己的价值观。

（2）在交流过程中，参与者互相启发、相互学习，完成价值观的重塑。

3. 活动准备

准备好白纸、笔、展示白板。

4. 注意事项

（1）如果参与者人数较多，可以先进行分组，每组以6~10人为宜。

（2）带领者需创造安静的氛围，引导参与者认真思考，避免参与者盲目、随意和轻率地做出取舍决定。

（3）在活动过程中，带领者要注意观察参与者在划去期望类词语时的表现和感受，在交流环节要有意识地引导参与者分享划去期望类词语时的感受。

（4）交流环节是参与者互相启发、相互学习的过程，参与者可以澄清自己的价值观。交流后允许参与者修改最重要的5项期望。

5. 活动过程

（1）引导参与者讨论：请各位家长/老师说说对孩子/学生的期望。

（2）带领者将家长/老师说出的关键词记录在白板上。

（3）带领者分发白纸和笔。

（4）请参与者在讨论的基础上，选出5项最重要的期望，写在白纸上。

（5）带领者提问：请想一想，如果要划去一项，自己首先划去哪一项，划去的理由是什么。

（6）带领者提问：请想一想，划去第二项，划去的理由是什么。

（7）带领者提问：请想一想，划去第三项，划去的理由是什么。

（8）带领者提问：请想一想，划去第四项，划去的理由是什么。

6. 引导提问

（1）请参与者交流划去词语的顺序、原因，以及最后留下的一项。

（2）请参与者分析自己在做出留和舍的决定时的感受。

7. 活动延伸

（1）在每一轮划去词语时，大家是否体验到焦虑和痛苦，又是如何进行自我安慰的？

（2）大家在澄清自己对孩子/学生最重要的期望时，还有哪些方式？

8. 参与者反馈

参与者在划去词语的过程中会互相讨论，可能觉得每一个期望都不舍得划去。在回顾划去词语的过程中，参与者们用"痛苦""纠结""矛盾"等词描述了自己的感受，同时也澄清了自己对孩子最深切、最根本的期望。

活动的实施组分成两组，一组参与者由孩子家长构成，一组参与者由无孩青年教师构成，以作对比。与无孩教师组相比，家长组的家长书写的期待更多（40个），在划去词语过程中的代入感和纠结感更强烈，活动反响更强烈。

9. 活动反思

这是一个探索和澄清自我价值观的活动。在活动过程中，参与者（家长/老师）会有较强的代入感，在逐个划去对于孩子/学生最重要的期望的词语时，参与者的困难感、迟疑感、矛盾感、痛苦感会逐渐增强。

在交流环节，带领者引导参与者分享产生的困难感、迟疑感、矛盾感、痛苦感，逐个划去期望项的原因，以及最后保留的期望项的内容，并允许参与者分享结束后可能已更改的自己对孩子/学生最重要的期望。在此过程中，参与者互相学习和启发，澄清自我价值观，建立对于孩子/学生的合理期待；同时在回顾孩子/学生的现状并想到未来的无限可能时也会心存感激。

第四节　关系建立

一、定义

关系建立是指人与人之间因某种联系而建立的社会关系。家校沟通的关系建立是为了在校学生的健康成长、形成有效的家校沟通，使学校、家庭、社会三方形成合力，更好地促进家校合作。

2009年《中小学校长》上发表了文章《构建和谐家校关系　共促学生全面发展》，文中提出："校长、教师和其他教育工作者应该坚持'家长是宝贵的教育资源，家长是教育的合作者，家长是学校教育的促进者'家长观，以此作为学校处理与社会、家长关系的基础。一是要从把家长放在从属地位转变为以学校为指导，以家长为主体的双向合作关系，家长的地位由被动转变为主动；二是要从学校、教师单向的居高临下的指导转变为教师家长双向互动、相互学习，教师在家校关系中由绝对权威转变为相对权威；三是要从单纯从学校、教师出发，要求家长配合的社会性目的转变为从孩子出发的个体性教育目的。"

2015年10月《关于加强家庭教育工作的指导意见》出台，指导各地积极发挥家庭教育在少年儿童成长过程中的重要作用，提升对家庭教育工作的重视程度，提高家庭教育工作的水平，为每一个孩子打造适合健康成长和全面发展的家庭环境，构建学校教育、家庭教育和社会教育有机融合的现代教育体系。习近平总书记提出："家庭是人生的第一所学校，家长是孩子的第一任老师，要给孩子讲好'人生第一课'，帮助扣好人生第一粒扣子。"

2021年10月23日通过的《中华人民共和国家庭教育促进法》提出"家庭教育、学校教育、社会教育紧密结合、协调一致"，学校要充分发挥桥梁纽带作用，构建"学校教育为主体、家庭教育为基础、社会教育为依托"的立体教育网络。

二、相关理论

苏联教育家苏霍姆林斯基说过,学校和家庭,不仅要一致行动,要向儿童提出同样的要求,而且要志同道合,抱着一致的信念,始终从同样的原则出发,无论在教育的目的、过程还是手段上,都不要发生分歧。

德国著名哲学家哈贝马斯(Habermas)认为,交往行为发生在两个独立的、具有语言能力和行为能力的个体中间,他们以语言为媒介,在互相理解的情况下期望实现行动一致,友好开展合作。当代家长和教师作为家校合作活动中的独立个体,也具备语言能力和行为能力,他们作为"家校对话"环境中的双方,期望在交往中互相理解以达成行动上的一致,实现家校合作共同育人的目标。

美国霍普金斯大学全美家校合作联盟研究中心主任乔伊斯·L.爱普斯坦(Joyce L. Epstein)从指导和改善实践的立场出发,提出了交叠影响域理论,提倡在学校、家庭和社区之间建立一种以儿童为中心的新型伙伴关系,通过发展学校、家庭和社区的合作伙伴关系来完善学校管理,增强家庭参与意识,帮助学生取得学业成功。

三、实践运用

(一)家长学校传授家庭教育理念

家长学校可以针对不同年龄段未成年人的特点,定期组织公益性家庭教育指导服务和实践活动,并及时联系、督促未成年人的父母或者其他监护人参加。家长学校可以通过学校邀请专业人士开展讲座,也可以结合线上资源推送直播课程给家长,家长根据每个家庭的不同状况和自身的不同需求开展学习,教师根据家长的学习反馈及时跟进指导。

(二)家长委员会助力家庭教育案例收集

家长委员会可通过定期开展的线上线下多种形式的活动,如讲座、茶会、读书会等,了解家庭教育中实际存在的问题和矛盾,进行案例收集整理,同类型问题开展专家指导,个性问题运用"班主任+心理教师+社区志愿者"等多种方式制订指导计划。

(三)家长工作坊开展公益性家庭教育指导

家长工作坊根据家长的需求邀请专家组织开展家庭教育指导服务和实践活

动，可开展形式多样的体验式活动，通过"体验—感悟—思考"的方式开展家庭教育，促进家庭与学校密切合作，为家庭教育指导服务活动提供支持。

四、活动

（一）云中漫步

1. 背景

本活动旨在引领参与者在体验中建立关系、感悟成长，从活动中感受规则意识、安全感建立、伙伴间信任的重要性。

2. 活动目的

（1）小组成员间能够慢慢熟悉，逐步建立关系。

（2）建立融洽的活动氛围，为后续活动的顺利开展打下基础。

3. 活动准备

（1）有充分活动空间的场地，活动人数呈双数，建议10~12人。

（2）活动场地内无尖锐、容易造成意外伤害的物品。

（3）有助教做相应的保护。

（4）舒缓的背景音乐。

4. 注意事项

（1）在活动过程中，动作要慢，不能快。

（2）参与者全程闭上眼睛，不用眼睛去看，而用耳朵去听，觉察旁边有没有人在，有没有可能碰到其他人。

（3）请留意身体的感觉，例如听觉、嗅觉、触觉，静静感受周围是否有人。

（4）全程不说话，如果碰到别人，往后慢慢退一步就可以了，不用说对不起。

（5）开始的时候，手在身体两侧自然垂放，当听到带领者说可以伸出手与人接触时，手平放在腰的两侧，主要是为了避免手部误触他人身体。

（6）参与者根据带领者的指令进行活动。参与者旁边需有1~2名助教进行保护，当参与者快碰到墙壁的时候，助教适时帮助改变方向。

5. 活动过程

（1）请参与者慢慢闭上眼睛，整个过程中不要睁开。全程大约15分钟，全程安静不说话。

（2）带领者用语言引导参与者在自己觉得可以的时候踏出一步，慢慢地、自由地漫步，手自然地垂在身体两侧。

（3）慢慢地在这个空间里漫步，去体会闭上眼睛看不见时的感觉。

（4）带领者引导参与者慢慢地走动，留意每一位参与者的脚步及神情。

（5）感觉大家适应之后，带领者请参与者把手慢慢伸出来，手心摊开向上，放在腰部的位置，继续慢慢地走动。

（6）带领者告诉参与者当自己的手触碰到另一双手的时候，如果那双手让自己有舒服、安全的感觉，可以拉着这双手一起停下来；如果碰到的这双手令自己有不舒服的感觉，就把手放开，再去漫步接触另一双手，直到找到令自己舒服安心的那双手再停下来。

（7）当大家都找到令自己舒服安心的那双手时，带领者引导参与者用自己的双手去感觉对方是一个怎样的人。不用眼睛，也不要说话，只是去感觉。

（8）带领者引导参与者用这双手去跟面前的人建立联系，并引导参与者思考可以用什么方式建立联系。

（9）请参与者用双手与对方玩一个游戏，什么样的游戏都可以。引导彼此去感受用手玩游戏的自由和创意，可以用手跳舞，可以用手唱歌，也可以用手告诉对方你常做的运动。

（10）请闭眼拉着对方的手慢慢地摸摸自己的肩膀、头发。

（11）请用双手去感谢身边那双手的主人，然后慢慢分开，还是闭着眼睛，站起来转身，继续跟着音乐慢慢开始漫步。

（12）现在请参与者睁开眼睛，到人群中去找刚才和自己在一起的那位伙伴。如果能找到对方，就站在一起分享刚才每一个过程中的感觉，包括闭眼、漫步、伸手、游戏、身体接触……

6. 引导提问

（1）闭眼、不说话的时候让你慢慢地走，会有什么样的感觉？你的脚步敢迈开吗？和眼睛睁开、能说话时有什么不同？

（2）慢慢走了一段时间后感觉会有变化吗？我有留意到你的脚步很迟疑（很快、很有特点……），能说说为什么吗？

（3）当你的手触碰到另外一双手的时候，你又有什么感受？与之前有没有不同？

（4）让你不说话，仅用手去表达自己的想法，用手去跳舞、唱歌、做游戏的时候，有什么感受？

（5）最后分开的时候，你有什么感受？

（6）睁开眼后，你能顺利找到当时拉着手的那位伙伴吗？为什么能找到（没找到）？

（7）整个活动中，让你感触最深的是什么？请做一个具体的分享。

（8）当你再看身边的伙伴时，和活动最开始时有什么不同？

7. 活动延伸

（1）当我们内心有不安全感的时候，可以通过哪些方式来舒缓不安？

（2）对于如何和他人建立联系，有更好的方法或建议吗？

8. 参与者反馈

家长反馈：我第一次用我的耳朵感知到了旁边的小世界和自己的内心。闭上眼睛，大家听指令做动作。"迈步"指令响起，我没有动，我"听"到大家在"往前"迈步，我轻轻迈了半步，确定不会撞到同伴。"往前走"的指令响起，我也开始走，谨慎地走，一边走一边听，我"听"到不同的声音，有略快速走带动空气流动的声音，有脚步试探地摩擦地面的声音，有带领者发出的指令声，有音响发出的音乐声……看不到时怎么在指令下保障安全？我用耳朵来"听"我的位置和我附近的世界。当我和同伴因为"听"走到一起时，我"听"到我们两人脸上的微笑，我能感到从我们手中传达给彼此的是安全、依靠、鼓励、信赖。我们在无言、无色的世界里用手、动作去营造安全、交流信任、传递愉悦。安全的感觉突然像阳光照进心里，那一刻我在想如果我们也给孩子可以触碰的安全感，那么孩子的情绪会不会也在那一刻突然变得更加平稳、心境变得更加辽阔？正如萨提亚所说："我放下武器，敞开心；当我的心，柔软起来，便在爱和慈悲里，与你明亮而温暖地相遇。"

（二）拼图名片

1. 背景

家庭成员中总有中心人物，比如孩子，全家人都围着孩子转，导致一些家庭中母亲角色的存在感、价值感得不到满足。曾经有一位母亲对我说："我已经为家庭和孩子牺牲了我自己的事业，可是孩子还是不能成长为我期待的样子。"如何让家庭成员正确认识自己，发挥家庭中每一位成员的能量，让家庭的能量发挥出最大功效？

2. 活动目的

（1）重新认识自己、介绍自己，认识团队参与者。

（2）形成分组，找到伙伴融入团体，形成集体凝聚力。

3. 活动准备

（1）活动规则讲解及文字显示。

（2）按照参与者的人数和组别准备拼图卡片，小组可以按不同颜色区分。

（3）黑色水笔，也可以准备彩色绘画笔。

（4）将座位按照小组的形式围成圈。

4. 注意事项

（1）彩色的名片卡随机发放，让原本的座位状态在形成新的小组时，有参与者寻找本小组成员的过程。

（2）在制作名片时需要区分卡片的正反面，以免拼图时无法呈现。

（3）拼图的数量根据参与人数制定，最少2人成组，形成4~5组；最多6~7人一组，形成6组。

（4）不同小组的拼图可以拼成不同的图案，最后各小组也可以拼成一组大的拼图。

（5）带领者需要关注每一位参与者的需要，如果参与人数较多，需要给每组配备一位助教。

5. 活动过程

（1）用彩色卡纸为自己设计名片。

（2）按照卡片的颜色，组成新的小组，并在小组中介绍自己（性格、特长、喜好等）。

（3）每个参与者尝试还原拼图，并用胶带做固定。

（4）每组派一位代表，带着小组完成的拼图介绍小组的共性特点，并完成大组的拼图。

（5）大组交流活动感受。

6. 引导提问

（1）在制作卡片的时候你会想到哪些原本没有想到的部分？

（2）寻找小组成员的时候内心是什么感受？

（3）和小组成员交流产生共鸣时有什么感受？

（4）有没有哪些是日常生活中没看到的部分？

（5）小组的拼图完成后融入大组的拼图中时有什么感受？

（6）在家庭中家人合作一起努力可以形成更大的力量，就像拼图一样，家庭中的每一位成员，无论家长还是孩子都是十分重要的。

7. 活动延伸

（1）家长需求更倾向于关注孩子的话，名片内容可以调整为孩子的兴趣爱好等。

（2）拼图名片可以带回家与家庭成员分享，看看是否会产生更多的可能。

8. 参与者反馈

家长反馈：从前总是站在孩子的角度为他考虑，希望他可以学得更好、获得更多，经常忽略了自己的需要。在这个活动中，我听取了每一位伙伴的介绍，认真认识了大家，而最重要的是我又重新认识了自己。为了孩子我放弃了自己的兴趣爱好，每天围着孩子转，得到的并不是感激。我想接下来我也可以发展自己的兴趣，让孩子也因为我的转变而获得自己的动力。

9. 活动反思

"拼图名片"活动是团队建立时使用的热身活动，可以很好地激发参与者的主观能动性，让参与者更好地投入后面的活动中。带领者在活动初期分发卡片的时候要适当地关注男女比例和参与者的热情程度，在分组时尽量使每个小组中都有主动分享者，使小组气氛活跃起来。

（三）晴雨表

1. 背景

通常参与者在参加活动的时候很难一下子融入带领者营造的氛围中，特别是彼此并不熟悉又带着各自的问题和好奇心参加的家长参与者，这个时候带领者如何让参与者感觉既放松又被关注呢？

2. 活动目的

（1）促进团体氛围与个人内在氛围的互动，建立个人自尊和团体间的良好沟通。

（2）带领者对参与者有初步认识，了解参与者当天的大致情绪状态。

3. 活动准备

（1）播放舒缓情绪的PPT和音乐。

（2）每人一份不同颜色的卡片。

4. 注意事项

（1）带领者"人在"，是基本要求。

（2）配合当天气氛和关注的重点情况进行主持，包括开场白。

（3）有些参与者不愿意自由发言，在最后环节前可以让参与者利用彩色卡片表达目前的心情。

5. 活动过程

（1）活动开始前播放舒缓的音乐，在参与者入座后每人发放一份卡片。

（2）先将问题展示在屏幕上，让参与者静一静之后举起手中的彩色卡片。

（3）每个问题问两次，停一停，让参与者举起卡片，带领者就会对参与者的心情有所了解。

（4）传递"麦克风"，如对刚才的问题有想要分享的可以发言。

（5）将此刻内心的一些想法记录在白色的卡片上，这是只留给自己的记录。

6. 引导提问

（1）对于今天天气的感受

很喜欢，有点喜欢，没什么，不太喜欢：黄色，粉红，白，深蓝

（2）对于在路上的感受

很喜欢，有点喜欢，平静，没什么：黄色，粉红，浅绿，白

（3）对于今天的活动的感受

期待，困扰，平静，没什么：粉红，深蓝，浅绿，白

（4）在今天的活动中有无事情想处理

黄色——很想处理一些事情

粉红——有事情想处理，若有机会愿意尝试

深蓝——想处理一些事情，但是有一部分担心

浅绿——抱平常心，不强求，相信会有发现和收获

7. 活动延伸

（1）活动的引导语可以根据当天的情况和参与者的状态做调整。

（2）记录在白色卡片上的文字只作为参与者当下的想法记录，在后续活动结束后可以拿出来再做整理，作为一整天活动的记录。

8. 参与者反馈

家长反馈：这个活动很有意思，我们没有运用语言来表达，却无声胜有声地表达了自己的需求，毕竟刚开始大家都不熟悉，如果要发言的话其实挺尴尬的。同时，这个时候我也关注了其他参与者，找到了与我很一致的伙伴，感觉还挺好的，之后我们应该会更多地交流。

9. 活动反思

"晴雨表"这个活动对带领者有着很高的要求，因为作为关系建立的活动，带领者首先要保持"人在"的状态，能很好地感受参与者的紧张、焦虑、激动或低迷，能将参与者的一些积极的状态调动起来，让消极的状态被关注，可以在后续的活动中慢慢地调整。

（四）寻寻觅觅

1. 背景

为了快速拉近参与者之间的距离，减轻参与者的陌生感和尴尬，增进参与者之间的了解，进而提升活动的质量，在活动开始之前，可以进行关系建立的热身。参与者在熟悉彼此的基础上，更容易建立良好的沟通和连接，从而提升之后活动的体验和效果。

2. 活动目的

（1）使参与者体验主动交往的乐趣。

（2）在活动过程中，参与者熟悉彼此，建立连接，为之后的体验活动做铺垫。

3. 活动准备

准备扑克牌、室内（为宜）空间、时长为5分钟的轻音乐。

4. 注意事项

（1）此活动比较适合成员间相互陌生的群体。

（2）分配扑克牌时要注意每轮的花色和数字均应有相同的。

（3）如果时间较充裕，游戏可以继续深入，例如多位参与者寻找扑克牌数字进行计算后等于24的伙伴，找到后，多位参与者进行交谈，寻找3个共同点。

5. 活动过程

（1）播放轻音乐，营造轻松的环境和氛围。

（2）带领者分发扑克牌，每位参与者获得一张。

带领者：各位参与者，请每人拿取一张扑克牌。

（3）带领者请参与者按要求寻找伙伴，互相介绍，并找出3个共同点。每轮时长5分钟，在5分钟内尽可能找出更多的伙伴。

带领者：各位参与者，请按照以下要求寻找伙伴，这一轮请大家寻找花色相同的伙伴。找到后，请大家进行交流，并找出3个共同点。每轮活动以音乐声为时长标记，音乐停，这轮活动结束。

每轮要求的设置，参考如下：

第一轮，寻找扑克牌花色相同的伙伴。

第二轮，寻找扑克牌数字相同的伙伴。

第三轮，寻找扑克牌数字相加或其他运算等于24的伙伴。

（4）请参与者交流分享自己认识的有缘人。

带领者：请大家交流一下遇见的有缘人，他们和自己分别有什么令人印象深刻的共同点。

6. 参与者反馈

家长反馈：活动依托卡牌游戏，核心是找出参与者的共同点。通过活动，我发现原来有这么多人与我有共同的爱好、特点、想法、疑惑和困境等，我并不孤单，也不孤独。

7. 活动反思

在陌生的群体中，如何破冰？如何介绍自己、认识他人？"寻寻觅觅"这项活动为陌生人的关系建立而设计。

活动以扑克牌作为道具，具有简单、便捷的优点。参与者手持分发到的扑克牌，以寻找相同花色或数字等作为契机，努力寻找，主动交流，找到两人或多人的共同点。当找到共同点时，参与者也会特别有成就感。在交流分享环节，参与者回顾自己认识的有缘人，会特别兴奋和珍视。

作为破冰游戏，活动拉近了参与者之间的距离，使氛围融洽温馨；寻找共同点，使参与者建立连接，为之后体验活动的顺利开展做铺垫。

（五）有缘相识

1. 活动目的

（1）让参与者体验主动交往的乐趣。

（2）参与者在交流中发现共同爱好，寻找志同道合的朋友。

2. 活动准备

准备多种颜色的小方形纸若干，每张纸分别剪成4小块彼此能相互契合的形状。

3. 注意事项

尽量让原本相识的参与者分开选择游戏伙伴。

4. 活动过程

（1）在背景音乐的欢快气氛下，带领者要求每个参与者到场地中央的盘子里选取一张自己喜欢的纸片。

（2）根据自己所选纸片的颜色与形状，到群体中寻找能与自己图形契合的"有缘人"。

（3）找到了"有缘人"后，两人坐在一起，相互介绍自己，通过交谈找出彼此间两个以上的共同点。

（4）继续寻找图形契合的另外两个"有缘人"，找到后，4个人通过交谈，寻找彼此存在的3个共同点。

5. 引导提问

（1）刚才活动中发生了什么？（主动、被动）

（2）活动中你是如何介绍自己、认识他人的？

（3）你找到（没有）找到有缘人时，有什么感受？

（4）你的活动收获是什么？

（5）现实生活中，你有哪些类似的经历？今后遇到类似的问题，你的处理方式是怎样的？

6. 活动延伸

（1）当我们不知道该如何走出沟通的第一步时，妨碍我们的可能是哪些因素？

（2）有哪些是真正值得忧虑的？有哪些或许只是自我的想象？

7. 活动反思

一群不太熟悉的人走到一起，如何主动介绍自己、认识他人？本活动利用了小道具——一张不规则的纸片，让大家跨出交往的第一步。不管是谁，不管在哪里，凭着手中的小纸片，努力去寻找，就能找到自己的"有缘人"。当彼此找到图形契合的"有缘人"时，就会特别高兴，相信"相遇是缘分"。在活动中，我们能在比较愉快的氛围当中，介绍自己，认识他人，寻找共同点。随着共同点的分享，陌生感越来越淡。该活动有助于我们锻炼主动交往的能力，体验交往的快乐，更好地建立新的人际关系，适应新生活。

第五节　有效表达

任何沟通，都应该是双向的，即沟通的过程必须包括表达者和接收者双方对于沟通过程的感知和理解。在这一过程中，有效表达是必要因素。

一、定义

有效表达作为涉及教育学、行为学、心理学等多学科的概念，主要指在具体情境下，人们围绕某一话题进行思考、分析，并将自己的想法清晰、连贯、有逻辑地表达出来，即将自身想法和情感向他人表达的行为过程。有效表达可分为"有效"和"表达"两部分。

（一）有效

"有效"释义为能实现预期目的；有效果、成效。词出《汉书·元帝纪》："娄敕公卿，日望有效。"宋苏轼《笏记》之二中亦有："文章小技，纵有效于涓埃；草木微生，终难酬于雨露。"相近的词：有用。相反的词：失效、无效。

英文基本解释：

（1）［be good for；efficacious；effective］：有成效，有效果；

（2）［valid］：有效力。

（二）表达

表达即将心中的思想借语文或行为的方式传递给别人，或传递讯息。如："他的这番话，已经替我们表达了所有的意见。""这幅图画充分表达了秋天的萧瑟景象。"相近的词：表明、表现、表示。

基本解释：用口说或用文字把思想感情表达出来。

（1）可以表达一个人的观点；

（2）表白［意象或概念］：定律只是表达了可能性而已。

引证解释：把思想感情表达出来。巴金《我和文学》："我正是因为不善于讲话，有感情表达不出来，才求助于纸笔，用小说的情景发泄自己的爱和恨，从读者变成了作家。"

汉语词汇：表达是将思维所得的成果用语言、语音、语调、表情、行为等方式反映出来的一种行为。表达以交际、传播为目的，以物、事、情、理为内容，以语言为工具，以听者、读者为接收对象，是观察、记忆、思维、创造和阅读的综合运用，也是各种学习能力、智力的尖端反映。表达几乎包括了一切高级行为、一切艺术、一切表露出来的情绪。

（三）有效表达

从组成内容上分析基本特征，有效表达主要包含以下三点。第一，有效性。有效表达的首要特征就是有效性，主要指表达者能够将自己的想法高效、清晰、富有逻辑地传达给聆听者。考核表达是否有效主要依据聆听者的反馈。第二，多样性。表达可以分为语言表达和非语言表达。在进行有效表达活动时，表达者可以结合不同表达方式来更加充分、形象地表达自己的想法。第三，终身发展性。有效表达作为一种自身发展素质，会随着年龄增长、素质发展而逐步提升，知识面越宽，认知水平越高，自我认同感越强，其表达效果也越有效。

二、相关理论

（一）彼得·R.加伯模型

美国的彼得·R.加伯（Peter R. Garber）是一名沟通导师，他建立了有效沟通的一个模型，这个模型中的几个步骤都涉及信息传递（图4-2），在其过程中需要进行有效表达。

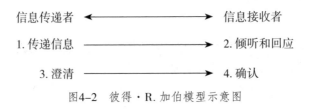

图4-2　彼得·R.加伯模型示意图

此模型分为4个步骤，其中信息传递者和信息接收者是该模型的核心要素。从信息传递者开始，第一步是信息传递者传递信息给接收者。即使在这个初始步骤中也可能会出现很多问题，如信息可能没办法被信息传递者清晰地传递出去，这可能与信息传递者本身的表达能力或其本人是否努力推动沟通顺利进行有关。第二步是信息接收者对信息的倾听和回应。这两个方面都可能出问题，很多因素可能导致接收者无法清楚地听到信息，同时信息接收者对信息回应时也会遇到以上问题。以上过程中遇到任何问题，信息的传递都可能会宣告结束。第三步，回过头来辨别一下信息传递者可能存在的信息误导，这给了信息传递者一次机会来确认自己表达的信息听起来是否正确，并纠正可能被误解的内容。第四步，即最后一步，直到信息接收者确认自己现在理解了信息的内容，流程才算完成。模型中提到倾听、回应等，都是有效沟通的必要方式。

（二）情感体验

信息在传递者和接收者之间进行传递，有时会因信息内容的特殊性而转变成倾诉者和倾听者的沟通关系。在表达和倾听之间，会出现同理心。有效表达同理心的一种方式是情感验证。情感验证指的是对一个人的内部体验（不论是什么样的体验）表示了解和接受。这种验证并不代表同意、允许或认可，而是一种对其"存在合理性"的承认，以及一种理解的尝试。让自己的内心体验得到别人的承认和验证，是倾诉的需求。倾诉者希望自己的情绪被看到、被感受到、被允许存在。这种验证不仅来自他人，也来自其自身。当获得来自自己和他人的验证时，会有一种"我可以这样想或这样觉得""我的情感是值得存在的"的感受。当一个人的内心体验得不到验证时，他们会产生自我怀疑，给自己贴上一系列负面标签，或是干脆全盘否认自己的内心体验。辩证行为疗法的创始人玛莎·林纳涵（Marsha Linehan）将情感验证分为5个循序渐进的步骤：专注于当下、"读心"、表达理解、正常化情感体验、真挚共情。其中在表达理解阶段时，她指出，每个人都拥有不同的性格特质、表达方式等，同时不同的经历也会影响他对同一件事的反应，可尝试着站在他的角度，以他的性格和经历为出发点去看待此刻的他，思考他是不是有过类似的情景创伤。之后，在不表达个人观点的同时表达理解，如"是我的话也会这么伤心""想到你之前讲的那件事情，我能理解你为什么会那么伤心"。

三、实践运用

（一）美国巴巴拉·明托的《金字塔原理》涉及表达的逻辑性及沟通的金字塔结构

巴巴拉·明托（Barbara Minto）是哈佛商学院录取的第一批女学员之一。她1966年被派往英国伦敦负责提高麦肯锡欧洲员工的写作能力时，开始寻找实用的方法，并发现了金字塔原理。巴巴拉·明托的沟通金字塔原理：要想做到有效沟通，在沟通的过程中要极力满足大脑的两个需求：需求一，即一次记忆不超过7个（种）思想、概念或项目；需求二，即找出逻辑关系。否则，就背离了大脑既定的思维结构，会造成听众的理解障碍。

因此在表达过程中，我们要找出各部分的逻辑关系，并进行抽象概括分组，以便于听众记忆。这是满足需求一。同时，如果我们不直接告诉听众我们的中心思想，听众就会自动从中寻找共同点，将我们所表达的思想归类组合。由于听众知识背景和理解力存在差别，因此就会造成沟通的低效甚至无效。这是满足需求二。

因此，我们需要自上而下表达，结论先行，组成一个金字塔。

（二）美国罗纳德·B.阿德勒的《沟通的艺术》中人里、人外、人间的表达和沟通

罗纳德·B.阿德勒（Ronald B. Adler）的《沟通的艺术》分为"看入人里""看出人外"和"看人之间"三部分。"看入人里"聚焦于探讨与自己有关的沟通因素，简要介绍人际关系的本质，强调自我在沟通中的角色，并分析知觉与情绪在沟通中的重要性；"看出人外"聚焦于探讨与沟通对象有关的因素，分析表达的特性，强调倾听的重要性；"看人之间"聚焦于讨论关系动力，强调关系的重要性与关系中的亲密和距离，以及如何增进沟通气氛及人际冲突的形态与因应之道。

（三）美国马歇尔·卢森堡的《非暴力沟通》中的有效表达

非暴力沟通（Nonviolent Communication）是美国的马歇尔·卢森堡博士总结出来的一套沟通方法，强调用一种和谐的避免冲突的方式与对方分享自己的观点和内心深处的想法。这一点非常重要。我们并不是要逃避表达自己的观点，而是要用适当的、让双方都舒适的方式进行表达。当我们面对对方的暴力沟通，如指责、批判，甚至语言的攻击时，我们应该如何理解对方背后真正想

要表达的意思，然后用一种合适的方式进行回应，从而避免冲突的进一步发生。这里提到的就是有效表达。

（四）有效表达的基础原则

关于有效表达的基础原则，美国著名教育心理学家奥苏伯尔（Ausubel）有一段经典的论述："假如让我把全部教育心理学仅仅归纳为一条原理的话，那么，我将一言以蔽之：影响学习的唯一最重要的因素就是学生已经知道了什么，要探明这一点，并应据此进行教学。"这段话强调了学生原有的知识基础和已有经验的重要性。有效表达要关注三点，即会表达什么、能表达什么、想表达什么。

在表达过程中，首先注意表达自己要的而不是不要的，比如用简单的"我要怎样"取代复杂的"我不要很多"，这样表达更清晰明白。其次，表达感受而不是情绪，比如不要通过愤怒、哭泣等情绪来发泄，要直接说出自己的感受，直接表达喜悦或不舒服。最后，表达需求，而不是抱怨；表达方向，而不是位置。"我为什么这样做"比"我就要这样做"更有感召力。正面表达往往比负面表达更能达成目的。

四、活动

（一）阅读测试

1. 背景

我们在师生沟通和家校沟通过程中发现，学生常会委屈："为什么爸爸妈妈不听我说的？"家长常会抱怨："为什么我强调好几遍的事情，孩子总是做不到？"低效的亲子沟通为青春期的亲子矛盾埋下隐患。因此，引导家长树立沟通意识，重视沟通过程中的信息，是提升亲子沟通和家校沟通有效性的重要途径。

2. 活动目的

（1）使参与者体验日常沟通过程中存在的忽视信息的现象。

（2）引导参与者认知（在沟通过程中，我们通常不关注那些我们认为不重要或者没必要的信息），作为引入萨提亚冰山隐喻的铺垫。

3. 活动道具

制作PPT，输入文字，保证文字在一行内显示："研表究明，汉字序顺并不一定影响响阅读。"

4. 活动提示

（1）带领者强调参与者阅读文字必须不假思索，不能犹疑，否则达不到测试效果。

（2）如果参与者人数较多（超过15人），带领者可以简要展示PPT，然后关闭PPT让参与者写下他们认为自己看到的内容，询问参与者他们写下了什么，直到找到合适的答案为止，并重新展示PPT，让他们确认写的不一样的内容。

5. 活动过程

（1）请参与者在2秒内完成PPT上文字的朗读："研表究明，汉字序顺并不一定影响响阅读。"

（2）告诉参与者这样读不正确，请再读一遍，并询问这段文字有什么问题或特点。参与者发现：第一，"研究表明"和"汉字顺序"这两组词汇中字的顺序错位，但汉字顺序错位不影响阅读；第二，句子多了一个"响"。

（3）询问参与者出现这种现象的原因。

（4）告知参与者：这就是我们在沟通和学习过程中的盲区，我们通常不关注那些我们认为不重要或者没必要的信息。

（5）组织讨论：请举例说明我们平时忽略的是真正重要且有效的信息。

（6）引入萨提亚冰山隐喻。

6. 参与者反馈

参与者表示，游戏背后的深意是自己一开始没有想到的。在交流沟通过程中，被忽视的信息及沟通的盲区，恰恰是导致沟通不畅甚至失败的原因。所以树立沟通意识，关注这些表象背后的深层内涵，是有效沟通的途径之一。

7. 活动反思

萨提亚用著名的冰山隐喻来探索个体的内心深处，内心是一个庞大的结构，有很多意识到或意识不到的渴望和期待，内心的整合、和谐一致能够促进思想和言语、非言语的自由表达。理解了一个人的"冰山"，就能更多地帮助个体内在达到一致，从而形成有效的沟通模式。

本活动旨在引导参与者意识到在日常沟通过程中，自己可能存在忽略真正重要且有效的信息的情况，进而引入萨提亚冰山隐喻的理论，使参与者在冰山隐喻的理论的基础上，有意识地整合沟通过程中的有效信息，挖掘沟通对象行为背后隐藏的"冰山"，从而达到有效沟通的目的。

（二）烹饪"美食"

1. 活动目的

（1）通过游戏让人们能够有效地表达自己的所思所想。

（2）与他人意见不合时能够一致性地表达内心的感受。

2. 活动准备

准备A4纸数张，马克笔数支。

3. 注意事项

带领者要在活动过程中时刻收集组员意见不一致时的表达方式。

4. 活动过程

自由组合，每个小组5~6人，小组成员合作制作一盘创意"好菜"。不能和其他小组重复，自己决定担当美味佳肴中的哪种角色（食材或调料），并表达理由，但一盘菜中不能有重复的角色。要求菜的命名要有新意，小组成员要都赞成这个名字。

（1）自由组合，每个小组5~6人。

（2）小组成员共同参与，做出一盘创意"好菜"。小组中有人选择做主料，有人选择做辅料，还有人选择做油、盐、酱、醋等。

（3）各组制作好一道"好菜"后展示。每位组员介绍自己充当的是何种食材或调料，说出菜名和制作过程，说说这道创意菜品的风格与特色。

（4）可以通过肢体语言表达，也可以通过其他方式呈现。

（5）游戏结束后分享感悟。

5. 引导提问

（1）你选择担任一道"好菜"中的哪种食材？为什么？

（2）小组成员在做选择时是否发生过意见不一致的情况？如何有效表达自己才能取得他人理解？

（3）这个游戏给你带来怎样的发现和收获？

（4）你在今后与人相处、交往的过程中，可以怎样有效地表达自己呢？

6. 活动延伸

（1）妥协是褒义词还是贬义词？表达自我是一种自私的表现吗？

（2）讨论得出的有效的表达方式适合每一个人吗？

（三）一画再画

1. 背景

中秋节晚上10：30，笔者接到家长电话："李老师，我实在没有办法才来求助你，小徐现在不肯回家，而且说不给他手机就去死。"小徐在旁边大叫："李老师，你不要听我妈说，是我爸说让我走，愿意死哪里就死哪里，所以我出来了。"

那一天，笔者和他们打电话打到将近深夜12点，搞清楚了事情的来龙去脉，原来大家都没有表达清楚自己的内心想法，都在气头上，都在说狠话，又都把对方的狠话当成了真话。后来小徐平复了心情，先回了家。第二天，我们又进行了电话沟通。第三天，我们约了时间面谈，并签署了三方协议。小徐的事情暂时画上了句号。这件事情给笔者最大的触动就是有效表达，不管大人还是孩子，都需要进行有效表达。

2. 活动目的

（1）能意识到有效表达的重要性。

（2）体验有效的信息沟通要素：准确表达、用心倾听、思考质疑、反馈确定等。

3. 活动准备

（1）合适的活动场地，以室内为宜。

（2）活动人数建议至少5人。

（3）准备样图（图4-3）若干、A4纸若干、铅笔若干。

（4）若干桌椅，参与者背向而坐，互相看不见。

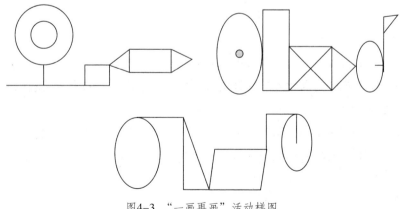

图4-3 "一画再画"活动样图

4. 注意事项

3个环节，根据要求完成。

（1）人员多可以分为两组，分别在不同的场地同时进行，也可以一大组。

（2）每组分3种角色：1位表述者、4位参与者、1位观察者。

（3）在活动过程中，分3轮进行。

5. 活动过程

每组分出不同角色，选好1位表述者、4位参与者和1位观察者，请参与者背向坐好。

第一轮：表述者看图2分钟，背对参与者，下达绘画的指令；此时，参与者只画不发声，观察者观察全场，只观察不发声；绘画完成后，请表述者、参与者、观察者分别谈谈自己的感受。

第二轮：表述者看图2分钟，面对参与者，下达绘画的指令；此时，参与者可以边画边提问，表述者通过点头或摇头来回答；观察者观察全场，只观察不发声；绘画完成后，请表述者、参与者、观察者分别谈谈自己的感受。

第三轮：表述者看图2分钟，面对参与者，下达绘画的指令；此时，参与者可以发声，不断提问表述者，表述者可以回答；观察者只观察不发声。绘画完成后，请表述者、参与者、观察者分别谈谈自己的感受。

6. 引导提问

对表述者：

（1）背对大家，看不到大家所画内容时，你有什么样的感觉？

（2）面对大家，能看到大家所画内容但不能回答时，你有什么样的感觉？

（3）面对大家，且能回答提问时，你有什么样的感觉？

对参与者：三轮画画过程，你有什么不同的感受？

对观察者：最触动你的点是什么？

7. 活动延伸

（1）你认为有效表达应该包括哪些要素？

（2）你认为有效的信息沟通应该包括哪些要素？

8. 参与者反馈

本次活动选择了5位体验者：1位表述者、3位参与者、1位观察者，分别请他们交流活动感想。

体验者的话：

我不知道表述者在讲什么，方位、长度、大小……非常迷茫；

看着大家画，尽可能地把图案、方位说清楚，但是不能互动，太憋屈了，大家画的依旧各有不同；

非常非常想与对方互动，恨不得自己来画；

终于能发问、能回答、能互动的感觉太好了；

终于可以和表述者互动了，我的问题他可以回答，这样我就可以很好地把握我的图了。

9. 活动反思

第一轮下来，大家都没有画出像样的图案。

表述者看到大家画出的图案各式各样后哭笑不得。参与者画得小心翼翼，因为不知道大小、方位，也不能提问，下笔很慢。观察者看不同参与者画出了不同的效果：一是表述者的指令不够清晰；二是大家对表述者表达的内容理解不同；三是彼此不能交流，互相不知道对错。

第二轮，大家画的各有不同，但是与样图有点像了。这次大家画的图比第一轮有进步：一是表述者的指令更清楚一些了；二是参与者会看表述者的表情修改图案，但是没有互动，还是不能完成。

第三轮：大家都画出来了和样图基本一样的图。表述者和参与者之间有问有答，沟通畅通，大家都很好地表达了彼此的需求，所以这一次有效的沟通使大家都比较满意。

有效沟通是解决人与人之间互动的最有效方式。

（四）你来比画我来猜

1. 背景

同"（三）一画再画"背景。

2. 活动目的

（1）能意识到有效表达的重要性。

（2）体验有效的信息沟通要素：准确表达、用心倾听、思考质疑、反馈确定等。

3. 活动准备

（1）合适的活动场地，以室内为宜。

（2）4人一组。

（3）样词3组。

第一组词：B，糖葫芦，万紫千红总是春。

第二组词：上海，棉花糖，一树樱花开。

第三组词：闹，你是我的眼，天气晚来秋。

（4）若干桌椅，背向而坐，互相看不见。

4. 注意事项

（1）每4人一组。

（2）每组分3种角色：1位表述者、3位参与者、1位观察者。

（3）在活动过程中，分3轮进行。

（4）3个环节，根据要求完成。

5. 活动过程

首先每组分出3种角色，选好参与者、观察者；请参与者坐好。

第一轮：表述者看图2分钟，背对参与者，开始根据词语做动作，只做动作不发声，可以用手势回答对或不对；此时参与者可以同时回答，但互不商量；观察者可以观察全场，只观察不发声；第一轮时长4分钟；请不同参与者、观察者分别谈谈自己的感受。

第二轮：表述者看图2分钟，面对参与者，可以使用动作或者语言表达（只能描述词语，不能给出英语翻译等直接答案）；此时表述者可以边回答、边商量、边提问；对于其他参与者的问题，表述者通过点头或摇头来回答；观察者可以观察全场，只观察不发声；第二轮时长4分钟；请不同参与者、观察者分别谈谈自己的感受。

第三轮：表述者看图2分钟，面对其他参与者，可以使用动作或者语言表达（只能描述词语，不能给出英语翻译等直接答案）；此时其他参与者可以发声，可以互相商量，也可以不断提问表述者，表述者可以回答；观察者只观察不发声；第三轮时长4分钟；请不同参与者、观察者分别谈谈自己的感受。

6. 引导提问

对表述者：

（1）背对大家，不知道大家对于肢体的理解时，你有什么样的感觉？

（2）面对大家，能看到大家的表情，但只能说是或不是、不能回答其他问题时，你有什么样的感觉？

（3）面对大家，且能回答参与者的提问时，你有什么样的感觉？

对参与者：

（1）第一轮，你不知道肢体表达的含义，且不能与同伴交流时，你有什么感受？

（2）第二轮，你可以与同伴商量交流，但是表述者不能回答具体问题时，你有什么感受？

（3）第三轮，你可以与同伴商量交流，也能询问表述者很多问题进行充分的互动交流、沟通，你有什么感受？

对观察者：最触动你的点是什么？

7. 活动延伸

（1）你认为有效表达应该包括哪些要素？

（2）你认为有效的信息沟通应该包括哪些要素？

第六节　换位思考

随着时代的发展，换位思考已成为人际交往中的一种必备品格，各行各业在处理问题时都提倡"换位思考"。什么是换位思考，它对于青少年的成长发展起着怎样的作用，下面我们进行简单的阐述和分析。

一、定义

（一）普适含义

换位思考，从中文的字面含义可以直观地理解为站在别人的角度进行思考，即想人所想。《现代汉语词典》将它解释为站在对方的角度和立场来思考问题，多指设身处地地为他人着想，互相宽容、理解。

（二）学术含义

换位思考可译为perspective-taking。在社会学中，这一概念叫"观点采择"。而观点采择的含义目前并没有统一，随着研究的深入，研究者们对其内涵的侧重点持不同看法。

观点采择是由社会学、心理学家乔治·赫伯特·米德（George Herbert Mead）最先提出的角色采择（role-taking）一词发展演变而来的。米德认为个体会站在对方的角度，想象对方对自己的看法，形成自我认识，发展自我。随着研究的深入，学者们从更多维的角度探讨，用"观点采择"涵盖了"角色采择"。目前被广大学者接受并作为研究基础的是塞尔曼（Selman）从认知学角度对"观点采择"的解释：个体具有区分自己与他人观点，并进而根据个体的认知和经验对他人的观点（或视角）做出准确判断的能力。

（三）换位思考与共情含义的区别与联系

从普适含义的理解来看，"换位思考"的概念和心理学中的"共情"（也叫"同理心"）的含义相似，但究其本质，也有不同之处。从两个词的英文

"perspective-taking（换位思考）"和"empathy（共情）"可以看出，二者的含义是不同的。但追根溯源，它们之间又存在着密切的关联。通过解释"共情"概念的观点描述，我们可以比较直观地找到观点采择和共情之间的关系。

"共情"一词是1909年由铁钦纳（Titchener）在《关于思维过程的实验心理学讲稿》中最先提出的，他认为共情是一种通过进入他人内心世界而形成的情感体验。在各界研究者从感情、情绪、共感等词的角度去研究和阐述"共情"概念的同时，也产生了不同的理论，主要有镜像神经元论、情绪共享论、心理理论和观点采择。但不论是哪一种观点，学者们一致认同共情的过程重在个体关注他人情感的过程，能在站在他人角度推测、判断他人情感的同时感受其情感的变化，从而内部产生一种共鸣心理，这种心理可以由个体经验决定，也可以由共情所处的环境机制而触发。他们认为共情的动态模型主要涉及情绪、认知和行为三个系统。而观点采择的心理过程是能够想象、推测和理解他人的态度与感受，属于共情的认知系统。所以，共情需要具有观点采择的能力，观点采择是共情的前提。

我们这里所说的换位思考，即观点采择，强调两点：一是个体能够在人际交往活动中通过捕捉一些感官或情绪信息，发现自身和他人存在观点差异；二是在发现个体观点差异的情况下，能推断他人情感、思想等内心活动，并能根据环境或个人经验做出判断，在理解的基础上决定是否采纳。

二、相关理论

在阐述定义时，我们提及了观点采择的由来。"观点采择"这一概念被提出后有诸多研究和理论，主要分为阶段论、关系结构论和多维论。

（一）阶段论

在阶段论中最为广泛且被用于基本研究的主要是塞尔曼的"结构—发展模式"（即著名的"五阶段论"）和弗拉维尔的"个体发生模型"。

1. 塞尔曼的"结构—发展模式"

塞尔曼的"五阶段论"是在皮亚杰（Piaget）的儿童认知发展基础上建立的。皮亚杰通过"三山实验"证实儿童在0~2岁处于"自我中心"阶段，那时的他们只能从自己的角度表达。随着年龄的增长，个人会从"自我中心"阶段逐步发展到"去自我中心"阶段。塞尔曼通过对儿童进行研究，将个体观点采择的能力分为五个阶段：

阶段0：自我中心或无差别观点采择（3~6岁）。儿童除了自己的观点无法认识到其他人的观点。

阶段1：社会信息的观点采择（6~8岁）。儿童意识到别人的观点和自己的有所不同，但他们认为这只是因为他们接收到的信息不同。

阶段2：自我反省的观点采择（8~10岁）。儿童已经开始能够考虑到自己和他人观点的冲突，但是还无法同时考虑自己和他人的观点。

阶段3：相互的观点采择（10~12岁）。儿童可以同时考虑自己和他人的观点，并知道其他人也有这种能力。儿童能知道第三者的观点，也能知道自己和同伴对对方的观点会有什么反应。

阶段4：社会或习俗的观点采择（12~15岁及以上）。进入青春期的个体试图将别人的观点置于自己构建的社会系统中加以比较。也就是说，青少年相信处于相同社会团体的个体会有相似的观点。

2. 弗拉维尔的"个体发生模型"

弗拉维尔根据儿童观点采择时一系列认知心理动作的发生顺序将观点采择分为四个阶段：

存在阶段：个体认识到对于某一事件或情景，人们彼此之间存有不同的观点。

需要阶段：个体认识到有必要对他人的观点做出推断，以便达到其人际交往的目标。

推论阶段：这一阶段的认知活动包括除感知以外的所有心理活动。这些活动的目的是推论出某一特定情景中他人的观点，即角色特性。

应用阶段：个体把自己推断出的信息应用于随后的行为中。

从这四个阶段的描述中可以看出，观点采择不仅是一个心理过程，还是一种可发展的能力。

（二）关系结构论

关系结构论由海耶斯（Hayes）提出，指的是反应与其对应的刺激是由刺激本身和所处的背景决定的。巴恩斯-霍姆斯（Barnes-Holmes）和麦克休（Mchugh）在此基础上做了新的核心解析，认为指示结构是观点采择的发展核心。简单来说，就是用"你—我""这—那""现在—当时"等指示代词进行实验，通过观察不同年龄段的儿童对这些指示关系的描述和反应判断他们观点采择的能力。研究证实，随着年龄的发展，儿童的观点采择能力的确会得到相应发展。

（三）多维论

随着研究的深入，研究者发现观点采择能力受到个体特征及环境因素的影响，所以格伦巴赫（Gehlbach）提出，为了更好地理解观点采择的概念，必须将这两个因素作为研究中介。从个体特征影响角度看，个体在成长过程中的受教育程度、家庭教养情况、人际关系相处情况等都会影响其观点采择能力。从环境因素看，个体对于他人的熟悉程度、他人表现的可解读程度、事件发生的真实度等都会影响个体的观点采择情况。

综合上述的概念和理论，我们认为观点采择不仅是一种心理过程，还是一种可被培养和可发展的能力。个体具有的观点采择能力越强，个体越能主动地进行换位思考，这也是目前我们希望人们在人际交往中能自发产生的一种行为。

所以我们也可以认为，换位思考是个体根据其本身具有的元综合系统中的信息，以去自我中心化的方式感受认知对象的内隐状态，并能做出解释和预判的一种行为。

三、实践运用

（一）观点采择的测量方式

1. 材料唤起法

材料唤起法分为两种形式：第一，用实验材料唤起，给被试者呈现视频或者音频材料，让被试者想象自己是材料中的主人公。第二，用指导语来操控，给被试者呈现不同的指导语，要求被试者想象自己的观点和他人的观点。一种是站在主人公的立场去考虑主人公的感受，一种是想象自己如果是主人公将会如何考虑。研究发现，第一种方式更能够让被试者体会主人公的情绪。

2. 故事讲授法

故事讲授法即用讲故事的形式，向儿童完整地讲述一个故事，之后根据故事的内容对儿童提问，以此来测定关于儿童的观点采择能力。如塞尔曼利用道德两难故事法向儿童讲述故事，然后询问儿童故事中主人公的观点，从而判断儿童的观点采择能力。

3. 量表测量法

较为广泛地应用于测量观点采择水平的量表是戴维斯（Davis）的观点采择量表。根据研究内容的不同，也可使用不同的量表。若研究其与共情的关系，可根据需要采用共情的评价量表，常见的标准化共情量表包括梅拉宾（Mehrabian）编制的情感性共情量表（Questionnaire Measure of Emotional Empathy，QMEE）、巴特森（Batson）编制的共情反应量表（Empathy Concern Scale，ECS）、霍根（Hogan）编制的共情量表（The Hogan Empathy Scale，HES）、戴维斯编制的人际反应指数量表（Interpersonal Reactivity Index，IRI）、乔利夫（Jollife）编制的基本共情量表（Basic Empathy Scale，BES）等。若研究其与人际交往的关系，可以采用人际交往的7级量表之观点采择倾向性分量表，也可由研究者自己编辑研究内容所需的评价量表，例如，王菲自编的大学生社会观点采择量表从情感理解、情感移情、对自我他人关系的认知、对他人的认知4个方面测量了大学生的观点采择水平。

（二）国内外的研究成果

从观点采择和共情的定义发展来看，国外对于观点采择的研究远早于我国，所以其研究成果是我们研究的基础，值得我们学习和借鉴。受塞尔曼阶段论的影响，目前关于未成年人观点采择的研究是最多的，从年龄划分来看，研究对象主要为3~15岁的儿童和青少年，关于大学生的观点采择研究相对较少。根据研究对象，本书重在列举关于青少年观点采择的研究成果。

1. 观点采择在人际交往关系中的相关研究

观点采择有助于建立同伴关系。研究发现，在与同伴相处的过程中，若能快速进入角色转换，对于建立良好的同伴关系会有很大的帮助。勒马尔（Lemare）等研究发现，儿童同伴间的社交性和观点采择之间有显著的关系。张文新、林崇德发现，在同伴关系中处于孤立地位、同伴社会互动经验过分缺乏的儿童，其社会观点采择能力的发展显著落后于同伴互动经验丰富的儿童。谢怡和孙晓勉也认为，小学生的社会观点采择能力随着年龄的增长而提高，在同龄人中社会观点采择能力越高，同伴接受性越好。

观点采择能有效缓解交往冲突。张文静在探究采择他人观点与采择自己观点如何影响3种同伴冲突（学习类冲突、情感类冲突、肢体类冲突）解决策略的选择时发现，在学习和肢体类冲突中，观点采择倾向越高，越能站在他人角度思考。初中生更倾向于选择积极的冲突解决策略来避免朋友之间发生的冲突。观点采择会降低"侵略"行为，因此其常作为助人行为或其他亲社会行为等行为结果的前因变量。如观点采择与助人行为的关系，研究显示观点采择会显著提高助人时间和助人意愿，这与国外学者早些年的研究结果一致，即观点采择能力越强的人，其实施助人行为的可能性越大，且不受年龄的影响。

2. 观点采择与内隐情绪的研究

观点采择有助于调节人的内隐情绪，能够无意识地加工和处理负面情绪，起到稳定情绪的作用。个体在推理他人心理时，会表现出一定程度的自我中心偏差，而产生偏差的可能的主要原因就在于内隐无意识的加工。自我角度信息对他人角度信息加工的干扰要大于他人角度信息对自我角度信息加工的干扰。自我角度的信息起着非常重要的作用。

3. 观点采择与亲社会行为的研究

亲社会行为是指有助于社会和谐、对他人有益，同时也可以使自己获利的一切助人行为。许多研究发现，提升儿童观点采择能力与其亲社会能力呈正相关。伊安洛蒂（Iannotti）发现学前儿童的情感观点采择能力与自由游戏中的分享和亲社会行为有关。我国学者贾蕾等也有相似发现。他们的研究表明，社会观点采择的发展对儿童的分享行为有影响，主要是其中的认知观点采择会影响实际分享行为。因为观点采择能力强的儿童更能解释他人状态及自己的情感和思想，这是亲社会行为倾向中的能力因素。除此之外，观点采择能力也能增加个体的助人行为、人际信任等亲社会行为，所以观点采择也是提升个人道德素养的必备能力。

可见，儿童的观点采择能力可以促进道德认知、情感和行为的发展，有利于儿童建立良好的人际关系，接纳公正的伦理，从而提升儿童道德的决策能力。

四、活动

（一）说出你的感受

1. 背景

某日，晓辉噘着嘴巴，低垂着头回到家，他把书包往沙发上一丢，没好气地跟妈妈说："我不想去上学了，太没劲了。"妈妈语气生硬地回答道："你是不是考试又没考好？还是犯了什么错，老师批评你了？"晓辉听到妈妈的话更是没好气："就知道说我，你永远都觉得是我不好。"妈妈追问："那你说说是什么事，居然都不想上学了！你是个学生，不上学准备干什么？本来学习就不好，将来长大喝西北风啊？"晓辉顿时更加郁闷，气呼呼地丢下一句："说来说去就是这些话，不跟你说了！"便头也不回地回了自己房间，留下

"砰"的一声摔门声。

在沟通时，常常会因为表述不当而使得沟通的一方或者双方出现不被理解的感觉，导致沟通无法继续，甚至导致彼此之间关系恶化。在沟通时如何使用正确的表达方式减少这一问题的出现呢？

2. 活动目的

（1）学会通过换位思考的方式体会和接纳倾诉对象的感受。

（2）学会用合适的语言表述体现换位思考的正确反馈方式。

3. 活动准备

提前打印活动环节中的任务单、黑色水笔，活动人数10~12人。

4. 注意事项

真切地投入每个活动环节中，体会其带给自身的真切感受。

5. 活动过程

环节一：情绪体验

情境：某日，领导临时交给李芸一个紧急任务，让她第二天一早就交给自己。临近下班时，李芸手头已经完成的工作突然出了些问题，需要修改，也要求第二天一早提交修改方案。为此，李芸的情绪很糟糕，因为临时的变化不但让她无法休息，她还要带着这些任务回家继续加班。她在回家的路上和好友打电话，把这件事告诉了好友。

1. 假设你是情境中李芸的好友，你会给出怎样的回应？

（1）带领者观察、收集并归纳参与者书写的答案。将参与者书写的回应进行简单的概括归类。

（2）带领者提问：怎样的回应才是最恰当的呢？请大家一起看如下几个类型的回应，把相应的感受填在横线上。

2. 假设你是李芸，请你在每读到一种方式时，把当时的本能反应写下来（一定要是真实感受）。

（1）摆脱感受："哎呀，那就先不要想这件不高兴的事嘛，去买点好吃的，让自己高兴一下。"

　　你的反应：_____

（2）给出建议："都是你要做的，没办法。我觉得你可以把领导要你做的任务先做完，得罪谁都不能得罪领导啊。然后修改方案，如果被驳回，还有机会再修改，和项目负责人再说几句好话，这才是理智的。"

你的反应：＿＿＿＿＿＿＿＿＿＿＿＿＿＿＿＿＿＿＿＿＿

（3）说教："你怎么能这么想呢，这么紧急的任务领导交给你，说明他对你信任，你认真做好，这可是一个提升的机会啊。多少人羡慕不来的。"

你的反应：＿＿＿＿＿＿＿＿＿＿＿＿＿＿＿＿＿＿＿＿＿

（4）比惨："亲爱的，这不算什么，你听听我经历过的就会好受很多了。我曾经请年假订了机票去度假，结果收拾行李的当天晚上领导跟我说工作出了紧急情况，我不得不取消全部行程，你知道当时我有多郁闷嘛。你这个情况还不算糟糕。"

你的反应：＿＿＿＿＿＿＿＿＿＿＿＿＿＿＿＿＿＿＿＿＿

（5）安慰："唉，那能怎样呢，你是员工你能不做吗？这个情况也不是你自己造成的，想开一点儿嘛。"

你的反应：＿＿＿＿＿＿＿＿＿＿＿＿＿＿＿＿＿＿＿＿＿

（6）同情："啊！你怎么那么可怜啊，我真是为你难过。本来都计划好好的，可以放松一下了，现在还是要忙工作。"

你的反应：＿＿＿＿＿＿＿＿＿＿＿＿＿＿＿＿＿＿＿＿＿

（7）共情："你心情一定很郁闷吧，这些工作都是突如其来的，又那么紧迫，压力肯定很大吧。"

你的反应：＿＿＿＿＿＿＿＿＿＿＿＿＿＿＿＿＿＿＿＿＿

3. 请参与者填写后，交流分享自己的答案，比较得出让人感受最良好的回应方式。

带领者简单总结环节一：从刚才的活动中我们可以发现，当你有情绪的时候，对方如果否认你的感受或忽略你的感受，你会抗拒再交流，例如给你提建议的朋友，你会发现你并不需要建议。而同情或安慰你的朋友，可能会让你陷入郁闷的情绪里，心情更加不好受了。只有真正说出你感受的朋友，才让你觉得她是站在你的角度说话，她在接纳你的感受。这是换位思考非常重要的一步，它适用于和所有人的沟通。

接下来，让我们一起尝试一下如何正确说出别人的感受。

环节二：感受接纳

下面是孩子对家长的叙述。请从叙述中找出：

（1）1~2个描述孩子感受的词语；

（2）用一句话表达你接纳孩子的感受。

请参与者交流分享自己写的内容。

孩子的叙述	描述孩子感受的词语	接纳孩子感受的表达
我今天体育课练习乒乓球接球，一个球都没有接到。 为什么一到考试，老师就要布置这么多作业，我又不是机器！我今天把校裤的前后穿反了，学校里大家都笑话我。我的笔今天又被小徐藏起来了，已经很多次了，他太讨厌了！ 因为疫情，本来说好的秋游被取消了，听说连运动会可能都没有了。 妈妈，小叶说他下学期要转走了，我下学期就没有伙伴了	沮丧	这件事是不是让你觉得很沮丧（这一定让你很泄气）

带领者提问：大家在写的时候是什么感受？挖掘话语中的感受词，并且把它用语句描述出来，你们觉得容易吗？

带领者总结环节二：用一些描述性的语句直接说出对方的感受反而会帮助他们从情绪中走出来，也更有助于他们面对自己的感受。这里我们着重强调一下，接纳别人感受前，先要认真倾听，才能挖掘语言背后的情绪。如果无法立马给出感受，可以用"哦"或者"嗯"等词作为回应，表示你在倾听，在接受。

最后，让我们一起通过角色扮演，真实体会一下如何把感受说出口。

环节三：角色扮演

选用活动引入的情境，两两一组，一人扮演晓辉，一人扮演家长，分别体验被否认的感受和被接纳的感受。再相互交换身份，每人都体验一下两种回应方式的感受者和施与者角色（提示：请真实代入身份，体会对话时自己不同的情绪反应）。

（1）A：晓辉，B：家长

① 家长和晓辉交流，不论晓辉给予什么回应，都用否定其感受的态度回答对方。家长可参考如下话语回应，也可自由发挥。

"小题大做，能有什么事让你不去学校。"

"你就是耐挫力太差，老师批评你几句是老师对你负责。"

"我看就是你找借口，别人一样坐在教室里学，怎么就你各种挑剔老师。"

两者简短对话3~4个来回后，双方交流感受。

② 家长和晓辉交流，不论晓辉给予什么回应，都用接纳其感受的态度回答对方。家长可参考如下话语回应，也可自由发挥。

"你开门时脸色就不好看，看来发生的事一定让你心情很糟糕。"

"老师当着全班的面批评你，让你觉得很丢脸是吗？"

"嗯，这么说的确不好受。"

两者简短对话3~4个来回后，双方再次交流感受。

（2）A：家长，B：晓辉

扮演家长和学生的两人互换角色，重复（1）的两个流程。

最后将这个环节的活动感受写在横线上：

_____

_____

_____

带领者总结环节三：我们能正确接纳别人的感受，就能让对方做出最好、最真实的回应，沟通也就顺畅了。

带领者提问：今天的整个活动给你们的感受是什么？

参与者交流各自的体会。

6. 活动延伸

希望大家能将这个方法应用到日常生活中，如果在使用过程中有什么收获或者困惑也希望能及时分享。

7. 参与者反馈

参与者1：通过这次活动，我觉得不论是和学生还是和家长沟通，都要先稳住对方的情绪，让对方处于一个稳定的状态，然后再想办法去解决问题。可能我是一个理科老师，所以以往我总觉得遇到问题，更多的还是要去解决问题，今天的活动让我学到了如何更好地站在对方角度去反馈他的感受，让他愿意向我倾诉，从而帮助他解决问题。

参与者2：我感觉作为班主任，沟通的技巧是很有必要掌握的，因为我们面对的对象是很多元的，有领导、同事、学生还有家长，我在和他们沟通的时候所处的立场和角度都是不同的，所以我觉得在说话的时候要特别注意对象，要能够把握好分寸，体会对方的想法。

8. 活动反思

在人与人的交流中，很多人可能知道要懂得换位思考，也可能会尽自己所能去做，就好比这个活动中的环节二一样。但有时我们认为的换位思考后的表达方式并不是对方所需要的，那样就失去了换位思考真正的意义和作用。只有在沟通时给予对方正确的反馈，才能让对方感受到被理解、被尊重。例如，正确描述对方的情绪、用"嗯"或者"哦"接纳对方的感受等，沟通才会顺畅，心扉才会打开。

（二）让我为你保驾护航

1. 背景

某日，轮到小晨做值日生。放学后打扫时，他拿起扫帚开始扫地，从教室前面按照桌椅的横向排列向教室后方扫。小晨打算扫前三排，剩下的一半留给同组的小华同学。小华则从教室后面按桌椅的纵向排列向教室前方扫。结果，有一块区域重复打扫了，而有一块区域恰巧都不在两人打扫的范围内，两人便为谁来打扫这一区域而争论起来，互相指责对方不按照自己的方式扫地，否则正好一人打扫一半工作就完成了。

日常生活中，因个体思维方式差异导致想法不一致且又相互不能体谅而造成矛盾的情况屡见不鲜，如何能妥善地处理这一问题呢？

2. 活动目的

（1）体会不同的人有不同的行为模式，理解他们行为模式背后的原因。

（2）能够换位思考，懂得尊重他人与自身的差异，提高与他人沟通的有效性。

3. 活动准备

（1）有充分活动空间的场地，例如操场、空旷教室等。

（2）活动时2人一组，建议5~6组；1人为行进人（走障碍路线的人），1人为引导人（引领行进人走障碍路线的人）。

（3）活动场地需提前布置，设置相同的障碍路线。

障碍路线说明：根据空间环境大小和组别数量，设置几条障碍物总数相同但前后摆放位置不同的路线。每条路线上设置3~4个简单的障碍物。

障碍物说明：矮凳、标志桶（需绕过）、有一定高度的绳子（需跨越）等。

（4）活动辅助工具：眼罩、计时器。

4. 注意事项

（1）行进人全程需要佩戴眼罩，不可摘除。

（2）行进人全程根据同组引导人的指示行走，关注自身情绪和身体感受的变化。

（3）引导人引领行进人走完全程，引领过程中可通过动作或语言提示等进行引导，不可蛮力帮扶（例如全程抱着行进人通过障碍到达终点）。

5. 活动过程

活动前先两两一组完成分配。活动共计3轮：第一轮A为行进人，B为引导人，活动中不可语言交流；第二轮A为行进人，B为引导人，活动中可语言交流；第三轮A、B交换身份，活动中可语言交流。

（1）行进人佩戴眼罩，由同组引导人引至出发点。

（2）行进人和引导人全程不可语言交流，引导人指引行进人走完路线（活动开始前，活动带领者提示：请行进人关注自己前进过程中的感受，包括情绪感受、肢体感受等；引导人留意保护同伴，不要受伤）。

（3）第一轮活动结束后宣布每组所用时间，请每位参与者仔细回顾行走过程中的感受。

（4）第二轮各组交换路线，行进人和引导人全程可以语言交流，引导人指引行进人走完路线（第二轮开始前，带领者依然提示行进人关注自身感受、引导人留意保护同伴）。

（5）第二轮活动结束后宣布每组所用时间，请参与者再次回顾第二轮行走过程中的感受。

（6）第三轮活动，行进人和引导人互相交换身份，每组随机选择一条路线。活动规则与第二轮相同，完成路线行走。

（7）参与者根据带领人的引导提问相互交流活动感受。

6. 引导提问

（1）对行进人：在第一轮活动中，从戴上眼罩开始到走完全程，你是怎样的一种感受？你觉得与你的同伴配合是否默契？（带领者可适当引导行进人表述活动过程中自己的同伴是如何指引自己的，引领方式是否让自己舒适）

（2）对行进人：第二轮活动可以用语言进行沟通了，你的感受与第一轮活动有没有不同？与第一轮相比，你和同伴的配合是否更默契？如果有，你觉得为什么会有这样的变化？

（3）对引导人：在第一轮活动中，你是如何提示对方通过障碍物的？为什么用这样的方式？

（4）对引导人：对比第一轮活动，你觉得能用语言交流后，你在指引时有什么变化吗？你同组的伙伴在行进时又有什么变化吗？

（5）对行进人：第三轮活动，你从引导人变成行进人，感受有什么变化？

（6）对引导人：第三轮活动，你从行进人变成引导人，你是如何指引同伴的？在前进过程中，不论语言提示或是动作提示，你是否考虑了同组伙伴的感受？为什么？

（7）整个活动给你的感受是什么？请具体分享一下。

7. 活动延伸

在和别人沟通时，除了要懂得换位思考之外，你认为还有什么方式可以体现你对对方的尊重和信任？

8. 参与者反馈

参与者1：我是先做引导人再做行进人的。我觉得自己引导的时候就像个旁观者一样，只想着怎么提示我的伙伴去过障碍，尤其是第二轮能语言沟通的时候，我就告诉她"往左""绕""跨"等动词，她走得很顺利，我也就觉得好像很容易。轮到我自己走的时候，我才发现眼罩一戴，什么都看不见的时候其实是很无助的，所以我走得比较慢，步子不自觉地跨得小，尤其是过障碍的时候，我的腿抬了好几次，还钩到了绳子，这时才感觉到行进人不容易。所以，如果让我现在再重新带小伙伴过障碍的话，我一定会对她说"不要紧张""走慢一点儿""抓紧我就好"之类的话，给她更多的安全感。

参与者2：我是先做行进人再做引导人的。活动前我觉得这个活动挺简单的，障碍物看着挺容易过的，所以主动要求先做行进人。但是戴上眼罩，突然眼前很黑，我就感到有点害怕了。在走的过程中，哪怕我的伙伴提示我怎么走，用各种我们事先沟通好的方式引导我，我还是很谨慎，腿也不敢迈、不敢抬。所以换成我是引导人的时候，我就很注意提醒我的伙伴把腿抬高，就怕她和我走的时候一样，因腿抬不高而过不了障碍物。

参与者3：我也是先做行进人再做引导人的。我在戴眼罩前就已经规划了路线，一开始走得还比较顺，但走了几步就不行了，完全没了方向，只能依靠我的伙伴，但我还是尽可能地在计算步子，争取能尽快跨过障碍，不想因为我看不到、走不好而给她添负担，所以我的伙伴也说感觉我好像不太需要她的帮助，事实上我内心是需要的，只是想尽可能地让她少些压力。

9. 活动反思

沟通是双向的，沟通不畅可能会造成沟通者的误解和矛盾。在沟通时，既要用眼看，也要用心听，只有这样才有可能感受到说话者真正想表达的含义。同时要学会站在对方的角度看待问题，尽可能体会对方的感受和想法，很多真实问题是被隐藏在话语之下的，尤其是作为旁观者，更是很难真实地感受到。所以，在沟通中，多体会交流时对方表现的姿态、流露的情绪，停一停再继续，想一想再回答，这些都可以帮助我们更好地沟通。

（三）谁是卧底

1. 背景

最近学校选导师，小M说自己喜欢画画，想选美术老师，爸爸妈妈觉得初中生学业很重要，应该选语数外老师，双方谁也说服不了谁。孩子认为父母不理解自己，爸爸妈妈认为孩子太幼稚，认识不到事情的重要性。

小M和家长之间遇到的情况，在很多家庭中都会发生，问题的根本就是在家庭教育中，双方只是站在自己的角度看问题，导致互相不理解。因此，学会换位思考在家庭教育中显得十分重要。

2. 活动目的

（1）认识换位思考的意义。

（2）感受换位思考的重要性，体会他人感受，尊重他人做法。

3. 活动准备

（1）有充分活动空间的场地；将活动人分成小组，每组7人。

（2）准备道具：扑克牌6张。

（3）活动需要助教的辅助。

4. 注意事项

在活动过程中，要听带领者指挥。

5. 活动过程

（1）请每组中1位参与者作为"村长"。

（2）其余6位参与者每人摸一张扑克牌，其中，有1张牌代表"杀手"，1张牌代表"先知"，其余4张代表"村民"。

（3）"村长"暗中写下一个词语。

（4）请所有人闭眼，然后请"杀手"先睁眼看清这个词语，"杀手"闭眼；再请"先知"睁眼看清这个词，"先知"闭眼；然后，所有人睁眼。

（5）6人按照顺序每次提出一个问题，以此来寻找这个词语的相关线索，"村长"只能回答是或不是。

（6）在3轮提问以内猜出这个词语。

（7）如果"村民"在3轮以内猜出这个词语，则"杀手"亮出身份，若"杀手"找出"先知"，则"杀手"获胜；若未找出，则"村民"获胜。如果"村民"3轮以内没有猜出词语，"村民"需要通过每个人的陈述投票猜出"杀手"，若猜出，则"村民"获胜；反之，失败。

6. 引导提问

（1）描述自己扮演不同身份时的不同感受。

（2）在其他场合时，学会换位思考有哪些意义？

7. 活动延伸

（1）回去后可以与身边的伙伴再次进行这个活动。

（2）对于换位思考的活动，你有更好的设想或建议吗？

8. 参与者反馈

活动中参与者通过扮演不同的角色，体会到身份不同，看待问题的角度就不同，只有学会换位思考，设身处地为他人着想，才能互相理解。

9. 活动反思

活动设计新颖有趣，参与者积极性很高，都沉浸其中，活动达到了预期效果。

（四）迷宫寻宝

1. 背景

从小珩的周记中得知，他的爸爸在抗疫第一线工作，已经有数月没有回家，小珩对此表示不理解，觉得爸爸对家庭的关心减少了。当爸爸临时回家时，小珩便抱怨起爸爸来，也减少了和爸爸的交流。

2. 活动目的

（1）让参与者了解不同工作岗位的职责分担。

（2）让参与者了解一个复杂任务的完成需要每个岗位的认真配合，每个岗位都是不可或缺的一部分。

3. 活动准备

（1）眼罩若干。

（2）写有相应词汇的道具板（例如"健康""家庭""亲情""学识""诚信""善良"等）。

（3）提前绘制行走路线，设置"迷宫"。

4. 注意事项

（1）选择空旷的场地进行活动，以免担任"宝藏寻找者"的参与者绊倒摔伤，旁边可以有相关人员在"宝藏寻找者"可能出现危险时进行保护。

（2）多准备几组词汇道具板，以免担任"信息传递者"的参与者违规而使词汇失效。

（3）"迷宫引导者"按照规定路线进行引导，不要出现"抄近路"的引导行为。

（4）"迷宫"路线不宜太长。

5. 活动过程

（1）抽取卡牌，3名参与者为一组，分别承担"信息传递者""迷宫引导者"和"宝藏寻找者"的角色。

（2）由"信息传递者"抽取终点卡片上的词汇，用相应卡片上没有出现过的字、词、句向"迷宫引导者"一次性描述卡片上的文字。

（3）"迷宫引导者"根据自己的判断，找到相应的"迷宫"路线，并用"向前""向后""向左""向右"等指令引导被眼罩蒙住眼睛的"宝藏寻找者"找到对应道具板所在位置。

（4）由带领者公布答案。

6. 引导提问

（1）对正确找到"宝藏"的小组："信息传递者"是如何看待你们找到的"宝藏"的？"迷宫引导者"是如何通过"信息传递者"的信息确认你们的"宝藏"词语的？

（2）对找错"宝藏"的小组：你们是在哪个环节出现偏差的呢？你们是否会对组员的表现提出疑问？如果再来一次，你们会怎样改进？"迷宫引导者"对"信息传递者"对该词汇的描述是否有异议呢？

（3）对"宝藏寻找者"：当你的眼睛被蒙住，完全只能按照"迷宫引导者"的描述移动的时候，产生过哪些想法呢？是否会有不确定、不敢移动的情况？

（4）对于这些"宝藏"，你们觉得最重要的是哪一个呢？为什么？

7. 活动延伸

转换参与者组内角色，尝试新一轮活动，并与之前的活动进行比较。

8. 参与者反馈

参与者通过对人生"宝藏"的寻找，感悟了自己的人生价值，同时也换位思考、理解接受他人不同的价值取向。在活动中，出现问题后，应换位思考每个岗位的重要性，而不是简单地推卸责任，从而共同努力找到更好的解决问题的方法。

9. 活动反思

在整个活动中，带领者要减少指示性语言，同时减少对参与者的提示，对参与者要有信心，强化积极的活动氛围，对参与者的表达要耐心聆听，要注意参与者的情绪，多表扬每个参与者在活动中的强项，即便是活动失败的小组，也要挖掘他们活动中的亮点。活动的主题是"换位思考"，要及时点题。

第五章

家校沟通的案例

案例一 爸爸的"流量密码"

【案例讲述】

"啪"的一声，手机被狠狠地摔到了地上，屏幕瞬间四分五裂，我的心情也如此这般……

一次约谈——要当"网红"的小李

今天上午，小李爸爸如约来校。近期小李上课睡觉、作业不做的情况时有发生，因为疫情防控要求，不能去家访，所以我便和小李爸爸约好在学校见面，交流孩子近期的情况。没想到父子俩一见面就如火星撞地球一般，充满着浓浓的火药味。"你看看你，一天到晚只知道玩手机。"小李爸爸拿着从家里带来的小李的手机恨铁不成钢地说。小李则低着头，闷声不响。"你说我一天天跑车那么辛苦，你怎么就不能懂点事呢！整天抱着手机，还说要当'网红'！"见小李没有反应，爸爸的火气更大了。"我就是要当'网红'，要你管！"小李低吼一声，迅速从爸爸手中抽过手机，狠狠地摔在了地上，于是便有了开头一幕。

匆匆结束谈话，我便赶过去让小李平复情绪。

一次沟通活动——认识自己和对方

小李是外来务工人员子女，妈妈在其他区上班，偶尔周末回来。小李平时和爸爸一起生活，爸爸是网约车司机，也比较忙，平时父子俩也没有过多交流。所以让父子俩打开心扉，了解对方，是有必要的。

于是我邀请父子俩周末来到学校，开展了一次名为"双面人"的活动。活动中我先让父子俩分别写出对自己的评价，再写出对方希望自己是一个怎样的父亲或者儿子，然后互换纸条，删去自己认为不对的评价，加上自己的评价和希望。周六的校园异常安静，偶尔传来的几声叽叽喳喳的鸟叫，和纸上写字的沙沙声相互伴奏，父子俩在纸条中互相认识自我，认识对方。虽然活动中没有太多的交流，但是质朴的文字还是犹如一颗投入他们心湖的石子一般，在心中荡起阵阵涟漪，我看到父子俩的眼眶都微微红了。活动后，小李父亲通过微信告诉我，原来以为辛苦赚钱给孩子过上好的生活是重要的，现在才发现孩子更想要的是自己的陪伴。小李也告诉我，其实玩手机只是因为无聊，想当"网红"一是觉得很容易成功，二是觉得他们收益很高。

一个亲子建议——"五个一"活动

既然玩手机是因为无聊，那么就要让小李在家有事可做；既然希望父母陪伴，那么就需要有亲子活动。于是我给小李父母提出了亲子"五个一"活动的建议，就是利用晚上和周末的时间，和孩子进行一次散步、一次家务劳动、一次观影活动、一次体育健身和一次共同阅读。这些活动都是简单易操作的，而且不用花费太长的时间，对于小李的父母来说还是可以做到的。同时我建议在这些活动中，可以挑选小李和父母都感兴趣的，长期实行。为了让活动达到效果，我也对小李父母提出了要求，让他们进行活动打卡，把亲子活动的照片发给我。

看着照片上小李和父母扬起的笑脸，我知道好事正在悄悄发生，我还要乘胜追击。

一次班级探究——正确认识"网红"

小李想当"网红"，是因为觉得当"网红"很轻松就可以获得很高的报酬，其实这个想法不仅仅小李有，据我了解班级里的很多学生都是这样认为的。所以引导学生树立正确的劳动观、价值观，正确认识"网红"，是小李要解决的问题，也是班级里要解决的问题。我在班级中布置了一个以小组为单位的探究作业——"'网红'的背后"，让学生们通过探究"网红"能"红"的原因，了解"网红"背后个人和团队付出的努力，从而明白任何成功都是离不开努力的。

小李是我指定的探究小组的组长。在一周的时间里，我看到他带领组员经常开会讨论，给组员分配任务，汇集小组组员收集的资料并筛选，撰写探究报告，制作分享PPT。总之，小李很忙，但是忙得很快乐。

很快到了探究分享那节课，小李作为组长，分享了他们的探究成果。

同学们给予了小李热烈的掌声，我知道小李和其他同学都明白了任何事情都是要付出努力才能有收获的道理。

一个大胆的创意——打造"网红"爸爸

小李不仅要当"网红"，在线上学习阶段还自学了很多视频拍摄和编辑的技能，现在他也经常在朋友圈发一些自己拍摄的小段子，点赞的人很多。我有个大胆的设想，既然这样，不妨让小李发挥才能，让小李拍拍他的父亲，打造一个"网红"爸爸，更好地体会一下"网红"背后的艰辛。我说服了小李的爸爸，这个想法便开始实施了。

小李爸爸用车载摄像头拍摄平时跑车时的情景，小李利用周末时间进行挑选、剪辑和后期的工作。我向学校申请开通了"网红"爸爸视频投放的通道，利用学校微信公众号每周一次进行推送。一周马上就要过去了，小李的视频却迟迟未发给我，看来小李是遇到了困难。两周过去了，第一个"网红"爸爸公众号视频终于推送出去，效果不错，很多同学和家长点赞和转载了。第二周、第三周，一个月过去了……小李的爸爸真的成了学校的"网红"爸爸，大家不仅认识了小李爸爸，还了解了网约车司机的工作，同时也对网约车的一些使用方法和相关规定有了更深入的了解。爸爸成"网红"了，可是小李却不高兴了。"老师，视频剪辑太辛苦了，而且我发现要让这个段子有意思更加辛苦，没有一点儿创意是做不出来的。"听着小李的话，我笑了。微风拂过，春天真的来了！

结　语

"网红"爸爸的生活又恢复了平静，只是有了更多与小李亲子互动的时间，看来"网红"爸爸掌握了和小李相处的"流量密码"。对于小李，我知道他也正确掌握了"网红"的流量密码，对于自己要当"网红"的想法，应该有了更成熟的思考。

【感悟分享】

从小李和父亲之间较大的矛盾冲突到父子间的和谐相处，从小李要当"网红"想"不劳而获"到发现"网红"背后的艰辛、明白只有付出才有收获的道理，这一路走来，我成功了。

1. 剖析问题抓住根本

从小李的表现来看，这是手机成瘾引发的亲子冲突。但是如果仅仅从手机问题入手，比如限制小李的手机使用时间甚至不让小李使用手机，这不仅不能解决问题，反而会让问题雪上加霜。小李喜欢玩手机，是因为个人需要没有得到满足。按照马斯洛需要层次理论，每个人都有归属需求，需要得到亲情、友情等，案例中小李的父母后来满足了小李对亲情的需要，小李自然就不会再在手机中寻找情感的替代了。二是小李价值观偏离的问题。从小李的话语中可以得知他想做"网红"是因为觉得"网红"能够"不劳而获"，这样的价值观影响了很多学生，所以正确价值观的引导也是小李教育中的关键。案例中从探究"网红"背后的艰辛到为"网红"爸爸活动付出努力，小李真切地明白了任何情况下都不能不劳而获，同时我们也将劳动教育落到了实处。

2. 家校沟通少说多做

教师往往最喜欢的是说教，但是效果最差的也是说教。这句话很多教师都懂，除了说教，教师还能做些什么呢？那就是通过活动，让家长和学生在做的过程中一步步发现自我，解决矛盾。上面的案例中我设计了3个活动来达到目的。第一个活动"双面人"，通过这个活动让家长和学生了解自我，关键是了解对方眼中的自己和对方对自己的期待。亲子问题大部分都是因为不沟通，我们要通过活动让家长与孩子进行沟通，了解对方。第二个活动是让他们完成亲子"五个一"活动，通过这个活动让小李真切地感受到父母的陪伴，也让父母享受到亲子互动的快乐。第三个活动和第四个活动都是为了让小李体会"网红"背后的艰辛，之所以让全班一起参加，是因为班级里和小李一样想要"不劳而获"的学生不在少数，通过班级活动可以扩大教育的辐射面。通过"网红"爸爸的活动，既可以让父子进行交流，也可以让小李更能体会和理解父亲的辛苦及"网红"背后的艰辛，一举两得。

3. 不断调整循序渐进

学生问题的出现具有反复性，有时候当时问题解决了但是过一段时间又出现了，所以要保持教育的持续性。21天理论告诉我们，要养成一个好习惯需要21天，如果想将这个习惯巩固下来，需要90天。这就告诉我们在教育这条路上要坚持下去才能水滴石穿。同时，学生问题的出现也具有偶然性，初中生容易受到外部情况的影响，有时候教师教育有效果了但又被其他的伙伴影响产生了新的问题，所以我们在进行教育的时候要不断地及时调整教育方法和教育手段，以达到最好的教育效果。

（作者：上海市奉贤区塘外中学　孙丽华）

【点评】

孙老师运用教育智慧，通过系列活动设计改善亲子关系，促进爸爸与孩子之间的相互理解与接纳。首先，通过一次"双面人"活动，让父子打开心扉，了解了对方；其次，在了解到小李想要父亲陪伴的需求后，又通过"五个一"系列亲子活动，缓和了父子关系；再其次，通过班级探究活动，引导小李和班级同学认识到"网红"背后的艰辛；最后，通过一个打造"网红"爸爸的活动，让小李更加了解爸爸的工作，也通过实践了解了当"网红"必备的技能，爸爸也通过这个活动更好地了解了小李，陪伴小李。活动促进了亲子关系的改善，助力了家庭教育指导。

案例二　"阿哲，你真帅！"

【案例讲述】

初见阿哲，当时在校并不强制戴口罩，大多数学生会因为觉得戴着口罩活动实在不方便而摘下口罩，只有阿哲，即便是体育锻炼时，也只是短时间摘下口罩，之后便会迅速戴上。一开始只觉得这是个懂得自我防护的孩子，比较讲卫生，后来觉得他可能性格有些内向和腼腆，戴了口罩更有安全感，我也没有多加干涉，只是时不时地和他聊上几句，并让他担任了班级的语文课代表。

"老师，同学说我丑"

渐渐地我们熟悉了起来，在某个阳光灿烂的下午，我还是向阿哲提出了我的疑问："你为什么总要戴着口罩呀？"阿哲看着我，嗫嚅着，似乎想说又不敢说。"老师只是想看看，有什么地方可以帮助你，所以也希望你能和老师敞开心扉说说心里话。"我微笑着摸了摸他的头。这个不经意的动作仿佛给了他勇气，他抬起头和我说："孙老师，在小学时，他们说我是凸嘴，长得丑，就欺负我，经常把我的书包藏起来，还摔坏了我的笔盒。"顿时，我对小孩子的审美观产生了莫大的怀疑……阿哲明明是个非常清秀的男孩子，虽然有一点点凸嘴，但不仔细看都看不出来的呀。阿哲的这些小学同学可能没有意识到他们无心的话语和自以为好玩的行为已经对阿哲造成了长远的伤害，阿哲已然成为校园霸凌的受害者。"阿哲啊，首先你要知道的是，你一点儿都不丑，而且你看你的班级工作，老师和同学们都是那么支持；其次，说你丑的那些同学不会分辨美丑，他们对你做的那些事情是错误的，你为什么要因他们的错误来惩罚自己呢？"我语重心长地安慰了阿哲一番，但从阿哲依旧坚持戴着口罩不肯摘的行为可以看出，阿哲似乎并没有完全接受我的说法。

"老师，爸爸说我笨！"

当我还在烦恼着该组织些什么活动来对孩子们的审美观进行教育，如何利用班集体的力量来重塑阿哲自信心的时候，阿哲的周记引起了我的重视。他在周记中写道："我成绩是差啊，可是为什么这么差知道吗？我爸爸总是回来得很晚，还要喝酒，喝醉了就发脾气，大声地骂妈妈，还骂我不努力，脑子笨，不努力读书，只会花钱，长大了也只能捡垃圾！他骂我可以，可是他不能骂我妈妈，我妈妈生我养我不容易！"看来，阿哲的自卑也有很大一部分源于家庭，他的这种情绪不能继续扩大和恶化了，我必须和他的家长进行沟通。从和阿哲妈妈的沟通中我了解到，阿哲的爸爸是一名滴滴司机，工作比较忙碌也容易受气，所以每天回家后就会通过喝酒来缓解心理压力，而酒醉后又不能很好地控制自己的行为，但是阿哲妈妈也没有想到阿哲爸爸的行为给阿哲带来的影响会那么大。

我知道阿哲对很多事物有自己的看法，平时比较喜欢自己写一些小剧本，录制一些短视频，进行一些小创作，在周三中午的"缤纷话题"时段也经常展示给大家看，其中有段介绍埃及的视频颇受大家的喜爱，让很多同学了解了埃及文化。巧合的是，学校要举办自编自演脱口秀比赛，由班级上交视频作品，同学们都跃跃欲试。活泼开朗的小睿邀请阿哲和他组成一个参赛队，阿哲以没有信心代表班级取得荣誉为由推脱了。我找来阿哲，赞扬了他平时的作品并鼓励他参加这个比赛，还建议把脱口秀的主题定为"爸爸和我"，让他从平时和爸爸的交流沟通中找寻正向的信息，挖掘发光点，还可以从爸爸的视角去感受，来进行创作。阿哲答应了，于是他和小睿一起开始了编写和表演。"我的爸爸是个有趣的人，但是看到我的成绩单，他就会变身……"当作品呈现在我面前的时候，虽然阿哲在视频里还是没有摘下他那标志性的口罩，但是可以看出他确实想尝试与父亲和解。

"爸爸，你别急！"

我收集了阿哲的课堂笔记、周记和他的脱口秀表演视频，当一切都水到渠成的时候，我邀请阿哲的爸爸在阿哲不知情的情况下来校进行沟通。阿哲的爸爸一开始是拒绝的："孙老师，我是真的没有时间，我要赚钱，你也知道的，现在养一个小孩子要花很多钱，我还要还房贷，很忙的。""阿哲爸爸，你的心情我很理解，你的辛苦我也知道，可是我们都希望阿哲有一个美好的未来，我想我们可以花几个小时的时间，更好地了解他，然后更好地实现家校共育，这多好。"阿哲爸爸最终还是勉强答应来校一次。

阿哲爸爸来校的那天，我是去校门口接他的，我没有直接带他去办公室，而是来到了教室外。我引导阿哲爸爸从教室走廊的窗口看进教室里，坐在第三排的阿哲一直在埋头不停地记着笔记，很少有抬头的时候。回到办公室，我向阿哲爸爸展示了我事先向阿哲借来的科学书，书本上的每个角落都用不同的颜色写满了字。"阿哲爸爸你看，阿哲在上课时试图把老师讲的每个字都记下来，而不是听到了重难点然后做相应的记录。科学课上，我会提醒大家记录哪些知识点，即便是这样，他还是记了那么多。""这个小宁（上海话'孩子'的意思）就是这样的，钻牛角尖。回去我让伊'吃生活'（'揍他'的意思）。""阿哲爸爸，我今天让你来学校并不是想让你打阿哲，其实我们换个角度来看，阿哲是在用他的方法'努力学习'，他有着力争上游的心，只是一些外因让他用错了方法。"思量再三，我还是没有拿出阿哲的周记。"阿哲爸爸，阿哲无意中提到你上班很辛苦，所以晚上回来要放松一下。""这个倒是的，老师你不晓得，现在赚钱很难的，赚几个钱要受不少气，回来看到小家伙的成绩，有时候就控制不住了。""但是我们今天看到的阿哲，并不是你觉得的那个不努力的阿哲，相反，他特别想考出好成绩。让我们来听听他的心里话。"我拿出了阿哲的脱口秀视频。"这是啥么子（'什么东西'的意思）？小家伙不好好学习搞这些？"阿哲爸爸皱着眉开始看起了视频。视频很短，阿哲爸爸紧锁的眉头随着视频进度条的延伸渐渐舒展。"这小家伙原来是这么看我的，我一点儿都没体会到他竟然还崇拜我。""阿哲爸爸，这是孩子内心真实的想法，其实今天我也想告诉你，暴力并不是沟通的最好手段，'非暴力沟通'可能更有效。我发现在你和阿哲的交流中，你们两个都不肯面对面地说出自己真实的想法，所以也不知道对方的需求。清晰地表达自己的感受，才是自我表达的一种最有效的方式，它可以引起他人的共鸣。青春期的孩子本就敏感脆弱，我们要做的是陪伴他们成长，如果出现了问题，应该对他们进行引导，简单而又粗暴的方法只能起反作用，你说是吗？"阿哲爸爸陷入了思考，我也没有打断他……片刻后，下课铃响起，我让同学把阿哲喊来了办公室。阿哲看到他爸爸的那刻，瑟缩了一下。我喊阿哲来到我的身边。"阿哲，孙老师请你爸爸来学校，还给爸爸看了你做的脱口秀视频，爸爸说他很喜欢，现在爸爸有话想对你说。"我用眼神示意阿哲爸爸，阿哲爸爸开口说道："以后有什么事情可以和爸爸直接说，你不说我怎么知道！""爸爸，我知道你担心我的成绩，可是如果我不努力，你可以批评我，而不是只为了成绩骂我。我会努力的，你不要着急！"阿哲也表态了……

一次沟通，在阿哲爸爸的心里埋下了一颗叫作"非暴力沟通"的种子。我也时不时地和阿哲爸爸联系，沟通阿哲的表现，表扬阿哲的进步，不断地将"非暴力沟通"的理论渗入我们的交流中……阿哲脸上越来越多的笑容和日益抬起的头，是我们最大的收获！

"阿哲，你真帅！"

阿哲作为我们班的第二号长跑种子选手当仁不让地参加了校运会男子1000米的比赛。为了健康着想，我要求阿哲比赛时不能戴着口罩。随着发令枪响，阿哲冲出了赛道，迎着阳光充满自信地奔跑着的阿哲全身仿佛散发着光芒。同学们在我的示意下不断给阿哲加油呐喊，"阿哲，加油！阿哲，你真帅！"的加油口号在校园上空扬起，阿哲也不负众望地拿下了银牌。

而后，"阿哲，你真帅"仿佛成了和阿哲打招呼时必不可少的一句话，阿哲也慢慢地摆脱了他的口罩。阿哲的脱口秀作品在学校的比赛中没能获奖，但是在阿哲爸爸这里这个作品却是独一无二的鼓励。在老师们的教导下，阿哲的成绩没有一飞冲天，但也在慢慢进步，书本上再也没有密密麻麻的笔记……一切的一切，仿佛都在说着："阿哲！你真帅！"

【感悟分享】

在多年做班主任的经历中，我遇到过很多像阿哲爸爸这样的家长，他们为家庭生计而忙碌，为维持家庭经济做了很大的贡献。然而对于子女的教育问题，大多时候他们会忽视，因为在他们的理念中，自己就是这么自然而然地长大成才的，并不需要过多地干预，孩子犯错了，简单粗暴的批评教育或者打一顿长记性就好。他们并没有意识到日益发展的社会对孩子成长的影响，孩子们每天都接收着各种各样的信息，正确的或错误的，在他们身上所显示出来的就是各种各样新的问题。其实孩子犯错背后的原因，是值得挖掘的，甚至错误本身也要区分是不是原则性的问题。好在现在的家长的优势在于，随着受教育水平的提高，家长的学习能力越来越强，对于老师和他们交流的关于孩子心理健康的知识大都能很快地理解和接受，也大都乐于配合老师的教育，实现了更紧密的家校合作。所以我会更乐于和家长进行沟通，从学生的日常活动中寻找教育的入手点，实现家校联手、一加一大于二的教育效果。

（作者：上海市民办新北郊初级中学 孙颖）

【点评】

孙老师发现班级里有个极不自信的男孩阿哲，总是把自己隐藏在口罩背后。通过和学生的对话，孙老师发现阿哲的不自信来源于小学时同学们的嘲笑和父亲简单粗暴的教育方式，他们父子俩缺少及时的沟通。于是孙老师和阿哲的父亲展开了关于青春期孩子心理健康的交流，并邀请阿哲的父亲来校全面了解阿哲，搭建起阿哲和父亲之间理解的桥梁，打造了一个全新的充满信心的阿哲。孙老师能从孩子的行为中发现根源问题，并通过家庭教育引导孩子积极向上，促进家庭氛围的和谐，体现了班主任的专业素养和教育引领作用。

案例三　你笑起来真好看

【案例讲述】

在体育科普节开幕式上，我们班同学在体育委员的指挥下踏着整齐的步伐走上广播操比赛的赛场，铿锵有力的口令响彻全场："一二一，一二一，向左转……"每个人都昂首挺胸。伴随着欢快的《你笑起来真好看》的课间操音乐响起，在队伍前面，小西眼神特别专注地盯着领操员，不仔细看根本看不出他比别人动作要慢一点点，可我知道小西同学在努力地跟上节拍，动作有力、规范，每个动作都力求做到位，全班整齐划一的动作真好看。我们班退场时，操场上响起热烈的掌声。小西在队伍中露出了自信的笑容，那一刻，少年笑了，笑就像清泉中涌出的波纹，从他的眼睛里溢了出来，漾及满脸。

"笑起来真好看"秒变"看起来真好笑"？

夏风吹过树梢，蝉声撩动心弦。还记得六年级刚开学的一段时间里，一下课孩子们就像小鸟一样飞出教室，欢声笑语，无拘无束。而那个当年爱画画的孩子小西一直生活在自己的世界里，一个人画画，一个人发呆。课间操他也会找借口不出去做，直到有一天课间我看到几个调皮的男生围着他用课间操《你笑起来真好看》的曲子唱："你看起来真好笑……"嘲笑他跳操手脚不协调，我才发现这个孩子真的需要我的特别关注，于是我马上教育了那几个嘲笑小西的男生，并拨通了他妈妈的电话。

给孩子一个拥抱，他读懂了我的眼神

第二天正当我准备找孩子好好聊聊的时候，体育委员突然飞快地跑进办公室找到我说："老师，你快去看看吧，小西要'死'了！"我从座位上"弹"起来，飞奔到操场，只见同学们害怕地看着小西，他正在地上抽搐。当我走到

他身边的那一刻，他死死地抱住了我的双脚，我惊呆了，但我马上想起了那天他妈妈在电话里跟我说的"秘密"。同学们没见过这个阵仗，吓坏了，所幸班长已经跑过去叫来了校医。校医赶到的时候我悄悄地跟她耳语了一句："他癫痫发作了。"校医马上让他身子侧卧，把一块厚厚的纱布放进他的上下牙齿之间。看着他瘦小的身体不停地抽动，我的泪水夺眶而出。我知道，这个可怜的孩子，要承受太多不属于他这个年纪的压力。我安抚着孩子，轻轻地说："别怕，有老师在！"那个瞬间，孩子读懂了我的眼神。那天我把他送回了家，和他妈妈聊了很久。通过家访我了解到小西是个可怜的孩子，爸爸因为小西有病离开了母子俩，妈妈平时做生意很忙，所以小西经常一个人在家做饭自己吃。于是我多次和妈妈沟通，让她多给予孩子陪伴和关爱。

利用契机促转变，遇见导师守护成长

所谓教育是一场爱的修行，师生之间的美好遇见，妙不可言。学校推行全员导师制，小西妈妈告诉我小西那天回家特别开心，因为他选择了我成为他的导师。导师必须具备的三件法宝是：一双善于发现的眼睛、一对乐于倾听的耳朵和一颗能够共情的爱心。小西是个善良的孩子，他很喜欢小动物，当同学们斥责他把流浪猫带进教室的时候，平时在班里几乎不说话的"小透明"会委屈地大喊："为什么你们不喜欢它！"看着歇斯底里的小西，我再一次伸出双手，给了他一个温暖的拥抱。我知道，孩子需要爱。由于家庭变故，小西常常自己做饭。有时候我会把他请到家里来吃饭，我家有他最喜欢的小猫。当我给他讲有关小猫的趣事、教他怎么撸猫时，他开心极了。

校体育科普节，导师和学生一起参加趣味游戏"车轮滚滚"，我和他一起摔倒、开怀大笑的场景让人印象深刻，"导学"情在丰富多彩的活动中不断增进。在"教师人人做导师—学生人人有导师—家长人人联导师"的联动机制中，导师要读懂学生青春期的烦恼，捕捉教育契机，做孩子成长路上的良师益友。那是我第一次看见他像个孩子般露出纯真的笑容，我说："小西，少年不识愁滋味，你现在正是无忧无虑的年纪，多一些笑容多好。你笑起来真好看，愿你的笑容把所有的烦恼都吹散。"这时候的小西，有点害羞，有点防备，本该肆意的青春却透着小心翼翼。但他愿意对我笑了，这是他开始转变的信号。

用爱心呼唤童心，用真心焕发信心

就这样，小西渐渐地向我敞开了心扉。小西的妈妈对我很信任，在一次家访中，当小西妈妈拿出他的画本给我看的时候，我发现他居然有着惊人的绘画天赋，无论画哪种小动物都惟妙惟肖。我当即就让他加入了宣传部。可没想到第一次出黑板报，小西就被宣传部长投诉了，原因是他不服从管理。这一期内容是环保，结果他非要画一只大狗在上面，宣传部长怎么说他都不听。那天我找班委和宣传部的同学召开了一个临时班委会，我告诉大家小西从小受着病痛的折磨，所以养成了一个人独处的习惯，但他擅长绘画，希望同学们能包容他。走进我们的班级就像走进了一个温馨的家，班级就是一个家，每个学生都是家人。晚上我和生气的小西沟通："你喜欢画小动物，可以和环保结合起来，你今晚好好研究一下。"第二天午会课当我把小西的画本给大家看时，大家都赞叹不已。更让我没想到的是，他一个晚上为这期黑板报设计了好几幅版面，宣传部长带头为他鼓掌，接着全班响起热烈的掌声，这是大家对他的接纳与认可。掌声中我第二次看见小西笑了。我不禁带领同学们对小西唱道："你笑起来真好看，像夏天的阳光，整个世界全部的时光，美得像画卷。"我知道，这次小西的笑有些不一样了，他笑着的眼睛里有光了。

从那以后，每期黑板报都有小西认真描画的身影，这时候的他充满了灵气，仿佛是另外一个人。渐渐地，他获得了各种绘画比赛的奖项，同学们也十分欣赏他的绘画才华。小西也很懂事，一张张送给我的画是他一颗感恩的心。我常对他说："没有人能够阻止你追求梦想的脚步，相信你自己！"

于是有了故事最开始的场景——运动场上和集体荣辱与共的小西第三次笑了，那是自信的笑容。"不管成长路上风雨有多少，有爱就足够。喜欢看他上扬的嘴角，喜欢看他挑起的眉梢，白云挂在那蓝天上，像他的微笑。"我的学生小西，在温馨有爱的集体中成长着，不断进步成长为更好的样子，而我，正是他成长路上的陪伴者、引领者。我特别喜欢这样一句话："No one is good at everything, but everyone is good at something."（没有人无所不能，但每人皆有所长。）每个孩子都是独一无二的存在。

【感悟分享】

作为班主任，我们会遇到许多需要转化的"问题"学生和在教育中需要解决的问题。但确定好需要转化的学生或者需要解决的问题以后，我们要采取怎样的教育措施呢？案例开头我并没有将学生的问题一一罗列出来，而是言简意赅、含而不露地用几个调皮的男生的嘲笑聚焦了该生的问题，即因为身体的特殊而产生的自卑心理。一句"耳语"，一个"安抚"，一次"长聊"，大家看到、听到、感受到了学生的问题，在此过程中体现了教师的尊重、关爱和耐心。学生的三次笑贯穿了整个案例。我利用学生对猫的喜爱为他"站队"，并且邀请他来家里吃饭撸猫。因为教师的理解与包容，学生笑了。整个案例体现了师爱这一主题在班主任教育过程之中的贯穿。

（作者：上海市奉贤区弘文学校　韩玉芳）

【点评】

"笑起来真好看"，秒变"看起来真好笑"是故事的起因，也就是学生的问题；"给孩子一个拥抱，他读懂了我的眼神"和"利用契机促转变，遇见导师守护成长"所讲述的内容是故事的经过，也就是韩老师所采用的育人措施；最后"用爱心呼唤童心，用真心焕发信心"让学生得以转化。在全员导师制背景下，如何发现孩子的闪光点，并以此为激励的契机，是需要用心思考和挖掘的，韩老师以学生的兴趣为突破点，让久违的笑容回到孩子的脸上，巧用表扬激励，帮助学生树立自信、规范言行，体现了浓浓的师爱。

案例四　"我把草莓熊抱走了"

【案例讲述】

"叮叮"，微信提示收到信息。我点开，是小李妈妈发来的两张照片。照片里小李身穿睡衣，窝在舒适的电脑椅中，头戴耳机，上着网课，他的怀中，紧紧抱着一只草莓熊。小李妈妈还留言写道："抱着草莓熊上课的日常……"少时，小李妈妈又发来一句："我把草莓熊抱走了。"

焦虑揪心

看着小李妈妈的消息，我不禁陷入沉思：网课阶段，小李学习状态疲软，常常迟到；各科老师频频反馈其作业未交；请小李妈妈关注督促，效果不佳；昨天语文测验小李更是打开书本照抄作弊。

我马上语音联系小李妈妈，小李妈妈向我大倒苦水："我和儿子不谈学习，晴空万里；一谈学习，冷若冰霜。学习上的问题，他屡教不改。现在大了，叛逆得很，油盐不进。"

看来，小李妈妈对儿子的教育一直用心良苦，今天实在是忍无可忍，只能简单粗暴地抱走了草莓熊。小李妈妈的焦虑情绪随着语音传至我心，小李的学习状态让我感到阵阵揪心。

小李的现状体现出的不单是学习态度问题，不当的亲子沟通方式是引发亲子关系矛盾的核心问题。因此，必须直击问题核心，引导亲子进行一致性沟通，缓解亲子间矛盾。我暗下决心，必须为小李和小李妈妈做些什么。

拨动心弦

我联系了小李妈妈，约好时间，请小李、小李妈妈和我一起进入"腾讯会议"，进行一场坦诚而深入的家校沟通，一起分析"妈妈抱走草莓熊"背后的感受、观点、期待和渴望。

谈话一开始，小李展示了不合作、不配合、不关注的态度，所有的分析和回答都以"我不知道，我没想法"回应，仿佛这次谈话只是我与家长间的交流和对小李的"批斗会"。

虽然开局不顺，但也在我的预料之中。当我询问小李妈妈抱走小李的草莓熊时的感受时，小李妈妈说："其实，我有些后悔，小李大了，不该未经他允许没收他的东西。"

听到妈妈的这句话，小李"啊"了一声。很明显，听到妈妈的反思和后悔，小李内心产生了波动，在不配合、不回应的表象下，他其实在倾听妈妈的想法。

我乘胜追击："小李妈妈，你能说说抱走草莓熊时，自己的期待吗？"

小李妈妈说："当然是希望小李认真学习；此外，作为母亲，我还要尽到管教的职责。"

我再次追问小李和小李妈妈："除了尽母职，小李妈妈有没有感受来自他人的期待？"

这次小李的回复依旧是："我不知道。"但马上他又补充道："因为我从来没想过，妈妈还要承受来自别人的期待。"

小李妈妈深深思考了一会儿，迟疑地说道："应该有来自别人的期待吧，比如他爸爸和奶奶就希望我管教好小李。我们家男主外、女主内，小李一直是我在管。随着小李长大，我越来越不知道怎么和小李沟通，怎么教导他，所以常常感到压力、抑郁和焦虑。"

小李又一次"啊"了一声，之后又是沉默。

随着交流的深入，借助冰山隐喻的沟通工具，小李妈妈袒露心声：希望小李能听自己的话，从而获得孩子的尊重并建立平等的关系；自己爱孩子也希望得到小李爱的反馈，希望小李能多和自己交流在校情况，与自己保持情感的联结。

在沟通的结尾，小李妈妈对我说："谢谢你，杨老师，我从来没有这样分析过自己教育小李行为背后的内容，也从来没有这样与小李分析过自己的内心，真正做到深入沟通。"小李轻声说道："杨老师，我也是第一次听我妈讲这些话，我要好好想一想。"

交心指导

借助冰山隐喻的沟通工具只是引导小李和小李妈妈认识到"抱走草莓熊"行为背后的感受、期待和渴望，用家长心声拨动孩子心弦，初步缓解亲子沟通不畅、互不理解的现状。但要解决小李学习状态不佳的问题，必须再次与小李妈妈和小李分别进行交流。

对于小李妈妈，我从理解共情走向进行亲子沟通的家庭教育指导。一方面，理解并共情家长的困难，肯定家长为孩子健康成长所做的努力；另一方面，通过挖掘孩子身上的闪光点和每一点进步，认可家长的改变，鼓励家长积极沟通，分享教育理论和实践经验，指导家长运用科学的方法进行家庭教育，将家校沟通的内容由学习问题反馈深入到家庭教育指导，构建优质而温暖的亲师沟通。

对于小李，我着力于挖掘学生自我价值，助力学生自我成长。根据自我价值理论，每个人都是独特的、平等的，拥有成长的资源，都有能力利用自己和外部的资源帮助自己成长。在借助冰山隐喻的沟通工具沟通后，隔了几天，通过视频通话，我和小李就网课期间的学习现状进行SWOT分析（又称"优劣分析"），帮助小李挖掘自身资源，认识自身优势和劣势，总结老师和家长等可以利用的外部资源，提出接下去努力的方向、需要的督促及获得的帮助，引导小李加强自我认同，挖掘自我价值，改变自身现状。

当然，对小李的关注并非止步于此，在接下来的网课阶段，对于小李的学习状态和小李妈妈的亲子沟通情况，我默默关注，时时询问，暗暗引导，慢慢地，小李找回了正常的状态，小李妈妈和孩子的亲子沟通也渐入正轨。

当然，亲子沟通不畅引发的亲子矛盾不仅发生在小李和小李妈妈之间，家长简单粗暴的教育方式具有一定的普遍性。因此，我利用家长学校和家长会，深入开展一致性沟通的正向养育课程，引入冰山隐喻等沟通工具，引导家长学会亲子沟通，科学育儿。

用心深化

当恢复线下授课我在教室再次见到小李时，虽然隔着口罩，但我发现，他的眼神更加坚定，他的精神更加充沛，他已经做好迎接初中最后一考的准备。他重重地向我点了点头，我也向他点了点头，一切尽在不言中。

《教育部关于加强家庭教育工作的指导意见》中要求强化学校家庭教育工作指导。家长也是第一次做家长，他们会困惑迷茫，寄希望于"把草莓熊抱走"来改变教育困境。班主任在家校沟通过程中，可以化身纽带，用家长心声拨动孩子心弦；由表及里，从理解共情走向家教指导；从点到面，以专业理念指导家校共育，用优质的亲师沟通，助力孩子的成长。

【感悟分享】

案例中，小李居家上网课状态疲软、作业欠交，家校沟通效果不佳。分析家长倒的苦水，发现亲子沟通不畅具体表现在3个方面：第一，亲子间交流没有直面学习问题的根本，双方都采取了逃避的应对姿态；第二，家长采用单一说教的方式且只聚焦于学习的重要性，难以获得孩子内心的认同，导致屡教不改；第三，家长将问题归因于"孩子大了不听话"，采取粗暴手段"抱走草莓熊"，没有解决实质性问题。所以，想要改变小李的学习状态，激发其主动性，必须针对以上3个方面突破和改善小李与小李妈妈的亲子沟通方式。具体而言，班主任可以做到：

1. 化身纽带，用家长心声拨动孩子心弦

突如其来的网课滋长了家长和孩子内心的焦虑，欠妥当的沟通方式激化了亲子间的矛盾，让孩子内心很受伤。班主任可化身亲子沟通的纽带，透过家长行为，剖析家长心理，引导亲子采取一致性沟通，用家长的心声拨动孩子的心弦，增强亲子间的共情理解，改变孩子的行为习惯，促进孩子健康成长，提升家校共育实效。

2. 由表及里，从理解共情走向家教指导

在和小李妈妈的家校沟通过程中，小李妈妈常会诉说对孩子教育问题的失望、迷茫和习得性无助。作为班主任，一方面要理解并共情家长的困难，肯定家长为孩子健康成长所做的努力；另一方面要通过挖掘孩子身上的闪光点和每一点进步，认可家长的改变，鼓励家长积极沟通，分享教育理论和实践经验，指导家长运用科学的方法进行家庭教育，将家校沟通的内容由学习问题反馈深入到家庭教育指导，构建优质而温暖的亲师沟通。

3. 从点到面，以专业理念指导家校共育

通过沟通实践可以发现，以"冰山隐喻"为例的沟通理论具有提升亲子沟通效果的实效性，这提醒我们，可以通过家长学校或家长会，发挥班主任工作的专业性，将专业的沟通理念介绍给更多家长，指导家长在日常亲子沟通中学会使用。同时也说明，有针对性地把教育学理论推介给家长，在家校共育实践中加以应用，将家校沟通的内容由学习问题反馈深入到家庭教育指导，是做好班主任工作、提升家校共育有效性的方向。

（作者：上海市市东实验学校　杨莹）

【点评】

亲子沟通不畅是青春期家庭矛盾的根源之一。特别是在居家上网课期间，家长和孩子相处时间增长，因孩子学习问题产生的矛盾增多，亲子矛盾日益明显，这也是日常亲子问题的集中体现。因此，调和亲子矛盾、搭建沟通桥梁、促进学生成长是班主任工作的重点之一。

杨老师理解孩子的内心，搭建平台，用关爱和引导拉近家长和孩子之间的距离，深入家庭教育指导，家校合力共同助力孩子健康成长。

案例五 被网络短视频偷走精力的孩子

【案例讲述】

我班的小林同学经常在课上打瞌睡，脸色苍白，双眼赤红，上课不能集中注意力听讲，作业不能按时完成，成绩越来越糟糕。据和小林关系不错的学生透露，晚上小林总是趁父母睡着了，偷偷爬起来制作短视频，目前在某短视频平台已经拥有32万粉丝了，她的理想是做一个"网红"女主播。

打开心灵的密码

我该如何帮助小林激发她的学习内驱力？我决定找她谈谈心，就像朋友一样交流。还记得首次谈话的时候，刚开始她的心理是防备的。我告诉她谈话内容是保密的，并在征得她的同意之后，才同步做笔录。为了倾听她的心声，让她讲述自己的故事，我用开放式的询问方式问她："你是否愿意告诉我，你是什么时候开始制作短视频的？""你制作的短视频是关于什么方面的内容？""老师很关心，能否告诉我呢？"我用鼓励的眼神看着她，同时给她剥了个橘子，让她有足够的时间和自己的内心对话。她见我没有批评指责她，低声告诉我："我是在疫情防控期间首次接触网络短视频的，刚开始只是没事刷刷短视频，后来自己尝试着去模仿，并且制作短视频。动漫配音是我短视频制作的主要内容。"我微笑着注视着她，耐心地倾听她诉说着一切。当我为她会熟练运用新媒体技术竖起大拇指的时候，她解除了戒备心理，向我打开了心扉。她骄傲地说："我制作的短视频，几乎每个视频都有数千人点赞，而且每天粉丝量也在不断地增加。"这时我向她投去了佩服的眼神，我为小林在网络平台取得的成就由衷地感到自豪。

在她的眼中，我并没有因为她的学习成绩不理想而看不起她，相反我很认同她的兴趣爱好。有时候，我还会还放下老师的身段，虚心向她请教有关制作视频的问题，请她推荐好看的动漫给我的女儿看，让她感受到了成就感和尊重，师生之间建立起了信任的桥梁。

解锁爱的表达方式

通过几次谈心之后，小林感受到了我对她真切的关心，开始向我袒露心声。进入初中以来，因为学习目标不清晰，学习懒散，缺乏自律，造成了学习上的反复失败，她渐渐地对自己失去信心，害怕同学看不起自己，从而产生了自卑心理。再加上制作短视频比学习要轻松很多，因此她对短视频的沉迷更深了。了解到她内心的想法后，我正确地引导她，帮助她找到前进的方向和学习的动力。首先，我引导她正确认识并接纳自我，让她在纸上列举自己的优点和缺点，并给自己一个客观的评价，信任自己，给自己心理支持。其次，我鼓励她行动起来，认真对待每一门功课，并且要求她每天给自己制订一个学习计划，从而增强她在学习上的目标感，并且要求她树立坚定的信念：学习上遇到困难，拿出制作短视频的精神努力克服和解决。

沉迷于网络短视频的小林，心理其实十分脆弱，她制作的短视频评论区域有很多负面的评论，这让她无法接受。我借助心理导师的力量，一起帮助小林制订有效的疏导计划，帮助其树立正确的网络观；同时引导小林同学合理利用网络媒介，安全上网，提升她的自控力、心理承受力和心理素质，提高她的自我保护意识，培养她积极的心理品质。

我利用班级里的学生资源，成立学习互助小组，发动同伴的力量，帮助、带动小林学习。学习互助小组的小王是班委干部，自律性强、成绩优异、综合素质较好。她和小林彼此熟悉了解，面对的学习内容和环境相同，有着更多的共同话题。我让小王主动邀请小林去图书馆学习，叮嘱小林遇到不懂的及时提问；同时请班长和学习委员关注小林听课、完成课堂作业等的情况，鼓励小林学习上多努力，迎头赶上，争取各门功课能顺利通过期末考试。

同时，我组织召开形式多样的主题班会和心理健康教育，引导小林和其他学生找到自己沉迷于网络、沉迷于游戏等的根源，和老师一起寻找解决问题的方法，鼓励他们思考如何避免类似的问题再次发生。从告诉学生"不能做什么"，到问学生"可以做些什么"，引导学生将注意力从负面情绪体验转移到"问题解决"，对纠正不良行为起到长期有效的作用，引导学生正确对待新媒体，树立积极健康的媒介观，获得调节自己心理的精神力量，从而对短视频逐渐形成一种科学认知，学会管理自己的时间，约束自己的上网行为。

用学生自己的语言系统唤醒自我认识比老师的说教更有说服力。积极丰富、有自我成长价值的班级活动，可以有效干预小林沉迷短视频的需求与心理。小林在大家的关心和帮助下，感受到了集体的友爱和同学的珍贵，学习的劲头更足了。

静待花开

对于学生而言，使用手机比管理手机更有诱惑力。于是我和学生们一起商量讨论，决定成立"宝教院附中蒲公英中队"班级微信公众号。在同学们推荐和小林的自荐下，小林成功当选班级微信公众号的管理员。小林同学的才能在此得到了发挥。在不影响学习的情况下，她主要负责视频剪辑和审核工作。在一次班会课上，我邀请她给同学们做公众号视频制作的科普，和同学分享自己是如何制作短视频的。在她的带领和指导下，班级全员参与、分工合作，为班级公众号的建设出谋划策。至今我班已经发布了15期微信公众号推送，内容主要围绕校园生活和主题教育活动，小林把同学们参加活动的过程制作成小视频，得到了同学和家长的认可和赞扬，每一期的推送都能获得数百的点击量，家长也纷纷把班级微信公众号的推送内容转发到自己的朋友圈。线上班级风采的展示，不仅仅是学生美好生活的回忆、学生能力的见证，更能让家长了解学校活动和班级文化建设。在此过程中，小林制作视频的技能得到了提高，同时也增强了自信。

激活搭档

为了缓解小林家长在养育过程中产生的焦虑，我多次去小林家家访。小林爸爸平时忙于工作，回家后看到小林不努力学习，经常指责和批评她，平时大多以命令的语气与孩子沟通，让孩子觉得不被尊重，因此孩子在制作短视频的问题上会变本加厉地对抗家长。于是我向小林家长分享了正面管教的"非暴力沟通"技巧。在沟通的过程中，要先与孩子共情，再以相互尊重的态度把问题谈开，互相说感受、认真倾听，用正确的沟通方式和孩子对话。小林父母认识到工作忙碌不是忽视孩子的理由，他们愿意调整安排，抽出足够的时间陪伴孩子，融入孩子的生活和学习，多陪伴孩子参与一些有意义的活动，努力重塑亲子关系；同时，对于孩子喜欢制作短视频的事情，他们也表示尊重。

亲子关系缓解后，家长和孩子就在手机的问题上达成了共识，在我的见证下，小林家庭制订了个性化的手机使用协议，并且在协议上分别签上了自己的名字。在使用手机的问题上，孩子必须按照协议来执行，晚上9：30必须把手机关机，并且上床睡觉。因为使用细节全面落实到了书面上，有据可查，因此大大缓解了在执行的过程中家长和小林因为手机问题可能产生的诸多矛盾和摩擦。

【感悟分享】

经过一段时间，我发现小林脸上的笑容增多了，上课不再打瞌睡，也会主动记笔记了。我还经常创造让她参与班级事务的机会，让她体会到被集体需要的感觉，体验到存在感，获得关注和表扬。任课老师用宽容之心接纳她的不足，在她注意力不集中时避免当众批评，多引导她自我教育，避免负强化。在父母的关怀下，小林的转变更加明显了，尽管偶尔也有反复的情况出现，但学习相比前期已有了提高和改善。

（作者：上海市宝山区教育学院附属中学　陆琦）

【点评】

在"互联网+"教育时代背景下，陆琦老师的做法让班级里的每一个学生都能够参与到班集体的管理中来。在这个过程中，老师不是一种权威性的存在，而是一个引导者，是学生的帮助者、家庭教育的指导者。如今的时代，学生在多媒体方面具有极强的大胆创新精神，但规则意识不强。陆琦老师从班级学生的特点入手，制定了适合班情的管理模式；同时，在家校互动的合作下，引领学生在实践体验中收获成长，达到了管理育人、实践育人和活动育人的效果。

案例六 我们是平等的

【案例讲述】

"吴老师，跟你说一下，以后学校里的活动和工作想我不能参加了，比如家长会之类的，我都不会来了。"某个工作日的下午，我收到了这样一条微信。消息来自我新接手不到两个月的六年级班级中的学生小静的妈妈，言语中的用词虽已表示了客气，但不满之意还是呼之欲出。小静妈妈从第一次家访到发这条消息期间，不论对女儿的教育还是学校的工作，一直都表现得很积极，也很配合。我不禁诧异，这是怎么了？

阴云密布

一时之间，我不知该如何回复。消息来得太突然，没有任何一句话能让我猜想到小静妈妈这一激烈举动的原因。贸然回复消息，如果言语不当，甚至可能会让家长更不满意。但要解决问题，又必须弄清事情始末。

我试探性地问了一句："小静妈妈，请问发生什么事了吗？"发出消息前，我不确定是否能得到答复，但也做好了心理建设，不出所料，等了大约10分钟，没有收到任何回复。我知道，她肯定是不会回复了。

从几次和小静妈妈的接触交流中，我感到她是一位非常强势的妈妈，在家里给女儿的压力不小，是说一不二型，处理问题也有些极端。小静在开学的两个月内，屡次发生不完成作业的现象，期间我也把小静妈妈请来学校沟通过2~3次。在沟通时，她曾当着我的面言辞激烈地训斥女儿，威胁她如果不愿意学习，立马带她回家，也强行要求过马上将孩子带回家进行单独教育。所以那一刻我猜想可能是小静和妈妈之间就学习问题又起了冲突，让妈妈说出了不愿意再管教她的话。但转念一想，又觉得这样的想法有些不合逻辑，如果是因为女儿的学习问题，可能今天都不会让她来上学，而小静那时正坐在教室里听课呢。那么，令她情绪不满的对象可能就是我。

我思忖片刻，唯一能想到的就是前两天的一条微信内容。小静妈妈当时问我："吴老师，我问一下哦，我们年级的家委会是不是已经选好啦？"小静妈妈曾主动表示有意愿成为家委会的成员，我当时表示知道了她的想法，但并没有答应，表示等学校选举时会考虑的。而她发微信询问我时，家委会成员已经确定了，只是我并没有选择她。难道，是因为这件事吗？我心中疑虑重重。

大雨滂沱

简单地深呼吸了两次，我开始拨打小静妈妈的电话，微信里传来熟悉的音乐，却迟迟没有传来接通瞬间的那一声"叮"。我安慰自己，可能是小静妈妈没有听到吧，继续又拨打了两次后，依然无果。那一刻，我对自己的"肇事者"身份确信无疑，只是我尚不确定起因是不是家委会的事。

又耐心等待了10分钟左右，也同样没有接到回拨的电话。我翻开手机通讯录，尝试拨打电话，传来的是"嘟嘟"声，又尝试了一次无果后，我思考着该如何打开话匣子，让小静妈妈愿意开口。

既然我猜到起因可能是家委会的事，那不如就以这个事为切入口。于是我直白地问："小静妈妈，是不是因为家委会的事呀？"没想到，小静妈妈立马就回复了我，那一刻我也明白了，之前她是故意不接我的电话，而她生气的点恰恰就是没有成为家委会的一员。胸闷气堵的我还没消化完这个情绪，又接着被微信内容给补了一"刀"，她道："你们老师是上位者，我们做家长的只能听从安排，这个很正常。"一句"上位者"夹枪带棒，让从来都认为老师是引导者、帮扶者的我内心波涛汹涌、大雨滂沱。

晴明又见

知道小静妈妈不满的原因后，我心里暂时落下了一块石头。我平复心绪，思考如何与她"破冰"。关于小静妈妈想成为家委会成员的事，她主动和我提过两次，我能感受到她那份迫切的心。因为考虑多方面的因素，我最终没有选择她，我想应该是我的决定让她感到自己没有被认可，甚至可能伤害到了她的自尊心。而事实上，我并没有不认可这位妈妈，虽然觉得她的家庭教育方式存在问题，但她愿意和学校积极配合的心我是很认可的。不过，想要让她接受并了解我的真实心意，我必须先感同身受地站在她的角度说话，让她觉得被理解、被认可。

我拿起手机，发了一句语音："小静妈妈，我没有选择你作为家委会成员这件事，让你不高兴了吧。"我特意没有选择文字输入，就是希望小静妈妈能从我的语气中感受到我诚恳的态度。当然，我也知道不会立即收到回复，但她一定在等着我的下文。我继续道："没有选您做家委会成员这件事，是有其他原因的。"随后我向她解释了其中原委，因为学校德育处正有意向申报关于家校合作方面的课题，我的班级被选为主要的研究对象，因此除了校家委会成员外，还需要选择一些家长参与其中，小静妈妈就是我的人选之一。我言辞恳切地告诉小静妈妈："我没有选您做家委会成员，就是想让您参与这个课题。和您的几次相处，让我觉得您很关心家校合作方面的工作。学校告知我课题研究项目时，我脑中的第一人选就是您！"沟通时，我特意强调了最后一句话，让孩子妈妈体会到我对她的认可。

等了一小会儿，小静妈妈发来这样一条消息："不好意思啊吴老师，原来是这样，请您不要和我一般见识，我在家全职很久了，可能和社会有些脱节，对不起，我误会您了。"

我知道这个心结她是打开了，但我依然觉得仅仅是没有成为家委会成员这件事就让小静妈妈决绝到要拒绝家校联系，是不是有些"小题大做"了？其背后应该还有更深层的原因。于是，我邀请小静妈妈来学校面对面交流，期望进一步了解她内心真正的渴望。

碧空万里

见面时，我们双方又相互表达了在这件事上自己处理的不妥之处，真正冰释前嫌。她真情实意地告诉我："其实吴老师，我也不是一定要参加家委会，我只是觉得多参与学校工作，就能和老师们保持联系，这样我就能及时了解我女儿在学校里的情况，尤其是学习。她的作业问题已出现好几次了，她小学时根本不是这样的，从来不用我操心，如果她真的这样下去该怎么办啊，所以我才……"原来孩子的学习问题才是小静妈妈内心真正的担忧和困扰所在。从表面来看，没有加入家委会的她仅仅是失去了进一步参与家校活动的机会，但从她内心深处来说，被切断的是了解孩子、帮助孩子的希望。

我亲切地轻轻拍了拍她的手臂，用力地点着头告诉她："小静妈妈，你的担心我太理解了，我也是个做妈妈的人，做很多事，都是为了孩子好。"

　　因为这句话，小静妈妈彻底信任了我。我们一起分析了小静开学阶段那些和小学时反差甚大的表现，同时我就她和小静之间的沟通相处方式提出了自己的意见。我希望小静妈妈不要在沟通中给两人扣上地位高低的帽子，例如我和她之间，我不是上位者，我是她孩子的老师，她是孩子的妈妈，我们的地位没有任何高低之分，我们是平等的，我们在教育孩子的地位上也是平等的。所以她和孩子沟通时，也不要有"她是我女儿就该听我的"的思想，要让孩子感受到被尊重、被平等对待，只有双方内心都确认了这种平等关系，才能敞开心扉，无所不谈。小静妈妈表示她的确一直在以自己的期待要求孩子，没听过孩子内心真正的想法，更没想过孩子会不听她的话。她会学着慢慢放下家长的姿态与孩子好好交流。

　　在这之后，就小静的问题我也找小静本人和家长一起沟通过几次，小静妈妈遇到亲子沟通问题时也常常让我支招，我们保持着良好的相处模式。小静更是从一开始的不积极、不认真到慢慢找到了学习的动力，后来的她学习目标清晰，课后主动做课外练习，还会听学更高一阶段的学科知识，性格也变得越来越开朗。不论是孩子、家长还是我，都觉得这一切是那样的美好。

　　新时代的大教育观提倡"平等"，在亲子沟通、亲师沟通和师生沟通中都应秉着人人平等的理念。这种"平等"越趋近于绝对化，沟通就会越顺畅。

【感悟分享】

　　相信很多班主任在带班过程中都遇到过这样不被家长理解的情况。案例中这位小静妈妈主要是因为内心诉求没有被满足和班主任发生了不快，但究其根本，家长和教师的教育观点不同。很多家长的教育观念或多或少会与老师不同，怎样相互协调、建立良性的发展关系是家校共育的基础。作为班主任需要做到以下几点：

　　首先，班主任要懂得做情绪的主人。班主任的工作通常都是繁杂琐碎的，总是需要和不同类型的人打交道。我们所做的事很难被每一个人理解和支持，因为没有任何两个人的想法会完全一致。不被理解时，我们的情绪也会不佳，但冲动行事往往容易出错，就像案例中的小静妈妈那样。事后我也想过，如果那天我没有坚持沟通，而是放任这位家长拒绝家校合作的行为，那么我之后4年的工作中一定会遇到很多任务都不能顺利完成，小静也很有可能不会考上她理想的学校。

　　其次，班主任要懂得善用各种沟通技巧。我和小静妈妈沟通时，尽可能地与之共情，用话术、行动表达我对她的理解和认可，让她认识到我与她是一个战壕里的"战友"。在与对方说话时，要用眼神、表情、肢体语言让对方明白我在认真聆听，要让她感受到足够的尊重。这份尊重越重，人就会感到自己的价值越高，就越能激发一个人的使命感。试想，若家长在家校工作中都具有这样的使命感，我们的班主任工作也将事半功倍。

最后，班主任要懂得抓住学生的心。这一点案例中并没有涉及，但的确是我带班的经验之谈，也是案例中小静最后改变的原因之一。班主任在日常工作中的一言一行学生都看在眼里，你是否认真、是否负责、是否在教育中有的放矢，学生都有真切的感受。他们的感受会传递给家长，当家长发现自己的孩子接纳、信任班主任时，他们也会随之钦佩和信服班主任，家校关系便也于无形中被拉近了。

总之，教育的智慧手段不胜枚举，但成功的要领一定是足够热爱。

（作者：上海市北虹初级中学 吴璘）

【点评】

案例主要讲述的是一位家长因为自荐家委会成员没有成功而和班主任吴老师发生矛盾之后的故事。最初，家长单方面地把吴老师当成"上位者"，认为班主任不考虑她的感受任意做决定，故而要求切断所有的家校联系和家校活动。但吴老师通过共情正确理解家长的内心需求而"破冰"，再进一步挖掘家长起初出离愤怒的深层次原因，在沟通过程中耐心倾听、用心观察，始终保持理解尊重的态度，让家长感受到老师对她的肯定与尊重，感受到老师不是"上位者"，和家长是平等的。最后，吴老师了解到家长的真正诉求是期望以家委会成员身份创造更多家校沟通的机会，从而了解孩子的在校情况。在吴老师与家长做朋友、彼此交心之后，双方化干戈为玉帛，吴老师更进一步用"平等"的理念指导家庭教育，逐步解决了家长与孩子的亲子沟通问题，最终实现了家校合作效果的全面提升。

案例七　巧克力"风波"

【案例讲述】

波澜初现

一天早上，我还没走到教室门口，就听到教室里传出欢声笑语和阵阵掌声，心中不禁疑惑，孩子们到底在干什么？为什么会有异于往常的兴奋？走进教室才发现是小A同学在给全班同学发巧克力。我心想，难道是有什么值得庆祝的事情吗？

经过了解，我才知道原来小A同学平时做值日不认真，为了逃避值日生工作，他给大家发巧克力，让其他同学帮自己做值日，还拜托劳动委员和大家不要告诉老师。我不禁感到好笑，六年级的孩子真是可爱！然而又意识到这个问题并非小事，不容小觑。

探明真相

于是，我决定先探探孩子们的口风。利用晨会课时间，我跟孩子们敞开心扉畅聊。劳动委员首先反映："最近班级中不止小A同学，确实还有一部分同学做值日生工作的态度不太端正。"小A同学表示："放学后根本不用做值日啊，因为现在疫情防控期间有保洁阿姨会进来打扫、拖地板、消毒，那就不需要我们再做了。爸爸妈妈说我只要好好读书就行，把劳动节省下来的时间用在学习上就可以了。"其他同学马上附和："现在放学太晚了，我只能马马虎虎做一下值日，争取早点儿回家，不然回家实在是太晚了，要被家长批评的。"还有的同学说："我本来是认认真真做值日的，但是看到其他同学这样马虎敷衍，我也想跟他们学学，随便做做就行了。"

在孩子们七嘴八舌敞开心扉向我吐露心声的同时，我意识到他们绝对不是不配合劳动委员做值日这么简单，其实现在的孩子本来就缺乏劳动意识，究其背后的原因，非常复杂，但本质上是一种责任和担当意识的缺失。听完了同学们的表达，我很严肃地对全班同学说："同学们，班集体是大家的，每个同学都是班集体中的一个成员，值日生工作是每个同学应尽的责任和义务，希望接下来每位同学都能认真对待值日生工作，担负起自己应该承担的责任，做好自己的分内事，可以吗？"看着我殷切的目光，同学们纷纷点头表示接下来会认真做值日，不再给劳动委员添麻烦。

再起波澜

之后几天一切都在按部就班地进行着。但其实我心里清楚，这件事情绝对不会因为我的三言两语就能彻底解决。果然不出所料，刚过了没几天，我又收到了劳动委员的反馈："有些同学刚认真值日了几天，就坚持不下去了，又'原形毕露'了。尤其是小A同学，每次做值日都马虎草率，说家长在校门口接他，让他越快越好。"

平息波澜

我意识到这个问题只依靠我单方面的努力是难以取得良好的教育效果的。于是我决定采取接下来的计划。首先，我跟这些孩子们的父母进行沟通，让他们了解孩子在校做值日的表现，并表达了我的想法："孩子的值日生工作也是从小培养孩子责任心和担当意识的一个方面，希望得到家长的支持！"

随后，我召集了全班同学展开讨论："怎样解决我们班劳动值日中存在的问题？"有的同学说可以设立奖惩制度，值日做得不好的同学一定要惩罚，罚他值日一个星期，做得特别好的同学应该给予奖励，还说自己在家里洗一次碗、扫一次地，爸妈就会奖励10元零用钱。我听了真是觉得好气又好笑，真的是童言无忌！于是我问大家："做得好的，为什么要奖励？拿什么奖励呢？做得不好的又应该如何惩罚呢？惩罚以后他就真的能够变好了吗？"教室里瞬间鸦雀无声。于是我宣布了一个决定："接下来的一段时间，我们实行角色互换，请一些同学轮流担任劳动委员。"同学们一脸迷惑，不知道老师葫芦里卖的是什么药。

劳动委员轮换制体验一周以后，我再次召集全班同学分享这段时间的感受。几位同学纷纷表达了自己的感想，一致认同：做劳动委员太辛苦了，太难了，又苦又累，每天放学以后都要比别人走得晚，碰到不配合的值日生还要受委屈，还要帮他们做值日，还容易得罪人，绝对不是好差事。于是我问大家："为什么劳动委员会碰到这么多的困难呢？是什么原因造成的呢？"马上有同学表示："是因为有些同学太不认真，太不负责任，缺乏责任心，给别人造成了负担，把自己应该完成的事情、应该承担的事情，转嫁给他人，给他人造成了负担。"其他同学也表示同意，附和道："是的，是因为有一部分同学缺乏责任心，不为班集体着想，才造成了别人工作的困难。"随后又有同学说："老师，其实不只是劳动委员的工作，我们平时其他班委在工作的过程当中也碰到过这些困难，估计也都是这样的原因造成的。"我频频点头表示赞同，并趁势追问："那怎么办呢？我们应该如何解决我们班这个困难呢？请同学们和班委一起想想办法，把这个问题解决好。"我给同学们留了一个课后作业。

第二天，班干部把同学们讨论的结果总结后反馈给我，认为我们可以通过召开一次以"责任"为主题的主题班会，提高大家的认识。这个主意非常好，于是，我们决定召开一次以"责任"为主题的主题班会，本次主题班会的教育目标是：①了解责任的含义；②认识到不同角色应承担相应的责任；③能根据疫情防控期间及自身当下具体情况，承担起应担负的责任。此次班会号召每位同学都认领任务，参与其中，并盛情邀请家长的加入。此前奋战在抗疫一线的家长代表的发言，带给孩子们很大的触动，让大家认识到每个人都应该根据自己的身份和角色承担起相应的责任，在困难面前要义无反顾，为大局着想。在这次班会的最后一个流程中，在班委的组织下，全班同学制定了班级劳动细则和班级公约，以此来提醒和约束大家。这样成文的规定，相信对同学们来说是很好的警示，让大家能够更加明确自身的责任。还有同学提议利用周末和节假日开展"家庭劳动日"活动，再利用10分钟队会时间向全班展示自己和父母居家劳动的情况。同学们都认为这个主意很棒。在接下来一段时间内，班级中的劳动值日工作及其他工作确实在井然有序地进行着，在10分钟队会上则可以看到很多家庭亲子劳动的精彩瞬间和温馨画面。

展望未来

尽管问题目前似乎解决了，但我想或许今后还会有反复，仍然会出现新的情况。不过我知道，班级工作永远不可能是一劳永逸的，我一直认为教育工作其实就是不断地发现问题、解决问题，不停地反思、总结、提炼和提升！

【感悟分享】

在本次育人过程中，我根据六年级学生的年龄特征和身心特点，采取了适合他们的教育方式，利用实际活动让学生们亲身体验、感悟和反思，引导他们认识到自身存在的问题，并加以改正。另外，我邀请家长参与到此次育人活动中，积极争取家长的帮助和支持，充分发挥家校合作育人的力量。

（作者：上海市尚文中学　王燕）

【点评】

案例聚焦于班级中学生值日生工作不认真的事件，王老师敏锐地从中挖掘根源，意识到学生责任和担当意识的缺乏，以及家长对劳动的不重视，随后以班级晨会、10分钟队会和主题班会为载体，开展教育工作，让家长与学生共同参与其中，家校携手共同育人。活动既让学生认识到了自己存在的问题，又争取到了家长对教育工作的支持和配合，共同在孩子心中植入"负责任""有担当"的意识，通过家校沟通，达到了有效的育人效果。

案例八 "就不交手机!"

【案例讲述】

那天中秋节,晚上快11点了,我正准备睡觉,手机响起来,是小辰妈妈。

话还没说,先听到了她的哭声。小辰妈妈一边哭一边说:"李老师,我实在没有办法了,小辰现在不肯回家,他说今晚都不回家,而且说不给他手机就去'死'。"

小辰妈妈话没说完,我就听到小辰在旁边的声音:"李老师,是他们让我走的,我爸说让我愿意'死'哪里就'死'哪里。"

小辰妈妈:"李老师,他玩了一下午手机,我们收手机,他不肯,发生矛盾后他爸才说的气话。"

我又听到了小辰的声音:"你们没有玩手机吗?为什么你们玩不让我玩?我爸打我你没有看见吗?李老师,我现在不要和他们待在一起……"

……

当镜头定格在这里的时候,每一位班主任应该都会感觉这个场景太熟悉了。这不是小辰一个孩子表现出来的问题,也不是一个家庭遇到的问题。

冰山理论认为,行为不是问题,它只是整座冰山中漂浮在水面上的一小部分,外在行为的内里必定蕴藏着大量深层次的原因。我分析了7个层次:

冰山理论下的亲子模型

冰山理论	父母	小辰
行为	没收手机,责骂小辰,打小辰	玩手机,不上交,对抗父母,离家不肯回
应对方式	指责型	超理智型
感受	愤怒、气愤	不满、委屈

续 表

冰山理论	父母	小辰
观点	孩子玩手机应该没收，孩子应该听从父母的教育	父母没收我手机之前能不能自己不要玩手机，父母不能随便打我
期待	期待得到孩子的尊重	期待得到父母的尊重
渴望	有能力，被认同，有价值	被认同，有价值
自我	我是有权威、受尊重的	我是追求公平、有想法的人

我：小辰父母，小辰为什么晚上11点要离家出走？

小辰父母：他玩了一下午手机，也不写作业，我收手机也不给我。

我：小辰为什么不给你？

小辰父母：想玩游戏。

我：还有没有其他原因？

小辰父母想了想：长大了，挑战我，以前肯给的，最近几次（给手机）都不太顺畅。

我：你为什么要收走？

小辰父母：当然是为他好。他自控力很差，不收的话会一直玩。

我：后来小辰拒绝交手机，你的心情如何？

小辰父母：气愤啊，非常非常生气！

我：你气愤的除了不交手机这件事本身，还有其他吗？

小辰父母：不听话。今天不交手机，明天不交作业呢？这次我一定得压制住他，否则再大了还了得？

我：你感觉小辰挑战了你的权威是吗？你为什么不放心让他一直玩？

小辰父母：对眼睛不好，也影响学习。

我：其实你担心小辰的眼睛和心理，是吗？怕眼睛用坏了？怕上瘾是吗？

小辰父母：是的，是的，老师，小辰为什么不能理解我是为了他好呢？

我：如果你和小辰位置交换一下，你会怎么做？

小辰父母：我肯定也不高兴被收走，但是不会顶撞父母。

我：小辰会长大，会有自己的主见，我们要引导他合理使用手机，规划自己的时间。你认为呢？

小辰父母没有回答，我知道他们在思考，我乘胜追击：还有，我们批评、责备孩子，其实并没有解决我们想要解决的问题，反而激化了亲子矛盾，对吧？所以我们得和孩子好好沟通，再去解决问题。

家长采用了批评、指责、强势的行为方式来应对小辰看手机和反抗家长不肯上交手机的行为，当时表现出的情绪是气愤和愤怒。在情绪的背后还隐藏着更丰富的感受——因自己的威严在孩子面前受到挑战而感到悲伤，因无法掌控当前局面而感到沮丧、恼怒。这些感受只是源自家长的观念：我是大人你是孩子，我比你懂得多，你得听我的；我是家长你是孩子，我是为你好，你得尊重我。从更深层次来分析，家长内心渴望得到孩子的尊重、认同和理解。所以当小辰不肯上交手机，甚至顶撞的时候，家长的感受是气愤，自我价值感低落，内心的渴望没有得到满足，所以家长通过指责、强势的姿态来表达自己的情绪和需求。

当天晚上我安抚好家长和小辰之后，开始和小辰对话，探寻小辰内心的"冰山"。

第一次对话

我：你能讲讲当时发生了什么事吗？我具体不是很清楚。（虽然我从小辰妈妈那里知道了事情的经过，但是让学生自己讲出来，他会感觉公平和被尊重）

小辰：我看我爸玩手机，我也玩。后来他就要收我的手机，他自己的怎么不收？

我：那你当时有什么感受？（先问他当时的感受，让学生说出自己的感受，可以避免简单、错误的判断，也能让当事人平复心情）

小辰：我觉得很委屈。

我：嗯，是的，我感觉到了你的委屈（表示对他感受的接纳、共情），你觉得怎样对待你，你才不会觉得委屈？（问观点）

小辰：我爸也在玩手机，要收一起收。我妈没有了解真相就帮我爸，我解释了之后，他们两个人一起对付我一个人。

我：嗯，理解。你执意不把手机上交，是想得到什么？（问期待）

小辰：我还没有想好。

我：你今天再去想想，明天我们再聊。

第二次对话

我：昨天的问题，当时你是想得到什么？（问期待）

小辰：我想他们能公平地处理事情。

我：那你有没有想过你父母当时的感受呢？（问他人的感受，试着换位

思考）

小辰：没有。

我：那你觉得你爸当时会有什么感受呢？

小辰：很生气吧。

我：还有呢？

小辰：很气愤。

我：他们为什么会那么气愤呢？

小辰：我没有交手机。

我：你父母为什么执意要收你手机呢？

小辰：估计他们怕我玩上瘾。

我：你为什么执意不上交呢？

小辰：我感觉不公平，要互相尊重啊。

我：你们都是出于什么原因才变得那么"倔"的呢？

小辰：都想得到对方的理解。

我：你期望你的父母怎么对待你的手机使用问题？

小辰：我理解父母工作的时候需要手机。纯玩手机的时候，我希望和父母之间公平一些，比如他们看一小时，我看半小时。我也不会多玩的。

我：下次遇到手机使用问题，你打算怎么做？

小辰：我希望和父母制订规则，约定好。比如玩多长时间，什么情况下才能玩。

我：下次遇到你和父母之间的其他问题，你有想过怎么解决吗？

小辰：我想和父母商量一下。

根据对话和小辰的表现，我发现小辰渴望得到父母的尊重和认同，也希望和父母彼此公平对待，但是这种需求一直没有得到满足，所以他用这种超理智的姿态应对父母的指责。

根据小辰父母和小辰的真实需求，我作为第三方监管，我们一起对手机如何使用、时间如何规划进行了协商，也对后续亲子之间出现矛盾时如何解决进行了协商。

我建议小辰和小辰父母之间创设自己家庭的"加油站"和"休息站"：当情绪上来时到"休息站"休息，询问自己内心的需要，再站在对方角度设想对方的需求，平静之后再寻找解决方法；"加油站"是他们亲子活动的时空，可以进行亲子阅读、亲子运动、亲子娱乐等，每周根据情况来这里"加油"。

【感悟分享】

中学阶段，很多家庭已经为孩子配置了手机等电子产品，特别是上网课期间，家长要做自己的工作，孩子要上网课，不可避免地，孩子开始更广泛地使用电子产品。与此同时，多数家长会针对使用手机的问题管教孩子，家长感觉自己总是在重复低效甚至无效的提醒，孩子总是不听，最终只能发火甚至动手。孩子拒绝被没收手机等电子产品的行为表现就像一座坚硬的冰山，处理不当往往会上升为亲子间不必要的隔阂、矛盾甚至冲突。

无论家长还是孩子，都期待对方的理解、尊重、认同，渴望家庭的和谐。由于视角不同、年龄不同、角色身份差异等原因，家长和孩子形成了不同价值观和期待。我们作为班主任，要学会发现和挖掘冰山背后他们的真实需求，并引导他们去解决。

（作者：上海市闵行区浦江第一中学　李瑞菊）

【点评】

案例的表象是"孩子玩手机、家长要没收手机，但孩子不肯上交手机"引发了家长和孩子的冲突，实际是因为手机使用过程中没有有效沟通所带来的亲子矛盾。家长采取了批评、指责、强势的行为方式来应对小辰看手机和反抗家长不肯上交手机的行为，表现出的情绪是气愤和愤怒，其实并没有解决问题。小辰渴望得到父母的尊重和认同，也希望和父母一样、彼此公平。手机问题是个难点，作为班主任，李老师通过多次对话，找到了他们通过的内在需求，走进了孩子内心，并给予机会、建议让他们通过沟通解决问题。家庭教育指导的方法决定着教育的效果，家校沟通需要爱心、耐心和智慧，李老师通过共情、换位思考搭建平台，为家校沟通做出了努力。

案例九　让友谊的小船乘风破浪

【案例讲述】

进入初中之后，小倩和小奚就一直是形影不离的好朋友，两人一起学习、一起为班级布置板报，每天忙得不亦乐乎。但有一天，小倩的妈妈打电话给我，说小奚又在微信上把小倩删除了，这已经是第三次了，小倩在家情绪很低落。小倩妈妈推断是这次考试小倩考得比小奚好一些，小奚就接受不了了。我发现这两个看似大大咧咧的女孩子，其实内心还是有着各自的小秘密的，人际交往能力的培养也需要老师和家长携手一起努力。

我和小倩妈妈说："不用担心，初中的孩子十分重视友谊，但是她们还不懂得珍惜友谊，所以经常会做出一些伤害友谊的事情，我们可以一起来培养她们人际交往的能力，为她们友谊的小船保驾护航！"

第二天，我在学校分别找了这两位学生，询问她们在彼此心里的地位，两位学生都表示很在意对方，小奚也说并不是要和小倩绝交，只是不小心删掉了而已。我知道她们并不想将心里的小秘密告诉我，也不想我为她们的友谊担心，我说："下个月就是学校的心理健康月了，我们班下周将开展一节'我眼中的你'主题班会课，让同学们分享一下彼此看到对方的样子，我希望在这之前可以布置一期板报，请你们先收集一些大家在一起的'温馨小故事'好吗？"

同时，我与小奚家长进行了沟通，了解到小奚在家庭中是被非常重视甚至溺爱的孩子，家里还有一个比她小6岁的弟弟。小奚虽然已经上了初中，家长还总是把她当作小孩子，对她千依百顺，小奚虽然乖巧却十分要强，导致在面对冲突时往往选择逃避现状的方式。我向家长说明了情况，希望家庭中的教育理念可以适当调整，初中生对他人的尊重和对自己言行的负责都是极为重要的，在家庭中也要培养孩子主动承担自己的责任。

"我眼中的你"主题班会课如期召开。在课堂上，学生们用便签写下对班里同学的认识并贴到对方的卡片上。有的写了"幽默"，有的写了"努力"，有的写了"帅气"，还有的写了"运动好"……大组分享的时候，任何人都可以提问这些词语背后的小故事。我发现小倩给小奚贴了一张"细心"，我让小倩分享一下她为什么会贴这个词语。她说："有一次，我早上起晚了没有吃早饭，上课的时候饿得肚子疼，小奚一下课就来找我，把她本来准备中午吃的小面包给我吃了。"我看到小倩说的时候，小奚表现出一副不可思议的表情，仿佛在说："这么小的事情她怎么还记得那么清楚，原来我在她心里是这么好的！"

临近结束，我向学生们讲了一个小刺猬的故事："小刺猬除了肚子之外身上都是硬刺，它们感觉到危险的时候就会卷成一团有刺的球。这就和青春期的你们一样，明明很向往温暖，可是当别人靠近你的时候，总喜欢用刺来保护自己。我们要学会信任朋友，只有两只小刺猬都用肚子面对对方的时候，才能感受到彼此的温暖。今天的这节课上，大家都能说出交往中的小片段，也希望大家能带着这样温暖的感觉呵护彼此的友谊，让友谊的小船载着我们一起前进。"

下课后，我并没有刻意叫小奚和小倩来谈话，因为我看到她们相伴走出去的时候紧紧贴在一起，似乎这道友谊的小裂缝已被修复好了，同时我觉得班里的其他学生也需要这样的一节人际交往的成长课，帮助他们在人际交往中懂得呵护彼此的友谊。

【感悟分享】

处于青春期的初中生开始有了自己的秘密。他们需要与朋友谈论自己的问题，交流想法。因此，初中生的朋友数量逐渐减少，强调朋友间的质量和情谊。同时，初中生认为忠诚是衡量友谊的一个非常重要的标准。在某些情况下，好朋友会有一致的行动方针，如果好朋友违反了这一方针，将受到严厉的谴责。

初中生自身的性格、心理、人格等方面是影响其人际交往关系的重要因素。一个性格内向的学生由于自身的羞涩，在人际交往中很难勇敢地往前迈一步。相反，一个性格开朗的学生在人际交往中会更加主动，人际交往状况要优于性格内向的学生。生活中性格外向、情绪稳定的学生人际困扰比较少，而性格偏内向、情绪不稳定的学生通常伴有一些人际方面的困扰。

家庭因素是影响初中生人际交往的重要因素。例如家庭成员的组成、父母的教养方式、家庭氛围、父母的学历等都会对初中生的人际交往产生重要的影响。如果父母的教养方式过于严厉、过度打压，则极有可能造成孩子对人的态度粗暴，不容易和别人相处；如果父母的教养方式是理解、尊重，则孩子更容易和别人友好相处。在家庭氛围和谐的家庭中长大的孩子更积极乐观，更加有利于人际交往。孩子在家庭氛围不好的环境下长大，极容易产生自卑、敏感等心理，从而影响人际交往关系。

初中生的大部分时间都在校园里度过，学校因素是影响初中生人际交往关系的重要因素。例如，学校的氛围、学校对人际关系的重视程度、校园欺凌等都在相当程度上影响初中生的人际交往关系。学生在和谐、温暖的学校氛围熏陶下，更懂得团结同学、尊重老师。如果班级重视人际关系的培养，可以通过一些课程、活动等来提升学生的人际交往技能。在这里，我开展了"我眼中的你"主题班会课，使学生能在赞美对方的同时，感受到来自同伴的认可。对自我价值的肯定，对营造温馨的班集体氛围有很大的影响。而前期"温馨小故事"板报的准备更好地营造了温暖的班级环境，在这样的环境下才能更好地培育友谊的花朵，家校携手才能更好地守护友谊的小船。

（作者：上海市虹口实验学校　赵玫契）

【点评】

青春期的孩子很敏感，人际交往是初中生成长过程中很重要的一课。赵老师在日常的教育教学过程中关注学生的需求，尝试从学生的视角看问题，同时巧妙地发挥班主任效应，通过班会活动开展了"我眼中的你"主题班会课营造良好氛围，再通过与家长的沟通调整家庭教育的方式，让学生感受到班级和家庭的温暖，从而使学生学会用正确的方式相处、呵护友谊。

案例十 成长需要理性的爱

【案例讲述】

小何同学是一位个子矮小、古灵精怪、听课能力较佳的男生。他成绩较好，为人也正直善良，但是令我好奇的是，小何在班里的人缘不佳，甚至不少同学不喜欢他。

一天傍晚，我终于理解了这是为什么。那天，一群值日生与当天的值日班长涌进了我的办公室。"阮老师，小何同学到现在还不走，不整理书包，在班级里这里玩玩那里玩玩，他桌子底下都是垃圾，我们让他扫一扫他也不肯。我们实在不知道该怎么办了！"

我一进教室，只见小何的脚底下、桌面上、桌肚里一片狼藉。不光有散落的各种文具，还有过期的饼干、喝光了的牛奶盒。"呀，过期了呀！没关系，不干不净吃了没病！"我想起课间他坐在自己"创造"的小垃圾堆中，吃着过期的饼干，笑得一脸灿烂，直到我要求他扔了，他才放弃吃。

这看起来好像是"不拘小节"，但这些问题给他惹了不少麻烦。例如，每到期中期末考前复习周，当各科老师进教室后要求大家拿出某一张早上刚发的练习卷进行讲解时，他总是最后找出的那个，甚至是找不到的那个，这给他的学习造成了一定的影响。时常，他的笔会突然不知所踪，向周围的同学借了个遍，可是早上刚借的笔，下午又不见了。渐渐地，大家都不愿意借给他东西了。更麻烦的是，每次值日生打扫或者班级大扫除时，同学们纷纷抱怨，一个班级的工作量，小何同学占一半。不少爱干净的女生实在看不下去了，不是时常提醒他整理，就是干脆帮他整理桌面。放学时，无论是否参加值日，他总是最晚走的那个。要把所有的作业本、练习册、练习卷都找齐带回家，对小何来说可是一个"浩大"的工程……

这天傍晚，小何同学被我请到了办公室。"阮老师，我不想回家。""为什么？天都快黑了……""因为，回家就是写作业，写完作业还有家庭作业。我爸妈总是压着我写作业。""可据我所知，你的爷爷每天都来接你的呀，你忍心让那么大年纪的老人站在寒风中苦等你吗？""没关系的老师，让他去等好了。"我被小何的话惊呆了。我能理解他想在学校放松的心情，但实在无法想象，他为何会这样对待一位如此爱他、每天陪伴他、接送他的老人，直到……

"小何爸爸，麻烦您给孩子爷爷打个电话，让他上来到教室吧。外面太冷了，他来了也可以早点接孩子回去。"

那是一位精瘦的中等个子的老人，虽然已头发花白，但双眼炯炯有神，身子骨看起来尚硬朗。看到我，他也并不着急，反而有些尴尬、不知所措。我请他坐在教室中，陪伴孩子整理书包，紧接着就以工作忙为由离开了教室。事实上，我在后门观察老人的举动。果然不出所料，老人一进教室就非常自然、习惯性地为小何同学整理书包、课桌，甚至拿起扫把帮孩子扫地。而小何呢？依旧跟这位同学聊聊天、跟那位同学追逐一番，好像一切和他没有关系似的。看着眼前的这一幕，我再也忍不住，走进了教室。

为了引起小何同学一家足够的重视，我请刚刚来我办公室提出不满的同学围住了小何同学的爷爷。请他们你一言我一语地表达自己的心声。这时，小何总算坐到了自己的位子上，开始笨拙地整理起他的书包。

接着，我请小何爷爷单独来到了办公室。小何爷爷一脸尴尬，不敢直视我，同时又有些心不在焉，似乎担心着教室中他的孙子此刻遇到了困难。"爷爷，您真是不容易！每天在校门口等小何。我真的是挺不忍心的。今天特意请您上来，辛苦了！"为了缓和他的情绪，同时表达我真实的想法，一上来我就向小何爷爷表达了不忍和感谢。或许是我的话说出了他的一些真实的感受，他原本绷直的身姿立刻放松下来了。"唉，阮老师，您是不知道，我们这个孙子啊，自理能力是真的不行，我不管他吧，又看不下去，管他吧，他又不听我的。有管他的时间，不如我自己帮他做了。慢慢地，我也就习惯了。毕竟还是孩子嘛。"爷爷真诚的话语里透露出满满的无奈。

"您能告诉我，您是如何管他的吗？比如，今天您进教室，看到他桌子附近一片狼藉的时候，您会怎么做？""我肯定生气的呀，我就想骂他，让他快点整理。要不是有那么多同学在，我肯定要批评他的。""然后呢？""然后，他心情好的话可以理一理，心情不好的话最后还是我整理。所以我想了想，为了给他点面子，我就自己整理了。""可是，您是否想过，可能孩子是真的不会整理东西或者不相信自己会整理东西呢？"小何爷爷一怔。"这样吧，您可以去教室后门的窗口处看一眼，看一看孩子整理东西的过程。刚才出教室的时候我发现，同学们这样一说他，他还真开始动手整理了呢。"

小何爷爷若有所思，立刻动身了。我陪着他，我们在后门看见了这样一幕：孩子拿起一个喝完的牛奶盒，放在桌肚里，想想又不合适，又放到了书包里，可是似乎怕牛奶盒里残存的液体流出，一阵不知所措后，就恼怒地把它扔在了地上。"傻孩子，不能用个袋子，或者干脆就捡起来扔到垃圾桶里嘛？"小何爷爷嘟囔着。"可能真的没有人跟他说过可以这么做哦？"我微笑着同样继续观察。"这个也要教？""您试试？"

小何爷爷走进了教室，开始指导起孩子如何整理。整个过程，从表情看，小何爷爷有数次着急想要插手，但最终还是忍住了。虽然用了一些时间，但从小何的表情可以看出，小何并不排斥，反而忙碌而快乐。或许这些如何整理的问题早就困扰他很久了呢。

小何爷爷与小何临走前，我对小何提出了教他整理书包和课桌的建议，从第二天起，天天到我办公室学习一个收纳技巧。小何爷爷很高兴地答应了。从第二天起，小何就发生了巨大的变化。他的桌子底下不再像之前那么脏了，桌子边也挂起了垃圾袋，整理书包也快多了。每当我请他到办公室学习如何收纳时，他总是一脸不好意思，说："老师，我爸妈教过我了，我会坚持的。"小何不仅学会了归纳整理，人缘也渐渐好起来，虽然有时候还是会有反弹，但是大家都感受到小何变了，变得会合作了。

【感悟分享】

从这个案例中我们可以看到，小何同学的爷爷对小何过多的包办和溺爱，导致孩子缺乏基本的自理能力。小何告诉我："我的爷爷奶奶永远在我的1米之内。"而小何的父母又过于注重孩子的学业成绩，对孩子唯一的要求就是"写作业，读好书"。这令孩子缺乏劳动的意识，不具备应有的劳动能力，不具备正确的劳动观念，更没有良好的劳动习惯和品质。虽然高强度的学业和课外练习让他有较强的逻辑思维能力和听课能力，但是并不具备合作能力。对爷爷奶奶、同学们帮他整理、清扫的无私付出他也视为理所当然。反正在家里，只要"我"掉了东西，乱放了东西，"我"的爷爷奶奶一定会立刻出现帮"我"整理、清扫。弄坏了东西也没关系，反正总有人替"我"解决。

只要给予孩子一定的机会，耐心切实地帮助孩子学习劳动的技能，陪伴孩子感受劳动带来的收获和喜悦，孩子都会获得一定的成长。《大中小学劳动教育指导纲要（试行）》中指出："劳动教育是发挥劳动的育人功能，对学生进行热爱劳动、热爱劳动人民的教育活动。当前实施劳动教育的重点是在系统的文化知识学习之外，有目的、有计划地组织学生参加日常生活劳动、生产劳动和服务性劳动，让学生动手实践、出力流汗，接受锻炼、磨炼意志，培养学生正确劳动价值观和良好劳动品质。劳动教育是新时代党对教育的新要求，是中国特色社会主义教育制度的重要内容，是全面发展教育体系的重要组成部分，是大中小学必须开展的教育活动。"劳动教育帮助我们懂得如何更理性地爱。

（作者：上海市北郊学校　阮桢芳）

【点评】

培养孩子的劳动观念和劳动习惯不是一蹴而就的。阮老师抓住了值日生"集体控诉"的教育契机，请家长进入教室，观察小何整理课桌、书包的具体过程，通过家长的直观感受进行动之以情、晓之以理的家庭教育。阮老师用足够的耐心和包容去引导、呵护学生，也凭借自身的专业和智慧开展家庭教育指导，收到了事半功倍的效果。

参考文献

---●---

一、中文参考文献

［1］王正平.教育伦理学［M］.北京：人民教育出版社，2019.

［2］齐学红，黄正平.班主任专业基本功［M］.南京：南京师范大学出版社，2021.

［3］殷飞.班主任的家校沟通［M］.上海：华东师范大学出版社，2020.

［4］张润林.学校家庭教育指导工作手册［M］.上海：华东师范大学出版社，2020.

［5］苏霍姆林斯基.给教师的建议［M］.北京：教育科学出版社，1984.

［6］王吉庆.信息素养论［M］.上海：上海教育出版社，2002.

［7］张开.媒介素养概论［M］.北京：中国传媒大学出版社，2006.

［8］戴维·迈尔斯.社会心理学［M］.侯玉波，乐国安，张智勇，等译.北京：人民邮电出版社，2006.

［9］孙云晓.如何指导家庭教育［M］.郑州：河南科学技术出版社，2019.

［10］夏征农，陈至立.辞海［M］.上海：上海辞书出版社，2017.

［11］彭聃龄.普通心理学［M］.北京：北京师范大学出版社，2004.

［12］弗洛伊德.精神分析论［M］.上海：商务印书馆，1998.

［13］徐崇文，姚仲明，魏耀发.中小学生"学会学习"研究［M］.上海：上海三联书店，2001.

［14］何华.认知心理学理论和实践［M］.上海：上海交通大学出版社，2017.

［15］彼得.R.加伯.50种沟通活动及破冰练习［M］.赵红，吴培培，译.北京：电子工业出版社，2013.

［16］马歇尔·卢森堡.非暴力沟通［M］.阮胤华，译.北京：华夏出版社，2018.

［17］维吉尼亚·萨提亚.与人联结［M］.于彬,译.北京:世界图书出版公司,2015.

［18］杨俐容.读懂孩子的小情绪［M］.北京:天地出版社,2019.

［19］张耀祥.情绪心理学［M］.哈尔滨:哈尔滨出版社,2020.

［20］金桢洪.情绪调节［M］.亚芳,译.南京:江苏凤凰少年儿童出版社,2015.

［21］焦晓骏,吴菁.初中班主任的10堂家长课:帮父母解决关键问题［M］.上海:华东师范大学出版社,2020.

［22］边玉芳.读懂学生:学生成长规律与一~九年级育人目标［M］.北京:北京师范大学出版社,2021.

［23］南勇.共情沟通［M］.南京:江苏凤凰文艺出版社,2019.

［24］芭芭拉·明托.金字塔原理［M］.王德忠,张珣,译.海口:南海出版公司,2019.

［25］阿德勒,普罗科特.沟通的艺术:看出人里,看出人外［M］.黄素非,译.北京:世界图书出版公司,2010.

［26］郑学志.班主任与家长沟通的艺术:创建优质家校关系的60个策略［M］.北京:中国轻工业出版社,2020.

［27］邵晓枫.百年来中国师生关系思想史研究［D］.重庆:西南大学,2008.

［28］任静.萨提亚家庭治疗模式介入亲子冲突家庭的实务研究［D］.武汉:华中师范大学,2016.

［29］刘欢.中学生同胞关系与社会观点采择的相关研究［D］.石家庄:河北师范大学,2020.

［30］张文静.观点采择对初中生同伴冲突解决策略的影响［D］.石家庄:河北师范大学,2018.

［31］楚茜.青少年人际信任、观点采择与友谊质量的关系及教育对策［D］.乌鲁木齐:新疆师范大学,2021.

［32］俞家程.中学生共情与亲社会行为的关系:情绪调节策略的中介作用［D］.天津:天津师范大学,2021.

［33］许海南.普通高中学生职业生涯规划教育问题与对策:基于福建泉州七中高中生职业生涯规划调查［D］.福州:福建师范大学,2018.

［34］杨莹,李莹.运用沟通理论开展家校沟通的实践研究［J］.现代教学,

2023（20）：83-88.

［35］陈礼洪.师生关系新解［J］.当代教育论坛（宏观教育研究），2008
（6）：55-56.

［36］刘鑫淼.师生关系的教育功能探析［J］.江苏高教，2010（5）：89-92.

［37］沈东华.现代师生关系新解［J］.辽宁教育研究，2004（9）：67-69.

［38］邵成智.师生关系的表象系统及其运作［J］.教育导刊，2021（8）：17-23.

［39］甄岳刚.中国古代教师称谓考［J］.首都师范大学学报（社会科学版），
1989（4）：42，54-62.

［40］张晓霞，姬建锋.我国古代教师的称谓与生存状态［J］.兰台世界，2010
（9）：66-67.

［41］喻永庆，蔡建明.中国近代以来教师称谓的演变［J］.上饶师范学院学
报，2007，27（1）：86-89.

［42］田正平，章小谦.中国教育者概念从传统到现代的演变：从"教官"到
"教师"称谓变化的历史考察［J］.社会科学战线，2007，145（1）：
245-251.

［43］施克灿.中国传统的教师权威及其近代流变［J］.河北师范大学学报（教
育科学版），2019，21（1）：5-9.

［44］苏力.我国高校师生关系的历史、现状和走向［J］.煤炭高等教育，
2011，29（3）：74-78.

［45］刘继青.近代中国社会转型中的师生关系畸变［J］.华东师范大学学报
（教育科学版），2008，26（1）：20-26.

［46］叶波.近代中国教学法的早期探索：以《教育杂志》为中心的考察［J］.
四川师范大学学报（社会科学版），2016，43（4）：97-102.

［47］刘静.课堂仪式功能下我国中小学师生关系刍议［J］.考试周刊，2015
（49）：129，159.

［48］丛洲.改善中小学师生关系策略之我见［J］.思想理论教育，2012
（6）：24-26.

［49］常爱芳.论新时期师德内涵和师德监督机制构建［J］.中国成人教育，
2009（13）：57-58.

［50］崔秀梅，庄春荣.积极的非正式评价是良好师生关系的催化剂［J］.基础
教育课程，2022（11）：68-72.

［51］毛宇，苏姗姗.审美型师生关系的建构［J］.课程·教材·教法，2007，27（1）：34-38.

［52］黄步军，汤涛.师生共同体：良好师生关系新模式［J］.教育理论与实践，2021，41（17）：49-51.

［53］赵敏，黄明亮，何晋铭.新时代中小学师生关系的现实图景与和谐之道：基于全国1669名中小学教师的调查［J］.教育研究与实验，2021（1）：81-86.

［54］张翅.近十年来国内关于教师角色的研究综述［J］.现代教育科学，2006（10）：19-21，31.

［55］汪明.班主任角色定位与担当的深层追问［J］.教育学术月刊，2017（5）：75-80.

［56］朱伟才.加强专业性培训　走班主任专业化之路［J］.人民教育，2004（Z3）：14-18.

［57］刘静.转变家长不合理教育理念：学生减负新举措［J］.北京理工大学学报（社会科学版），2008（1）：118-120.

［58］崔永红.班主任专业化发展的实践视野［J］.教学与管理（小学版），2021（17）：10-12.

［59］李家成.论班主任工作的专业性：基于对班主任工作复杂性的认识［J］.基础教育，2011，8（4）：75-80.

［60］李亚娟.观察儿童：中小学班主任的专业基本功［J］.江苏教育，2017（47）：18-20.

［61］沈扬东.用三面"镜子"观察学生　做好班主任工作［J］.小学教学参考（综合版），2005（27）：18-19.

［62］武海英，赵蕾蕾.新时期家庭教育的内涵、现状与对策［J］.河北师范大学学报（教育科学版），2022，24（3）：133-140.

［63］滕洋.试论家庭教育与学校教育的合作边界［J］.当代教育科学，2022（2）：17-24.

［64］杨雄.家庭教育与青年发展［J］.青年探索，2022（3）：14-16.

［65］周晓梅.家校沟通的力量：小学家校共育的有效方法［J］.家长，2019（31）：104-105.

［66］张墨涵，梁晶晶，张冉，等.家庭教育资本与家长教育焦虑：家庭氛围和

家校沟通的链式中介作用［J］.浙江社会科学，2022（5）：142-150，160.

［67］李华平.语文：基于核心素养的教学［J］.语文教学通讯，2016（14）：9.

［68］王光荣.弗洛伊德人格结构理论的演变及其影响［J］.西北师大学报（社会科学版），1994，31（3）：64-67.

［69］冯雪.浅谈埃里克森人格发展阶段论［J］.文学教育（下），2020（2）：48-49.

［70］何艳红.九型人格视阈下的中职生心理健康教育分析与对策［J］.教育教学论坛，2015（23）：76-77.

［71］吴嘉欣.你知道MBTI人格类型吗［J］.百科知识，2022（7B）：14-15.

［72］裴芳芳，李东花.霍兰德职业选择理论述评［J］.职业技术教育，2012（2）：93.

［73］戴长和，许天英，陈振兴，等.行动研究概述［J］.教育科学研究，1995（2）：24，41-44.

［74］张旭，李虹.建构主义视野下学习指导若干问题初探［J］.教育探索，2004（8）：58-59.

［75］董君武，马玉文.学习本质与价值：一个值得深入探讨的问题［J］.上海教育，2020（1）：68-70.

［76］陆云，罗强.家庭教育如何影响学生学业质量：基于苏州市初中生调查数据的分析［J］.江苏教育研究，2022（35）：34-40.

［77］陈丽，谢浩，郑勤华.我国教育现代化视域下终身学习的内涵与价值体系［J］.现代远程教育研究，2022，34（4）：3-11.

［78］赵丽娜，李静瑶，刘芬.共情研究综述［J］.学理论，2010（33）：80.

［79］黄莉莉，李丹.观点采择能力的理论与实证研究述评［J］.上海师范大学学报（基础教育版），2009，38（1）：17-21.

［80］丁芳.儿童的观点采择、移情与亲社会行为的关系［J］.山东教育学院学报，2001（1）：10-13.

［81］张海兰，杜瑞.观点采择的研究进展［J］.产业与科技论坛，2011，10（1）：125-126.

［82］张文新，林崇德.儿童社会观点采择的发展及其与同伴互动关系的研究.心理学报［J］.1999，31（4）：418-427.

［83］贾蕾，李幼穗.儿童社会观点采择与分享行为关系的研究［J］.心理与行为研究，2005，3（4）：305–309.

［84］刘爱生，米艳玲.中学生生涯规划指导中心的功能、实现及其保障［J］.生活教育，2021（9）：41–44.

［85］谢文婷.新高考背景下普通高中生涯规划教育的探索与实践：以杭州师范大学附属中学为例［J］.教学月刊·中学版（教学管理），2015（11）：3–5.

［86］胡小茵."情感验证"：有效表达同理心的关键［J］.中国社会工作，2020（3）：36.

［87］杨巧英.在阅读教学中提升学生有效表达能力的策略［J］.基础教育研究，2021（22）：36–37，40.

［88］全国教育科学"十五"规划教育部重点课题"学习潜能开发研究"课题组.关于学会学习（2000.1～2004.11）［J］.上海教育科研，2004（A1）：2–80.

［89］廖建霞.中学生人际交往心理问题探究［J］.西部素质教育，2022，8（7）：102–105.

［90］殷海伦，常国良.积极心理学视角下初中生人际交往关系的研究［J］.心理月刊，2022，17（16）：219–221.

［91］2022年，从学做更好的父母开始［EB/OL］.［2022–07–21］.https：//mp.weixin.qq.com/s?__biz=MzA4NDM3NTEwMw==&mid=2650229419&idx=1&sn=0593cf69bf985dbc7592ec93f8a29e22&chksm=87ebc9fbb09c40ed9de8c4a97e222701df1538388c750ca63e3f0318f0c029e9e4c0a789a2a6&scene=27.

二、外文参考文献

［1］GOTTFREDSON G D. JOHN L. Holland's Contributions to Vocational Psychology：A Review and Evaluation［J］.*Journal of Vocational Behavior*，1999，55（1）：15–40.

［2］MCCLURE C R.Network literacy：a role for libraries?［J］.*Information Technology and Libraries*，1994，13（2）：115–125.

［3］Chou C，Tsai C C，Chan P S. Developing a Web–based Two–tier Test for Internet Literacy［J］.*British Journal of Educational Technology*，2007，38

（2）：369–372.

[4] HAYES S C, HAYES L J.Verbal Relalions and the Evolution of Behavior Analysis [J].*American Psychologist*, 1992, 4（2）.

[5] BARNES–HOLMES Y, MCHUGH L, BARNES–HOLMES D. Perspective – Taking and Theory of Mind: A Relational Frame Account [J].*The Behavior Analyst Today*, 2004, 5（1）：15–25.

[6] LEMARE L J, RUBIN K H. Perapective Taking and Peer Interaction: Structural and Development Analyses [J].*Child Development*, 1987, 58（2）：306–315.

[7] IANNOTTI, RONALD J. Naturalistic and Structured Assessments of Prosocial Behavior in Preschool Children: The Influence of Empathy and Perspective Taking [J].*Developmental Psychology*, 1985, 21（1）：46–55.

后　记

　　家校沟通指家庭和学校或者家长与教师为了更好地实现育人效果所进行的沟通与合作的行为，是促进家长有效参与学生教育的主要方式。

　　作为班主任，我们对于家校沟通的认识，伴随着班主任工作的日积月累而逐步深入。呈现在大家面前的这本《初中班主任家校沟通智慧》是第五期"上海市中小学班主任带头人"李莹工作室的成果。该书由工作室主持人、上海市丰镇中学李莹编著，由来自上海10余所初中的优秀班主任，即工作室成员通力合作编写。工作室成员为上海市北郊学校阮桢芳、上海市虹口实验学校赵玫契、上海市北虹初级中学吴璘、上海市民办新北郊初级中学孙颖、上海市宝山区教育学院附属中学陆琦、上海市尚文中学王燕、上海市市东实验学校杨莹、上海市奉贤区塘外中学孙丽华、上海市闵行区浦江第一中学李瑞菊、上海市奉贤区弘文学校韩玉芳、上海市松江二中张新琪。在工作室开展培训的三年间，成员们结合培训内容和工作实践，协力编写，通过探讨研究、潜心问学推出了这一创新性实践成果。

　　《初中班主任家校沟通智慧》各章节的作者和分工如下：

　　第一章由李莹和杨莹共同撰写；

　　第二章由李莹、孙丽华、王燕、杨莹共同撰写；

　　第三章由赵玫契、孙颖、阮桢芳、陆琦、李瑞菊、吴璘、张新琪、韩玉芳共同撰写；

　　第四章由工作室全体成员共同撰写；

　　第五章由赵玫契、孙颖、阮桢芳、陆琦、李瑞菊、吴璘、孙丽华、王燕、杨莹、韩玉芳共同撰写。

　　《初中班主任家校沟通智慧》的编写，得到了许多著名学者和德育专家的热忱关心和勠力支持。在书稿撰写初期，同济大学职业技术教育学院教授委员会主任张建荣教授、上海市虹口区教育学院德育研究室原主任李金瑞老师对本书的提纲结构进行了深入指导。

《初中班主任家校沟通智慧》凝练了第五期"上海市中小学班主任带头人"李莹工作室成员们的集体智慧和工作经验，具有以下特点：

第一，丰富了家校沟通实践体系的内容。发展心理学认为个体的心理发展具有年龄特征，因此不同学段的学生在个体成长发展过程中展现的问题各不相同。在此背景下，不同学段的班主任就学生成长过程中的问题与家长开展的家校沟通的内容、方法、策略等也不尽相同。《初中班主任家校沟通智慧》梳理了初中阶段学生成长过程中家校沟通的重点要素，在前三章中通过"情境再现"生动呈现沟通内容，通过"现状分析"阐述近年来学生在此方面的现实情况，通过"重要意义"论述与家长加强相关内容的沟通对学生成长的推动作用，通过"方法指导"向班主任同行提出可行的沟通方法，通过"成效反思"总结班主任在沟通实践中的经验得失。

第二，拓展了家校沟通指导策略的路径。《初中班主任家校沟通智慧》在第四章"家校沟通的实施"中，站在一线班主任立场，从6个不同角度出发，综述相关沟通理论，设计了一系列助力家校沟通的体验活动。这些活动由工作室成员自行设计，在家长学校、班主任工作室培训中都取得了较好的成效。值得一提的是，这些体验活动的实施对象既可以是家长，也可以是教师和学生。在此过程中，参与者通过体验和感悟，更新沟通理念，掌握沟通方法，进而提升沟通实效。

第三，吸取了优秀班主任的沟通实践经验。《初中班主任家校沟通智慧》的第五章，以育人案例的形式讲述工作室10位优秀班主任家校沟通的实际案例。10位班主任将3年来在李莹工作室的理论学习运用在自己的家校沟通实践中，通过育人案例，总结实践经验，以生动的形式、真实的案例，向班主任同行呈现运用沟通策略开展家校沟通的实践成果。

《初中班主任家校沟通智慧》的组织编写和出版，得到了上海市学生德育发展中心、虹口区教育局、虹口区教育学院德育研究室的支持，在此一并表示最诚挚的谢意。

李莹工作室以"萤火虫"命名，寓意"成就自己，点亮学生"。期待通过本书与各位班主任同行一起探索班主任专业化发展之路，聚萤火微光，共体验成长。

李莹

2023年12月于上海